博
雅
撷
英

晚清女性与近代中国
（第二版）

夏晓虹 著

北京大学出版社
PEKING UNIVERSITY PRESS

图书在版编目(CIP)数据

晚清女性与近代中国/夏晓虹著. —2 版. —北京:北京大学出版社,2014.10
(博雅撷英)
ISBN 978-7-301-24626-9

Ⅰ.①晚… Ⅱ.①夏… Ⅲ.①女性—研究—中国—清后期 Ⅳ.①D442.9

中国版本图书馆 CIP 数据核字(2014)第 185380 号

书　　　名	晚清女性与近代中国(第二版)
著作责任者	夏晓虹　著
责 任 编 辑	张凤珠　张文礼
标 准 书 号	ISBN 978-7-301-24626-9/I·2801
出 版 发 行	北京大学出版社
地　　　址	北京市海淀区成府路 205 号　100871
网　　　址	http://www.pup.cn　新浪官方微博:@北京大学出版社
电 子 信 箱	pkuwsz@126.com
电　　　话	邮购部 62752015　发行部 62750672　出版部 62754962
	编辑部 62767315
印 刷 者	北京虎彩文化传播有限公司
经 销 者	新华书店
	880 毫米×1230 毫米　A5　12.75 印张　347 千字
	2004 年 8 月第 1 版
	2014 年 10 月第 2 版　2025 年 1 月第 5 次印刷
定　　　价	88.00 元

未经许可,不得以任何方式复制或抄袭本书之部分或全部内容。
版权所有,侵权必究
举报电话:010-62742024　电子信箱:fd@pup.pku.edu.cn

目　次

导言　重构晚清图景 /1

上篇　女性社会

第一章　中西合璧的教育理想
　　　　——上海"中国女学堂"考述 /11
　第一节　利用报刊的自觉意识 /11
　第二节　中西女士的盛大聚会 /20
　第三节　中西并重的办学方针 /31
　第四节　华洋杂处的文化环境 /45

第二章　新教育与旧道德
　　　　——以杜成淑拒屈疆函为例 /51
　第一节　通信订婚与文明结婚 /51
　第二节　男学生的私函与女学生的公开信 /62
　第三节　屈疆的革退与中国妇人会的分裂 /69
　第四节　"启发知识"与"保存礼教"两不相妨 /76

第三章　晚清女报的性别观照
　　　　——《女子世界》研究 /85
　第一节　刊物的编辑、出版与发行 /85
　第二节　作者的聚合 /90

第三节 "女子世界"的构想 /97
第四节 "女权"优先还是"女学"优先 /108
第五节 体育为女子教育第一义 /119
第六节 杂志的续出 /133

第四章 历史记忆的重构
——晚清"男降女不降"释义 /142
第一节 "十不从"小考 /142
第二节 为民族殉身 /149
第三节 "足"以有别也 /159
第四节 雌风吹动革命潮 /166

中篇 女性典范

第五章 晚清的古典新义
——以班昭与《女诫》为中心 /177
第一节 "文饰政论"与"新眼读书" /177
第二节 史书中的班昭与《女诫》 /181
第三节 女子教育的楷模 /184
第四节 男尊女卑的祸首 /193
第五节 旧经典与新思想的离合 /203

第六章 误译误读与正解正果
——批茶女士与斯托夫人 /208
第一节 《五月花》与《批茶女士传》 /208
第二节 美国废奴先驱的形象放大 /215
第三节 光荣属于谁 /219

第七章　接受过程中的演绎
　　　　——罗兰夫人在中国 /226
　第一节　罗兰夫人何人也 /226
　第二节　女杰本自东瀛来 /233
　第三节　中西合璧的启蒙角色 /239
　第四节　意蕴丰富的形象符号 /246
　第五节　化出罗兰劫后身 /250

下篇　女性之死

第八章　晚清女学中的满汉矛盾
　　　　——惠兴自杀事件解读 /267
　第一节　解不开的死结 /267
　第二节　"旗女亦为彼族兴学乎" /273
　第三节　惠氏死而八旗生 /281
　第四节　江南之士夫不若河北之俳优 /290
　第五节　女杰死而学校兴 /299

第九章　从新闻到小说
　　　　——胡仿兰一案探析 /308
　第一节　由新闻到案件 /308
　第二节　名禀告实监察 /313
　第三节　以放足争兴学 /319
　第四节　变先进为中庸 /329

第十章　纷纭身后事
　　　　——晚清人眼中的秋瑾之死 /341
　第一节　舆论的抗争 /341

第二节　大吏的被逐 /352
第三节　良心的拷问 /360
第四节　安葬的义举 /364
第五节　告密的报应 /373
第六节　文学的聚焦 /381

主要参考文献 /387

后　记 /396

新版后记 /402

导言　重构晚清图景

对于晚清社会的性质,半个世纪以来,国内学界最标准与通行的解读是"半殖民地半封建社会"。特别是由于这一定义见诸由毛泽东等人1939年撰写的《中国革命与中国共产党》①课本中,日后收入各种《毛泽东选集》,使其广为流传,深入人心,事实上已成为研究中国近代史的基准。顾名思义,"半封建"意味着腐朽、黑暗的专制统治,"半殖民地"则指向帝国主义的侵略与中国人民的受奴役。由此,上个世纪流行的《中国近代史》,多半演述的是一部列强瓜分、清廷卖国的屈辱史。这倒与晚清主张革命的知识者心目中的中国与世界图景相吻合。

由上述社会定性所自然推导出的,便是"帝国主义与中华民族的矛盾,封建主义与人民大众的矛盾,这些就是近代中国社会的主要的矛盾",革命因而成为正当合理的社会改造的首选手段。② 应该说,从晚清以来,国人始终无法释怀的救亡与忧患意识,是日后不断爆发的革命的有力推进器。不过,这条显而易见的论述主线,也很容易将问题简单化,似乎所有的社会矛盾都是依靠革命来解决,所有的社会进步都须凭

---

① 毛泽东等《中国革命与中国共产党》:"自从一八四〇年的鸦片战争以后,中国一步一步地变成了一个半殖民地半封建的社会。"(《毛泽东选集》589页,北京:人民出版社,1967年)

② 毛泽东等《中国革命与中国共产党》,《毛泽东选集》594页。

借革命为动力。而这一假设的前提,则是晚清社会的凝定不变与死气沉沉。集中了多种社会制度中最坏部分的"半殖民地与半封建社会",因此只可能呈现为了无生气、垂死没落的形态,除了等待革命打破死寂、带来生机,晚清社会已不配有更好的期待。

这样一幅被高度抽象化的晚清图像是否完全写实,笔者因长期接受正规教育,过去的确一直深信不疑。但在80年代中期,开始以近代文学作为个人的研究方向后,这才憬然发现,即便是正确的理论概括,也会掩盖或忽略许多同样真实而有意义的存在。即如关于两大主要矛盾的说法,其背后的思路,实际仍以处于社会最上层的统治者为近代中国社会唯一的主宰力量。这不仅有悖于相信人民是创造世界历史的动力的革命领袖的另一教导,而且,现代社会学的知识也告诉我们,任一社会的组织与运行机制都极其复杂。所谓"牵一发而动全身",许多被革命话语过滤掉的丰富细节,其实本来也蕴涵着引导社会走向的可能性。

这一对晚清社会的重新认识,借助于近代新兴的报刊媒体,而获得了更实在的印证。

报刊之深切影响于中国社会生活的各个层面,已为有目共睹的事实;而由其形构的公共空间,对于改变国人的思维、言谈、写作定势以及交流方式,都具有不可估量的作用。特别是报纸的逐日印行,新闻的讲求时效,记者的好奇搜隐,使其最大程度地逼近于社会情状的原生态。作为晚清报界主体的民办报刊所代表的公众立场,也注定了其向民间社会倾斜的取向,并为之留下了相当忠实且详尽的记录。就此而言,经过作者或编者汰选的作家别集显得太干净,太多私人话语,因其已从色彩缤纷的生动背景中剥离出来;多半出自追述或传闻的野史笔记则存在记忆误差,夹杂个人恩怨,故也不尽可信。唯有精芜并存的报章所刊载的每一条消息、每一篇诗文,都成为在"众声喧哗"中存在的开放文本,从而带给阅读者立体回声的感受。上下追踪,左右逢源,报刊因此可以帮助后世的研究者跨越时间的限隔,重构并返回虚拟的现场,体贴早已远逝的社会、时代氛围。

进入报刊,返回现场,其观感以所谓"天地为之变色"来形容,庶几近之——晚清社会的影像在诸如我辈深受教科书熏染者的眼中,顿时彻底改观。这一阅读所带来的从官方到民间的视角转移,让我们惊喜地发现:晚清的思想文化竟是如此的海纳百川、五光十色,晚清的社会生活竟是如此的丰富多彩、生气盎然。在只有上谕与邸报的年代所可能做到的官府一统天下、一手遮天,至此已风光不再;代之而起的多元社会力量、多种舆论声音并存的格局,在逐渐消解朝廷权威的同时,也为建立现代社会秩序打开了通道。至于文化思想界因中西交汇而引发的异彩纷呈,今人无论怎样想象也不过分。面对如此纷繁而大胆的中国传统经典与西方最新理论的奇妙嫁接,"西学源于中国"说的程式概括实在太过简单,不伦不类、非驴非马的指责也因缺乏必要的体贴与同情而失之冷酷。而晚清学人以巨大的热情拥抱、传播新学说与新知识的动人场景,则使中国现代思想的谱系必得溯源于此。

按照社会分层的理论,作为中间阶层的士绅同时也是民间社会的中坚力量。尤其处于晚清这样的社会转型期,在激进派与守旧派水火不容、相持不下的角力中,士绅阶层"允执其中"的温和、务实姿态,恰可起到制衡的作用,其权衡、取舍最终也影响到未来社会的品质。而晚清士绅政治制度上的立宪诉求、文化观念上的中西合璧之群体趋向,正以维新派为最合格的代言人。其学识、财力与社会声望,则使得晚清数以千计的报刊[①],多半成为这一社会阶层的传声筒,并经由新闻媒体的

---

① 史和、姚福申、叶翠娣所编《中国近代报刊名录》(福州:福建人民出版社,1991年),收录了1815至1911年间国内外出版的中文报刊1753种,国内出版的外文报刊136种。

放大,建构成为代表公众的社会舆论。本书把更多的关注投向这部分人群,原因在此。

为此,在资料储备上,本书有意识地舍弃了向来研究者采信官方档案、笔记、诗文集或其他文学作品的路数,而将报章文字作为整个研究工作的基石。并且,除个别题目所涉及的话题必要依据激进派报纸杂志的论说,就全书整体的资料构成看,持温和态度的中间派报刊俨然居于主导地位。如此设计,是为了保证言说者立场的相对客观与事实陈述具有更高的可信度,由此还原出的"现场"才可能接近真实,对于晚清民间社会动向的体认才会更准确。

虽然本书的构想是以重新认识晚清社会为依归,进入的途径却选择了女性研究。理由无他,女子在社会现实中的处境远较男子复杂,遭遇的困扰也远较男性繁多。仅以晚清妇女论名著《女界钟》的论述而言,其所列举的女子急当恢复的基本权利,便包括了入学、交友、营业、掌握财产、出入自由、婚姻自由六项,足见女性在教育、社交、就业、财产以及人身与婚姻的自由度方面与男子相比,权利的极度匮乏,更无论作者视为理想、有待日后争取的参政权。① 也即是说,身处晚清,男性涉及的社会问题,女子无一能逃脱;在此之外,女性更有诸多必须独自面对的难题。因而,将女性的生存状况作为衡量一个社会文明程度的标尺,确有道理。反过来说,对晚清女界生活与观念的考察,也可以获致全方位地呈现晚清社会场景的效果。

何况,在晚清的社会震荡中,女性的生存状态发生了更为显著的变化。从基本人权的严重缺失,到争取男女同权,更进而与男子一道,为现代国家的国民所应具备的各项权利努力奋斗,这一女性逐步独立自

---

① 参见金一《女界钟》第六节《女子之权利》,1903 年初版,1904 年再版。

主的历程,也成为晚清社会基础变革最有力的印证。并且,由晚清发端的妇女解放思潮至今亦未过时,彼时先进之士竞相宣说的"女权",百年之后,仍然响彻新世纪的天壤。笔者在钩沉晚清女界史料、寻找失落的线索之时,于是常会生发出时空交错、昔事今情互映成趣的感想,在检讨历史的同时,也对现实多了一份反省。

而以女性问题作为透视晚清社会的窗口,在本书的具体操作中,又落实为个案的剖析。个案研究显而易见的优势是,可以避免宏大叙事的疏漏,通过对史料的精细处理,逼真地展示晚清社会的某一现场,揭示出其间隐含的诸种文化动态。在此,案例的选择与设置具有关键意义,它决定了题目的观照面是否足够宽广,深入开掘是否有丰厚的价值。最理想的情况当然是,以包含了丰富信息量的"事件核"作为考索对象。接下来,能否正确解读与尽多释放"事件核"中蕴藏的信息,则是对研究者能力的考验,论述的深浅与成败均系乎此。一般说来,手眼高低容有参差,但只要个案精彩,历史场景多少总会得到部分的复原。

对于本书择取的十个个案来说,又可区划为三组,书中分别以"女性社会""女性典范"与"女性之死"题名:上篇"女性社会"期望以个案整合的方式,映现晚清女性从生活形态到思想意识的新变。其中,对上海"中国女学堂"的考述锁定女子社会化教育起步期,将中西观念、中学与西学的相互激荡、冲突与调和作为讨论的重点,而该校所标举的"中西合璧"的教育理想,在日后各地的办学实践中尤具启示意义。与之相呼应的是发生在北京的女学生杜成淑拒绝男学生屈彊约会信事件的考察,透过双方公开的私函与背后的妇女团体分裂的隐情钩稽,论者有意凸显晚清女性在新教育与旧道德之间依违离合的现实困惑。女报的出现亦自晚清始。第三章以发刊于1904年的《女子世界》杂志为标本,清理晚清"女界革命"倡导者们的妇女论述之内涵,文本分析不仅显示出刊物主持人在延续三年的编辑过程中思想的游移,其间男性与女性声音的同中有异更值得关注。"男降女不降"之说在晚清曾流行一时,这一话语既源于明清之际的历史记忆,也与晚清妇女论者独特的现实关怀相指涉。探究其中复杂的多重意旨,揭示历史资源如何转化为现代理念,是为该章的着力之处。

以勾勒晚清女性的人格理想为目标的中篇"女性典范",意在展现先进女性有别于传统的精神世界。从其时汇聚众多古今中外女杰的排行榜上,选取班昭、批茶女士与罗兰夫人做个案研究,除了其人在晚清知名度极高的考量,各章也自有特别的用心。以《女诫》流名后世的班昭,其"女子卑弱"说逃不脱晚清女权论者的口诛笔伐,本在情理中。耐人寻味的是,在被批判的同时,班昭也成为此一时段不可或缺的女性模范。而探讨经典在晚清的重新释义,则是笔者构拟此章的兴趣所在。批茶女士之受时人的崇拜,追根溯源,实由一段错误的翻译造成。有意味的是,这一误译因关合女性新品格的塑造,反倒使以斯托夫人(Mrs. Stowe)闻名于世的美国女作家,得以假批茶之名,在晚清女性的观念与实践中发挥超常的典范效应。罗兰夫人大概可算是真正属于晚清这个时代的外国女杰,各敌对派别竟能超越政治歧见,将一致的尊敬奉献给这位在法国大革命中被送上断头台的女政治家。其形象意蕴释读的多义性固可见出时代风气,而秋瑾之成为罗兰夫人在中国的后学传人,则昭示出晚清女性对西方女杰的取法已从向往转化为行动,由此也可窥见典范人物现实影响之一斑。

由叙说"女性之死"组成的下篇,包含了三位死于上个世纪初的女性的故事。三人死亡的方式各异,原因不同,由此引发的社会风波也带有歧出的意义指向。满族妇女惠兴的自杀殉学,别有满汉民族矛盾的背景作底蕴;胡仿兰的被逼服毒,则牵连到放足与受教育这两桩关涉晚清女性身心解放的大计;秋瑾被斩首的残酷死法,更激起了巨大的抗议声浪,从民间团体的抗争到统治阵营的离析,从质询法律依据到实行革命暗杀,晚清社会变动的诸般征兆,在此案例中已有充足的表现。而报章在所有女性死亡事件的追踪报道中,均扮演了烛幽发覆、推波助澜的角色,其作为舆论空间相对独立的品格,在此也显露无遗。

综合上述各案例而构成的晚清图景,实在已蕴涵了现代社会与现代思想萌发的种种迹象。此时已初见端倪的旧纲维的日渐解体与新秩序的逐步建立,使我们有理由相信,晚清并不属于已经消失的过去,她其实系连着我们今日仍然生活于其中的现在。

上篇　女性社会

第一章 中西合璧的教育理想
——上海"中国女学堂"考述

一个世纪以前,在上海曾经开办过一所中国女学堂。此学堂虽然存在的时间不过两年,学生人数也不足百名,却自有重要的历史地位。论其在中国教育史上的贡献,史家多誉之为国人自办的第一所女学堂,改变了此前教会女塾包揽中国近代女子社会化教育的局面。而将其置于中西文化交汇的时代背景下,中国女学堂创办的前后经历也包孕了丰富的内涵,值得我们把她作为一个历史的缩微文本仔细解读。

第一节 利用报刊的自觉意识

其实,出现在上海的中国女学堂,或许并不像其经办同人所自许的为"空前绝后之创格"①,有人已指出,苏州或其他地方还有更早出现的由中国女性开办的女子学校②。但这并不妨碍其享有开历史新页的声誉,即使是指出上述事实的褚季能,也将"第一次自兴女学"的光荣归于上海中国女学堂。褚氏的理由是,这所学堂"最受人注意"。而引人

---

① 经元善语,见《会议女学堂章程问答》,《新闻报》,1897年11月19日。
② 褚季能《第一次自办女学堂》即云:"而第一个国人自办的女学堂,就首先发现在苏州。那是一位常州太太办的。"(《东方杂志》32卷3号,1935年2月)

中国女学堂提调、教习、诸生小像

注意与否,在一个传媒与资讯日益显示其重要性的近代社会里,实有赖于对当时最为便捷的舆论工具——报刊的借重。就此而言,即便有先于中国女学堂的探路者,但因未经广泛报导,不为人知,其影响极为有限,史学价值自然大为降低。反观中国女学堂,情形截然两样。

在上海中国女学堂的创建过程中,起决定作用的是梁启超与经元善。梁氏主要负责舆论鼓吹,其1897年4、5月间连载于《时务报》的《变法通议·论女学》一章,促使经元善萌发了办女校的决心①。而同

---

① 经元善《女学集说附》称:"新会梁卓如孝廉《时务报》第二十三册、二十五册刊登《女学论》,有未经人道之处,读者咸服其精详。沪上女学之设,导源实肇于此。"(经元善辑《女学集议初编》,1898年)梁文发表时题为《论学校六(变法通议三之六):女学》。

年11月15日仍在《时务报》首先刊发的《倡设女学堂启》与随后发表的《上海新设中国女学堂章程》,也一并出自梁启超之手。① 梁氏其时正担任《时务报》主笔,对报刊在近代社会生活中的重要性自有深刻体悟。杂志创刊号上,便登载了由他撰写的《论报馆有益于国事》的大文。经元善则为女学堂的实际主持人,承担筹集经费、营建校舍、聘请教员等具体事务。因其位居上海电报局总办的要职,对现代传媒的效应更有切身体验。于是,中国女学堂自筹建阶段始,便极力与上海多家报刊建立联系,广泛利用新闻媒体,展开了声势浩大的宣传活动。

就在《倡设女学堂启》见报的当日,1897年11月15日,经元善在位于四马路繁华地段的一品香番菜馆大宴宾客,商讨女学堂创办事宜,筹备工作正式启动。当天到会者48人,按照请柬上的说明,来者即可作为创办人。而诸如《苏报》主笔邹瀚飞(弢)、《苏海汇报》主笔章洽丞、《新闻报》经理斐礼思(F. F. Ferries)、《文汇西报》与《字林西报》两报馆主人,均列名其中,并特意注明身份。加上本为东道主的汪康年与陈季同分别掌管着《时务报》与《求是报》,罗振玉则是《农学报》创办人,以中西书院教习头衔出席的美国传教士林乐知(Young J. Allen)又为《万国公报》主编,沈毓桂系前任该杂志主笔②,来自报业的人数已相当可观。这还不包括邀请而未到场的《申报》馆人士③,经元善对新闻

---

① 梁启超《倡设女学堂启》,载《时务报》45册,1897年11月15日;《上海新设中国女学堂章程》,载《时务报》47册,1897年12月4日。后文刊出时未署名,据经元善《女学集说附》,言"撰公启、定章程、倡捐助,皆出孝廉(按:指梁启超)大手笔"。此章程又名《女学堂试办略章》。

② 见《会议女学堂章程问答》。

③ 经元善《女学堂同仁致申报馆书》(12月16日)云,"于前月廿一日在一品香薄具一樽,遍邀沪上英贤,高轩莅止。贵馆诸善长亦曾肃柬恭迓,未蒙左顾"(《新闻报》,1897年12月29日)。

舆论的重视已一目了然。不必说，应邀前来的各报代表也自然负有推介的责任。

此后，披载过中国女学堂讯息的报章，除维新派掌握的《湘报》（长沙）、《知新报》（澳门）、《国闻报》（天津）等外省报刊外，几乎囊括了上海所有重要的报纸杂志。即以女学堂章程而论，现在已知刊发过此稿的沪报，除上文提到的《时务报》（47 册，1897 年 12 月 4 日），尚有《求是报》（7、8 册，1897 年 11 月 28 日、12 月 8 日）、《集成报》（22 册，11 月 28 日）、《萃报》（15 册，11 月 28 日）与《万国公报》（107 册，12 月），而以《新闻报》最早，刊出日期为 11 月 18 日。此外，《申报》《点石斋画报》《字林沪报》《游戏报》《苏海汇报》（1897 年 12 月 23 日停刊）、《时务日报》（1898 年 5 月 5 日创刊，同年 8 月 16 日停刊）、《中外日报》（1898 年 8 月 17 日创刊）以及英文的《字林西报》（*North China Daily News*）与《益新西报》（*Shanghai Daily Press*），都曾刊载过有关中国女学堂或褒或贬的文章及消息。特别是《新闻报》最为用力，而其在上海报界中"声誉和《申报》不相上下"①的举足轻重地位，也使得中国女学堂声名远播。

《新闻报》对中国女学堂的关注，开始于被邀请参加一品香的第一次集议。11 月 17 日，该报最先以"议创女塾"为题，对此会加以报导：

> 前日严筱舫观察、经莲珊太守、汪穰卿贡士、梁卓如孝廉诸君，大宴宾客于沪北一品香番菜馆，到者约五六十人，集议捐创女塾，俾大家闺秀得以学习泰西文字、格致、医学一切。说者谓此举若成，实开华人妇女风气之先。惟创办恐非易易耳。

---

① 胡道静《上海的日报》36 页，上海市通志馆，1935 年。

此系照请柬上开列的主人名单,故严信厚、经元善、汪康年、梁启超均在其中。实则,梁当时因赴长沙,出任时务学堂中文总教习,并未与会。次日,《倡设女学堂启》与《女学堂试办略章》即在《新闻报》重要版面一次刊出,据文前说明,可知两件文稿及随后见报的一品香会议纪要,均为经元善送来,"嘱登报章"。① 此后两个月,关于中国女学堂的消息在该报几乎无日无之,可谓连篇累牍,巨细无遗。而凡此类稿件,除12月7日对前一天举行的女学会议第四集的一则报道,以及12月9日的社论《论女学堂》系报社自撰外,其他无不由经元善提供。甚至1898年1月13日刊登于报纸社论位置的《拟劝金陵都人士创开女学堂启》,也是经元善的不署名之作。②

将创办女学堂一事公开,好处是可广泛号召;而对于倡议者来说,则意味着有进无退。经元善也明了此点,虽然深知创业艰难,仍鼓励同道,奋勇前行。在送报发表的第一次会议问答中,他便反复强调:"此次亦只好一往无前,不遑瞻顾矣。""创千古未有之局,岂能尽如人意?惟在认定天理而已。"率先表明了势在必成的决心。此后的筹备动员过程中,他也始终力排异议,态度坚定,并批评:

> 我中国人积习通病,患在少果敢之勇,坚忍之志。每欲图创一事,始则因陋就简,以为惜物力;继则规避诿卸,以为识时务;卒之收效者实寡。③

---

① 前两则稿件见《惠我巾帼》,《新闻报》,1897年11月18日;纪要题名《会议女学堂章程问答》。另据经元善《女学堂同仁致申报馆书》,经氏亦曾将女学堂章程、集议问答等件送往申报馆,恳请"刊布新闻",惜"未蒙俯允"。
② 报道题为《巾帼多材》;《拟劝金陵都人士创开女学堂启》收入经元善编《女学集议初编》,题目去掉"拟"字。
③ 《女学堂复同人郑陶斋书》(1897年11月28日),《新闻报》,1897年11月29日。

其在创建女学堂一事上表现的一意孤行,正是学校终能成立的保证。

而经元善及时送交《新闻报》发表的稿件,大致有四次筹备会议的记录,中国女学堂的来往信件,由经元善拟写的为办学致各级官员禀文,对女学堂章程的商榷文章,学堂的收支账目,女教员的诗文,以及与学校事务有关的各种文告。借助报纸,经元善真正把中国女学堂办成了一桩公共事业,不仅账目公开,以示秉公办理,而且将同人与外界的不同意见公诸报端,引起公众的参与兴趣。他还希望形成一种制度,由发起人每星期日聚议一次,"各抒所见,笔之于书,汇登日报,布告大众,庶几公事公办,开门见山"①。这些在正式版面出现的各类文字,与在广告栏目中刊载的启事相配合,对中国女学堂做了卓有成效的宣传。而其无需破费,即可达到广告所难以企及的效用,更显示出经元善具有现代商业经营者的精明头脑。

凭借报纸无远弗届的能量,经元善确实达到了将中国女学堂创办的信息广而告之以影响全国的初愿。远在广西桂林的秀峰书院山长曹驯的夫人魏氏,便因"近阅日报,知上海有女学堂之设,堂内董事皆以妇人为之,条理详密,法制良善",而特修书一封,向女学堂的女董事们表达钦慕之情,并托女婿、康有为弟子龙泽厚带去捐款,共襄盛举。②更有来自山东曲阜的女子张静仪,主动托人转递履历与诗稿,申请中国

---

① 《女学堂致严、郑、杨、施诸同仁书》(1897年12月3日),《新闻报》,1897年12月4日。

② 《女学堂内董事接桂林魏恭人书》,《女学集议初编》。据《时务报》52册(1898年2月21日)刊《女学堂捐款诸君姓氏》,记"桂林曹太史驯之妻魏恭人捐洋十元",则其信至迟作于1898年2月,而非如《经元善集》(虞和平编,武汉:华中师范大学出版社,1988年)编者所推算的4月。

女学堂的教习一职。① 而初创阶段的女学堂，无论财力还是师资，确实相当匮乏，急需同志相助，报刊于此正大有用武之地。

至于见诸报章的广告，本是近代经济、文化活动发达的产物。经元善对广告的利用，技巧也相当娴熟。中国女学堂于1898年5月31日正式开学前，经氏总共在《新闻报》刊出过三则广告。其中两则事关招生，且需连续刊登，以便周知，故不能纳入新闻版面。5月15日，距开学之期只有半个月，《中国女学会告白》开始在《新闻报》广告部分露面，并且断断续续，一直延续到6月2日：

> 启者：本学会书塾业已租定桂墅里房屋，开办前曾登报布告。现在装修工将完竣，中西文教习不日可到，准择四月十二日先行开塾。学生已报名者，请于四月初三日起，向本塾账房取保单，填交董事、提调，以便届期入塾。其未报名而有志从学者，可速来挂号报名，仍一在泥城桥西不缠足会，一在四马路电报沪局。再，公议来塾肄业学生，第一节至六月底止，三个月概不收取修金膳费。家富厚而自愿捐助者，各随心力。此启。

虽然有第一学期不收学费及饭费的优待，报名者仍不见踊跃。于是，5月30日，临近开学前夕，一则名为《桂墅里女学会书塾启》的布告接连两天在《新闻报》广告中出现：

> 启者：本书塾装修工竣，准十二日开馆。所有已报名学生，

---

① 《女学堂接友人书并闺秀诗》，《新闻报》，1898年1月29日。履历称："张静仪，字蕴华，行四，道光壬寅年十月二十二日吉时生。山东兖州府峄县儒籍。自夫亡后，即寄居外家曲阜孔宅老五府。"

请即日来填保单,速送入塾。学生额数仅容四十五名,诚恐人浮于额,难以安置。公议以先到塾者为定,愈早愈妙,幸勿自误。城内及租界,随后亦即添设。特此布闻。

开学在即,文中的语气不免急迫。而所谓"人浮于额"的忧虑,自是因生源不足、促人报名设计的托词,属于广告的语言艺术。首批学生只有二十余名的实情,也属不便明说的内情,故隐匿未报。如此收放自如,说明经元善对报纸的功能确有深刻了解。

虽然学生不多,未达到中国女学堂创办者最初的期望,但各位教习仍兴致勃勃,以首开风气而自豪。6月4日以后,在《新闻报》陆续发表的、由经元善抄送的"女学堂闺秀诗钞",无不在这一点上做文章。所谓"阙如阴教二千载,今日重开风气先"(中学兼绘事教习丁素清)、"吾华风气一朝开,招集贤媛四处来"(中学兼绘事教习蒋兰)、"沪江风气已先开,力挽狂澜信伟哉"(内董事章兰)①,诸人反复咏赞的正是这种参与创造历史的自觉意识。而堪称此中代表作的诗篇,实推署职为"提调总监塾"沈瑛撰写的气势恢宏的《开女学歌》:

天地阴阳原并偶,古训昭昭良可守。后世世道渐陵夷,坤教不讲时已久。寓沪诸公有大志,欲佐唐虞成盛治。辟开风气二千年,无不闻声称快事。一时海内尽风从,登堂无异愿登龙。当兹时世逢斯举,恍如午夜闻清钟。今朝堂内盛筵开,闺阁群英济济来。问字我应持斗酒,座中都是谢家才。论学何敢分泾

---

① 分见《新闻报》,1898年6月4日、10日、12日,后二诗分题《和赵[张]蕴华女士原韵》及《女学开馆诗》。

渭,中西学问宜兼味。粉黛欣联翰墨缘,叙[裙]裾也具英雄气。从令巾帼咸贯通,自强根柢寓其中。倘教史册书勋伐,第一须标创始功。四座闻言齐点首,佛在心头杯在手。平地居然克为山,此德此功诚不朽。愧我追随步后尘,拈毫漫欲效西颦。请看门下诸桃李,尽是他年咏絮人。①

此作以诗歌体,包孕了当时有关振兴女学乃恢复古制、使国家自强的根本大计等诸般论说,并切合中国女学堂的特色,表达了身为创始者的兴奋与喜悦。如此才女荟萃、同参盛事的场景,借报纸一角,公之于众,自然会令人歆羡,又不止于自抒怀抱而已。

而中国文人诗词唱和的习气,由于报刊的便利,在近代更发扬光大。天各一方的素不相识者,均可假此一方公共空间,彼此联吟,心心相印。于是,与女学堂诸位同人和诗者,便不限于旅居沪上的闺秀。即如"云间女士秀珍",便是在"抛针清夜学涂鸦"之际,"闲看新报惊佳句",且由于连载数日,而"频读新诗到夜深",由此生发出"同调天涯"的感慨,盼望"绛帏何日识荆州"。② 于此可知,旧体诗词也并非闲笔墨,当它出现在报章中,同样可以传递新闻信息。

尽管起始艰难,但经过同人的不懈努力,报刊的一再报道,中国女学堂的规模确实在不断扩大。开办后不到半年,10月31日,又于城内淘沙场开设了分塾。而据《万国公报》1899年6月的报告,"通计总、分两塾,凡住塾及报名而将到者,都七十余人"③。一年之内,便有如此进展,确可谓成绩骄人。

---

① 《再续女学堂闺秀诗钞》,《新闻报》,1898年6月7日。
② 《因读女学堂诸女士诗率成四绝》,《新闻报》附张,1898年7月4日。
③ 《上海创设中国女学堂记》,《万国公报》125册,1899年6月。

第二节　中西女士的盛大聚会

中国女学堂起初虽由具有维新思想的男子发起,但所有校内的教学与管理工作必须由女性承担的原则,却是一开始即已确定。因而,《上海新设中国女学堂章程》第一条"立学大意"便写明:

> 故堂中一切捐助、创始及提调、教习,皆用妇女为之。

在"堂规"部分,也把"凡堂中执事,上自教习、提调,下至服役人等,一切皆用妇人"列在首位,而不避辞费。如此反复言说,意在强调此学堂仍遵从礼教,"严别内外"。为此,在《章程》中还特别声明:"自堂门以内,永远不准男子闯入。"男性外董事与办事人员,均须在与校内隔离的外院办公。① 因其规定符合当时社会的主导观念,不难被创办同人一致接受。当然,其中蕴涵的培植女性自主自立的意识更为重要,只是这一点其时很少有人觉悟到。

既然已决定把妇女推到学校工作的第一线,而国人自办女学堂又确属开风气之先,不仅对于一向闭居家中的中国淑女是从未有过的经历,即使对于见闻颇广、已经有办理经正书院资历的经元善来说,也觉棘手与陌生。于是,经氏想出向西方人求教的主意,因其已有在中国办女校的经验。男子既被认定不能越俎代庖,具体事宜的商讨便有赖于中西女士的会谈。这本是顺理成章的想法,不料却也成为最早引起争议的话题。

第一次一品香集会时,经元善即当机立断提出此问题:

---

① 《上海新设中国女学堂章程》,《时务报》47册,1897年12月。

> 议此堂之设，章程第一条，堂中一切皆用妇女为之。拟此次叙议后，过旬日半月，订期邀集已书捐之命妇太太、姨太太、少太太暨小姐，假座清静幽雅之处，会叙一次。并添请西国各女塾教习、提调为外客，博采师法，择善而从，以便开手办理。

要各位女士抛头露面，集体聚会，其议论结果尚且要公开发表，如此做法，显然违背《曲礼》"外言不入于梱，内言不出于梱"以及《内则》"男子居外，女子居内，深宫固门，阍寺守之，男不入，女不出"（均出《礼记》）的古训。经元善也已顾虑及此，故曰：

> 但此叙未免稍背《曲礼》、《内则》之经，倘谨怀君子或畏人言，请归而谋诸妇，愿到者赐示奉送，不愿到者亦乞笺复。

此说果然不是多虑，当场便有严信厚加以反对，而从其所述"今日问各位皆不加可否"，可知赞成者实为少数。严氏的说法是："请女客一节，鄙意从缓。若近日遽尔去请，大约不到者十居八九。或待学堂落成后，粗有规模，再请不迟。"但经元善是具体经办人，深悉此中难处。从办学实际考虑，他仍然坚持早做商议：

> 现在建造房屋，一切布置非向西女塾周谘博访不可，并要托其商请西女提调、教习。西塾亦不准男子入门，非女董接洽不可，何能待之落成以后？[①]

[①] 《会议女学堂章程问答》，《新闻报》，1897 年 11 月 19 日。

由于所说道理实在,此事终成定议。

不过,为了打消众人的疑虑,保证聚会的成功,经元善于一品香会后又做了大量说服工作。他不仅催促有身份的正室夫人到场,而且希望来者多多益善。因而写信劝说严信厚,只为听说其如夫人"有如南北具美,不止一位",期望"能派以替代"出席,或答应具名作邀请人。而一旦接奉严氏准信,不禁大喜,立即将其"再三商诸贤内助,不特俯允具柬立名,并允陪客必到"的消息广布,又趁机借题发挥,以正视听:

> 既欲创兴女学,岂能仅事藏修?势不得不将《内则》一篇神而明之,稍参活笔。此次邀叙女客,无非欢联众志,藉可聆教西国通才女士崇论宏议,亦是难得之遇合。既不强以助捐,又无他事烦渎,且假座双清别墅幽畅之地,雇用巡捕司阍,不准闯入一男客,仍不逾大德之限。凡诸贤淑,何惮而不惠然肯来?况沪上公馆主妇出来观剧揽辔、游目骋怀者,比比皆是。独于此中西雅集而反矫情矜持,诚有索解人而不得矣。①

尽管说得委婉,突破礼教的严格制限一层意思已是呼之欲出。社会生活既已改变,女性既然必须参与社会事务,传统经说便不再能范围其言行。无论当时的人们是否明确认识到其间的关联,都无碍于事实的存在。

除以变通的方式解说经义、为妇女的外出集议寻找理论依据,此外,对来自反对与西方人会商的一派意见,经元善也以为不值一驳,毫不犹豫地加以拒绝。由郑观应转述的"不必多请洋人会议"之说,表面

---

① 《女学堂复同人严筱舫观察书》(1897年11月25日),《新闻报》,1897年11月28日。

的理由是"现在经费不多,尚未能大举,恐贻笑外人",经元善也只以"一往无前,不避艰险","成否利钝,诚非区区之愚所能逆料,不知将来能不贻笑于外人否"答之,并策略地抬出"深明西法"的上海道台蔡钧,以示上行下效。①

其实,发议之后,经元善即在主动与林乐知联系,请其推荐合适人选。若论经氏与林乐知的交往,起码从1893年便已开始。那年10月,经元善因举办经正书院,而在《万国公报》57册发表《拟设经正书塾缘起》及课规、章程等。林乐知则于设立中西书院后,又在1891年创建中西女塾。求助其人,对经元善来说正是合情合理。据林乐知在广学会刊物《万国公报》所撰《助兴女学》一文云,经君"商诸本会同人,冀集思而广益,复属开列泰西寓沪诸女士之足以匡扶女学者,择日邀集味莼园"②。而林乐知对此事也确实热心,11月25日,距首次聚议不过十天,经元善已写信告知严信厚:"一品叙后,林君乐知开来西儒女客廿余位,皆允必到。"经氏并以"西人如此兴彩,吾中人岂可冷台而不和之",为"请女客之不能再迟者"的一条重要理由。③

并且,西方人士对中国女学堂的看重,更以提前约请的方式毕露无遗。英国律师担文(W. V. Drummond)的夫人,于11月22日便"先设茶筵答请中华女客"④。11月30日,西班牙总领事夫人也继起邀约。《助

---

① 《女学堂复同人郑陶斋书》(1897年11月28日),《新闻报》,1897年11月29日。
② 《助兴女学》,《万国公报》108册,1898年1月。原文末注为"李提摩太先生所译",经元善收入《女学集议初编》时,加题为《西儒林乐知助兴女学论》。
③ 《女学堂复同人严筱舫观察书》(1897年11月25日)。
④ 林乐知《助兴女学》。文中未说明担文夫人宴请时间,此处据1897年12月26日《新闻报》附张《来函照登》所录经元善致施则敬论齐家书(11月20日),提及"廿二日担文夫人之订"而得出。

兴女学》一文述其事曰：

> 是日也，天气晴暖，中西女士各二十余人，毕集于虹口西领事署，华筵甫张，妙论徐发。……并闻是日席间，肴核既撤，西班牙领事夫人举觞属客，且言：侧闻女学之兴，不觉喜溢眉宇。中国某夫人对曰：我辈虽怀此意，深惭孤陋寡闻，所愿各国贤媛同匡不逮。西夫人曰：苟有所知，无不明告。且愿代贵国诸姑伯姊遍谒泰西女博士，请协力以成此举也。

而第二日，中国女学堂的女董事、提调、教习 15 人便第一次聚在一起，于经元善家中，"会商公请驻沪中西官绅女客"之事，此即第三次筹备会议①，也可以视为对前一日宴会的回应。西人的先行动作，实已迫使经元善必须将中西女士大会的计划尽早付诸实行。

鉴于首次叙议时，有人提出请女客之处，"一品香似不相宜，地太热闹而杂"②，经元善便一直在为寻找合适的会场大费周章。"吾华男女向有阃内外之限，请女客须择清静轩爽之地"既为既定方针，要同时满足宽敞而不喧闹两个条件，在当年的上海其实也不容易。何况，档次规格亦要讲究，毕竟需顾及国人的体面，又应使西洋人能够适应。而上文提及的双清别墅（即徐园），已是修正过的方案，最初乃"先往钱业公所及钱江会馆"，但这些处所均以"非人地相宜，惬心贵当"而放弃。最终是由味莼园（即张园）主人张鸿禄主动来函，"愿以安垲第全座捐免园租"，供中国女学堂请客之用；另"照西人茶会跳舞例，亦用巡捕两名，周流巡察，不准游客从檐外经过，并允内主人匡勷陪宾，照料一

---

① 《名媛会议》，《新闻报》，1897 年 12 月 3 日。
② 《会议女学堂章程问答》中记胡琪（二梅）语。

切"。同人踏勘的结果,也以为"式式均臻妥善"①;事后证明,"在一所中国游乐园的大饭店里,以英国风格招待的宴会"②,使西方客人十分满意,因而可谓皆大欢喜。

宴集之前,经元善也做了充分宣传,报纸于此又派上用场。因"安垲第可请女客三百位",为使上海关心女学之事的女士得以闻风而动,尽量赴会,经氏特意于开宴前三日,在读者最多的《申报》与《新闻报》上刊登《中国女学堂大会中西女客启》。《新闻报》先一日披露于新闻版,《申报》则在广告栏中连续两天推出。启事中言明:"惟此次请客,有具柬往邀而坚辞者,有失于备帖而愿来者,难免挂一漏万。同人公议,此系宇内大公之局,并非承乏者一己私宴,凡诸贤淑均是客、均是主也。"并宣称,已"敬请道宪(按:指蔡钧)与有司官太太亲莅,率诸命妇以陪外宾,用昭中西辑睦、教化大同之谊,不可谓非坤道难得之雅集"。如此盛会,自不应错失良机。为示"大公"之义,主办者"用特登报布告,凡吾华寓沪官绅士商名门良家太太、姨太太、小姐,未曾具柬而欲恭逢其盛者,均可一律光临"。只需将姓名、公馆地址送至上海电报局,当即奉送请帖,预约截止日期为宴请前一日午刻。③ 经过这番铺陈,女

---

① 《中国女学堂大会中西女客启》,《新闻报》,1897 年 12 月 3 日;又,《申报》于 1897 年 12 月 4、5 日亦接连在广告栏刊出。

② Mrs. Timothy Richard(李提摩太夫人),"History and Working of the First Girls School Opened by the Chinese":"The form taken in approaching the foreign ladies was also unique in the history of China, viz., inviting them to a banquet served in English style in a large restaurant in one of the Chinese pleasure-gardens; covers being laid for over 700." 见 *Records of the Third Triennial Meeting of the Educational Association of China, Held at Shanghai, May 17-20, 1899.* (Shanghai: American Presbyterian Misston Press, 1900), p. 155. Rudolf Wagner 先生提醒我注意此书,特此致谢。

③ 《中国女学堂大会中西女客启》,《新闻报》,1897 年 12 月 3 日;又,《申报》,1897 年 12 月 4、5 日。

士们即便是在与外界隔离的封闭状态下开会,而其会集仍通过日报,成为公众瞩目的事件。

或许真是"好事多磨",聚会前一天,忽然"雨丝风片,竟日阴霾",使得东道主担心天公不作美,"各闺秀有因雨改期之疑,致阻鱼轩"。于是又于宴集当日,在《新闻报》登报声明"风雨不更",并说明,"安垲第车辙可以一径到门,下舆入室,不虞淋漓之患"。布告者显然相信西人自会遵守信约,针对的只是中方人士,深恐泥途延误,因而要求将中客到场的时间,从原定的两点提前至一点半。① 幸好只是一场虚惊,第二日"天朗气清",正好欢叙,使经元善大为欣喜,不禁赞美"天人交感"。②

《裙钗大会》(1899年《点石斋画报》第509号)

---

① 《风雨不更》,《新闻报》,1897年12月6日。
② 《女学堂中西大会记》,《新闻报》,1897年12月9日。

1897年12月6日的确是一个值得铭记的日子。这一天,包括西班牙、瑞典两国领事夫人在内的中西女士总共121人(另有一名幼儿),出席了在张园安垲第举行的盛大宴会。此即中国女学堂的第四次筹备会议。中方主人先做准备,三点钟,西方客人准时光临,一并入席。来客几乎包罗了当时上海最活跃的西方女性,如创立天足会的英国立德夫人(Mrs. Archibald Little)、中西女塾的校长美国海淑德女士(Miss Laura A. Haygood)等。虽然由于蔡钧夫人的请而不到①,或许影响了一批官太太未来助兴,使得外国女客人数多过主人,为65位②;但此集联谊中外,且数达百人以上,正如《点石斋画报》所云:"诚我华二千年来

---

① 为敦促蔡钧夫人与会,宴请前三日,即12月3日,经元善专门写有《女学堂上蔡榷使书》,内云:"再,十三张园大会公宴西女士,敬请宪太太、小姐贲临。已刊登日报,务求惠莅,以彰中西睦谊,无任跂裤之至。"(《新闻报》,1897年12月5日)

② 出席者名单见《女学堂中西大会记》,《新闻报》,1897年12月9日。其名如下(参照《女学集议初编》所录):西国官商夫人、教会太太小姐有、担文夫人、安德生夫人、瑞典领事夫人、白堪南夫人、道达夫人、艾约瑟夫人、哈哲士夫人、李德夫人、渤理丁夫人、卢医生、孙来夫人、福尔来夫人、西班牙领事夫人、威金生夫人、文先生夫人、白小姐、戴玛德太太、雷税务司夫人、礼医生太太、海淑德先生、华德思小姐、山安文小姐、魏小姐、郑娘娘、伊娘娘、金娘娘、汤娘娘、傅先生、博先生、台娘娘、万娘娘、斐礼思太太、孙先生、贝先生、文先生、罗医生、甘医生、慕师母、林乐知娘娘、安德生师母、文娘娘、万娘娘、潘师母、刘娘娘、赫娘娘、古娘娘、卜娘娘、金娘娘、曹娘娘、薛太太、海娘娘、赫小姐、文先生、明小姐、孙先生、费小姐、部小姐、渭小姐、三小姐、华小姐、薛小姐、朴小姐、甘医生、伊小姐、锡罗华太太;洋提调陈夫人巴黎赖太太;中国命妇、闺秀有、盛京卿夫人、小姐、撰臣观察夫人、小姐,沈仲礼观察两位夫人,施子英太守夫人、杨子萱太守夫人、小官官,王心如观察夫人、小姐,张叔和观察二位夫人、小姐,何心川副戎夫人、小姐,孙镜湖司马太太、小姐,赵静涵明府太太、舅太太,沈善伯明府两位太太,云骑尉伊二尹太太、奶奶、小姐,马友梅二尹太太、奶奶、小姐,袁春洲蹉尹太太、小姐,汪君海帆太太、婶太太,蒋君安荣之太太,刘太太蒋畹芳女史,曹君吉甫之太太、小姐,洪余庆堂二位太太,冯宅太太,张太太吴蓬仙女史,康文佩小姐,孙蕊仙小姐,朱筠青小姐,谢赛姬、赛娟、赛鸾三位小姐,张紫云小姐,朱秀姬小姐,陈槎仙、班仙两位小姐,梁卓如孝廉太太,经太太、姨太太、少太太、小姐,华提调魏太太沈和卿女史。

绝无仅有之盛会也。"参加者称之为"旷典",实非过誉。① 尤其值得敬佩的是与会中国女士的勇气,她们不仅要第一次在招待洋人的大会上充当主人,而且还要接受并不习惯的西餐的挑战:"据观察,在这次招待会上,当一些中国女士们笨拙地对付刀叉的时候,其中也有几位象外国人一样熟练地使用它们。"②来自李提摩太夫人的报告尽管是从肯定的角度谈论,我们却还是能够体会其中的甘苦。而这些勇敢的女性从容地应付了局面,出色地完成了预定使命。

宴集的目的,在《中国女学堂大会中西女客启》中开宗明义,即已揭出:

> 本学堂邀请诸女客,专为讲求女学,师范西法,开风气之先,并非如优婆夷等设筵以图香积也。

讨论学堂如何办理自是此会的主要内容。而整个程序也安排得有条不紊:"先将学堂章程翻译洋文,遍送西国诸女客阅看";随后,负责中文教学的华提调沈瑛与协助其办学的侄媳、沈敦和(曾任江南水师学堂提调)夫人章兰,将事先草拟的《内办章程》七则送请中西女士公鉴,并将校舍建筑草图一并传观。而饮馔过半时,西方女客又"缮具英、法、华文谢词各一纸,同声道谢",女学堂各位提调、董事则"请大众随时见教"。临近散会,立德夫人起立发言,称:"今日会中外一家,诚为欢畅。中国欲创此未有之举,如欲我等众西妇女襄办一切,当效微劳,且不敢

---

① 《裙钗大会》,《点石斋画报》,1898年。此条材料由叶凯蒂博士告知,她也最先注意到其中提及的彭寄云女士的特殊身份,见其"The Life-style of Four Wenren in Late Qing Shanghai"(*Harvard Journal of Asiatic Studies*, Vol. 57; No. 2, Dec. 1997)。又,《再续女学堂中西大会记》录章兰文中语,《新闻报》,1897年12月11日。

② Mrs. Timothy Richard, "History and Working of the First Girls School Opened by the Chinese".

稍存私意。"①五点宴毕,"安垲第已火树银花,璀璨一室矣"。根据报道,从始至终,大会气氛融洽,结果极为圆满。不只在场者有"众善交征,共襄旷举"②的印象,连当日未能出席的女性,单凭传说,也能作诗咏赞:"艳闻盛会尽英才,宝马香车络绎来。难得中西诸姊妹,成城众志绝疑猜。"③

这次史无前例的中西女士大会,其意义并不在于当场征集到多少有价值的建议或几多捐款,而在于首开风气。邀请西方女士支持并参与以国人为主体的教育事业,是晚清取法西方、创兴女学的捷径。主办者以大会的方式,显示了开放的胸襟与高超的眼光,为此后的合作奠定了基础。李提摩太夫人即认为,此会为跨越中外妇女隔绝的鸿沟迈出了第一步④。同时,中西一心的形象,也强化了女子受教育乃通行各国、势不可挡的舆论导向,有利于女子教育在全国的推展。而其突破礼教的规范,更是意义深远。保守的《申报》倒很敏感,于会后不久即发表《男女平权说》,开篇便大谈男女之辨:

《周易·家人之卦》曰:男正位乎外,女正位乎内,男女正,天地之大义也。古之圣王,制作礼乐,以范围人伦,俾尊卑有等,长幼有序,贵贱有别,厘然秩然,不使稍有紊乱。而于男女之间,尤处处间之以礼。

---

① 《巾帼多材》,《新闻报》,1897 年 12 月 7 日。
② 《游戏报》1897 年 12 月 7 日《中国女学堂大会中西女客记》述:"自午后两点钟,中西各主客先后莅止,至五点钟宴毕。"又,《四[三]续女学堂中西大会记》,《新闻报》,1897 年 12 月 12 日。
③ 《闺秀诗钞》录丁素清诗,《新闻报》,1898 年 6 月 4 日。
④ Mrs. Timothy Richard, "History and Working of the First Girls School Opened by the Chinese". 原文作:"The mixed gathering referred to above might almost be said to be the first step towards the bridging of the chasm that had formerly kept Chinese ladies proudly separate from their foreign sisters."

于是反对开女学,认为"抑阴扶阳,亦天地自然之理"。文章作者的心思,显然是怕中国妇女与西洋女性接触后,也感染其时正在英、美等国兴起的女权思潮,深恐"公使之辑睦邦交,议员之品评国政,学校之培护人才",如此"国家最为紧要之事",也允许女子参与。因而要求"重复古制,俾民间庶媛稍识礼义之大防,而仍不废酒食之议、桑麻之勤"。① 其立论虽则荒谬,却颇有预见性。而做正面阐说者亦不乏其人。即使如《游戏报》这类消闲小报,在这一关系大局的事件上,也能识大体,以异乎寻常的庄重笔调,盛赞中西女士大会:

> 独是吾华妇女向有阃内外之限,今一旦破除成见,讲求女学,师范西法,以开风气之先,中国维新之机,其在斯乎?②

而聚会中出现的一则花絮,吸收京都同德堂药店主人孙瑞(敬和)之"私妇"彭靓娟(寄云)女士为学堂内董事,便颇具代表性。《点石斋画报》称彭氏的出场为此会"最奇者"③,即表明其破格之处。办理洋务多年的经元善,以举非常之事、用非常之才的气魄,不拘泥于礼法,才能成

---

① 《男女平权说》,《申报》,1897 年 12 月 14 日。
② 《中国女学堂大会中西女客记》,《游戏报》,1897 年 12 月 7 日。
③ 京都同德堂位于上海英大马路五福弄,此时常在《新闻报》与《申报》刊登"远埠购药清单"。1897 年 12 月 1 日,"中国女学内董事、提调、教习"第一次集会,彭寄云即在座。12 月 6 日中西女士大会上,彭又当场撰《叙女学堂记》一文。经元善在为其《浣雪楼诗钞》所作《跋》中,记其事曰:"本月十三日,大会中西女士于张氏味莼园之安垲第,孙镜湖司马嘉耦寄云女史在座,不假思索,拈毫抒论一首,合坐传观,中西翕然。其才之敏、学之富,已足概见。"(《新闻报》,1898 年 2 月 11 日)彭氏对女学堂事极热心,《中国女学堂戊戌六月底止收付清账》中,尚可见"孙司马之妻彭宜人创捐洋二十元"(《中外日报》,1898 年 9 月 2 日)的记录。参阅笔者《彭寄云女史小考》(《中国现代文学研究丛刊》2001 年 3 期)。

功地组织了这次中外女士大集会,并为中国女性独立任事、承担应尽的社会职责开了先声。中国女学堂的提调、教习们,也成为近代中国最早一批出身士绅阶层的职业女性。

第三节 中西并重的办学方针

尽管晚清提倡女子教育的先进人士每每征引古代经典,强调"女学本吾华上古所自有,并非泰西新法",因而,今日办女学堂,"匪曰师外,实复古也",但二者之不同显而易见。明智之士于是也在"礼失求野,势不能不采人所长"①的借口下,将西法作为实际的范本。但这并非意味着对传统的彻底抛弃,标举上古绝不只是用来对付责难者的护身符,它也渗透在倡导者的深层意识里,实在地影响着晚清兴办女学的实践活动。中国女学堂既然率先出现,必然遭逢西方与传统两种文化力量并峙的局面。而二者的冲突与调适,也成为办学的焦点。

最先透露筹建消息的《倡设女学堂启》,即已揭橥"复前代之遗规,采泰西之美制"的宗旨。到1898年3月,经过修订的《中国女学会书塾章程》公布时,这一说法更具体为"采仿泰西、东瀛师范,以开风气之先,而复上古妇学宏规"②。课程的设置也明显地贯彻了这一中西并重的方针。《女学堂试办略章》最引人注目的一条便是:

堂中功课,中文西文各半。皆先识字,次文法,次读各门学问

---

① 剡溪聋叟(经元善)《上海女学会演说》,《选报》20期,1902年6月;孙雄《论女学宜注重德育》,《北洋学报》13期,1906年。

② 梁启超《倡设女学堂启》,《时务报》45册,1897年11月;《中国女学会书塾章程》,《新闻报》,1898年3月17—20日。

>启蒙粗浅之书,次读史志、艺术、治法、性理之书。

时在福州的林纾,为此兴奋地作《兴女学》新乐府一首,盛赞:"兴女学,兴女学,群贤海上真先觉。"并特别肯定"果立女学相观摩,中西文字同切磋"①的做法。梁启超其时正力主变法,发表此说不足为奇。若就经元善而言,融会中西更是其一贯的追求。当年教育儿子,即以"中西兼习"相期。1893 年拟将家塾扩展为书院时,经仍照此办理,既"访聘邃于经学,文行兼优,实心训迪"的教师日课中文,也"并请深通英、法文教习夜课西学"。② 中国女学堂这一特点的预设,无疑使之区别于其时大多数国人自办的小学堂,而更接近于外国传教士设立的教会学校。自然,这也是形势使然,办女子学校在中国既无先例,可资取法的也只有教会女校。

当年上海虽也有兼教西文的民办小学堂,如创立最早的正蒙书塾(后改名"梅溪书院"),于 1884 年也添课英、法文,但正如经正书院的重头课为中文,各校情形均相差不多。一些学校更规定,初入学者"专习华文,毋庸请洋文教习"③。日后开办的女学堂,小学阶段修习外文者也逐渐减少,1907 年清朝学部颁布的《女子小学堂章程》与《女子师范学堂章程》,更完全将外语课程取消。小学堂不设外文课,官方与民间的考虑会有不同。后者从教育的效果着眼,自然把本国语言文字的学习放在首位。因而,像中国女学堂这样突出西文的地位,予其与中文相等的分量,即使只是宣言,也堪称独标一格。

---

① 《惠我巾帼》中《女学堂试办略章》,《新闻报》,1897 年 11 月 18 日;畏庐子(林纾)《兴女学》,《闽中新乐府》,福州:魏瀚刻本,1897 年。
② 思求阙斋主人(经元善)《拟设经正书塾缘起》《拟议经正书塾课规》,《万国公报》57 册,1893 年 10 月。
③ 《三等公学总章程》(1896 年),见朱有瓛主编《中国近代学制史料》第一辑下册 579 页,上海:华东师范大学出版社,1986 年。

1899年1月中国女学堂第一学年休业式师生与来宾合影

而在当时上海并不缺乏的教会女校中,偏重西文倒不奇怪。即使是有意平等对待的学校,也以访聘不到优秀的中文教师而无能为力。江标便曾批评:

> 苏州、上海中西两女学塾西学甚善,中学则多延时日而无大用,且不易见效。病在当日延请中文之师,皆非通达之士,故觉迂远耳。①

这本是西方教会在中国办学不可避免的尴尬处境。即如被江标举示的上海中西女塾(McTyeire Home),于1891年建校,创办者林乐知原想将

---

① 《女学堂接江建霞太史函》(1898年4月8日),《新闻报》,1898年4月17日。

其为中西书院设立的"中西并重,毋稍偏枯"的宗旨推广到女校,其《耶稣教监理会上海中西女塾章程》第二条便规定:

> 本塾中西并重,不宜偏枯。①

不过实行起来,仍有难处。但其所标示的理想,通过林乐知与维新派人士的交往,特别是他和经元善的熟识,而切实影响了中国女学堂的课程结构。

"中西并重"反映在中西女塾的科目设定上,正是从入学第一年,便同时开始中、英文教学。对西学课程,林乐知很有把握,故可在《章程》中逐年排出一至十年的课表;而中学则不免疏陋,仅能以"中学课程,现当进化改良之际,课本林立,本塾自宜择善试用,以定去取"为解词。鉴于西人办学,"病在偏重于西学,而轻于中学;夫中国设塾延请西人教习,其病在偏重于中学"②,中国女学堂欲纠正此弊,自然须在西学上用力。推重西文,道理在此。而其中、西文各半的定章,显然与林乐知的一贯说法相关。

若进而仔细对比两校的《章程》,更可发现不少条规的相同,甚至措辞亦很接近,尤以稍后公布的《中国女学会书塾章程》为甚。不妨各录几条,以为例证,上段出自中西女塾,下段取自中国女学堂,两两并置:

> 本塾中西并重,不宜偏枯。如欲专读西文,须由该生父母,于

---

① 林乐知拟《中西书院课规》,《万国公报》14年676卷,1882年2月;《耶稣教监理会上海中西女塾章程》,林乐知《全地五大洲女俗通考》第十集第十八章《女俗为教化之标准》,上海:广学会,1903年。

② 《书林乐知先生西学课程后》,《申报》,1881年11月24日。

入塾前声明。/学生如欲学琴,须于修膳外,每月另加琴修洋二元正。

　　本塾教法中西并重。……如欲专习中文,或专习西文,及兼习琴学,由该生父母于入塾时,在保单内声明。/每月亦仿西书塾,另加琴修洋一元。

　　女生来馆肄业,皆须觅有妥保,填写本塾印就保单。/住馆学生籍贯、居址,就近有无亲友照料,父母外,指定何人来领,皆须详细填明于本塾印就之保单。如该生亲友,非指定来领之人,只可到塾探望,不得将该生领出,以昭郑重。

　　凡学生来塾肄业,须觅妥实保人,缮立本塾印就保单,须写明籍贯、住址。凡住塾学生,除父母外,就近有无亲友照料,指明何人来领,皆应填入保单。如该生亲戚非指定来领之人,只许来塾探望,不得将该生领出,以昭郑重。

　　西国圣节,由教习酌给假期外,平时不宜轻易作辍。如家中果有正事,须由该生父母,或曾膺重托之人来领,并订定假期不得逾限。寻常小事,概不给假。

　　本塾正月二十日开馆,十二月望日散馆。其余令节、诞忌、星期休沐外,平时不宜轻易作辍,致旷课功。如家中有正事请假,须该生父母或曾膺重托之人来领,并订定日期,不得逾限。

　　学生衣衫,皆当整洁。褂裤略须多备,以便勤于更换。白巾至少六方,手巾亦须自带。诸物皆须做一记号,以便认取。惟家伙木器,不可携来。

　　学生……衣衫皆当整洁,褂裤、白巾略须多备几套,以便随时更换。手巾亦须自带。惟家伙木器不必携来。

　　本塾每年考课四次,考后各给分数单一纸。该生之品行,与所习各项课程,以及到馆日数足否,皆注明分数,俾该生父母,一览了然。

　　每岁冬夏甄别学生,考课二次,各给考单一纸,注明学生之德性品谊与所习各种学问分数,以及到馆日期之多寡,俾该生父母览之欣慰。

据此可以肯定,中国女学堂在"讲求女学,师范西法"上,其确定的取法对象乃是中西女塾①。

　　何况,两校之间的关系十分密切。中国女学堂开办初期聘请的西文教习徐贤梅,即为时任中西女塾校长的海淑德的学生。中国女学堂的女董事与教习们也曾应邀到该校参观,而1899年1月31日女学堂休学放假时,又邀请林乐知到校演讲。特别是1898年8月17日第二个学期开始后,本在中西女塾任教的林乐知之女林美丽(Miss Mary Louise Allen),应聘出任中国女学堂的西文总教习。10月,城内分塾设立,她最多时,每周到校四天,星期一、三、五上午在桂墅里总塾、下午在分校,教英文、算术、地理、绘画,周四上午在总校教外国缝纫课。② 由于她对学校的贡献,1898年9月28日,由经元善签字,特别授予她中国女学会名誉会员的证书。③ 而在同年3月,中国女学堂即以"中国女学

---

① 李提摩太夫人的文章也提到了这一点。见前揭文,156页。
② 见前引李提摩太夫人文,《桂墅里女学会书塾公启》,《中外日报》,1898年8月30日;《上海创设中国女学堂记》,《万国公报》125册,1899年6月。
③ 见林乐知对李提摩太夫人文章的补充,*Records of the Third Triennial Meeting of the Educational Association of China*, p. 161。

会书塾"的别称出现,显示出女学会的已然存在与学堂隶属于学会的关系。

除向西方人所办女校聘请教员外,在中国女学堂的试办章程中,也凸显出对西学课程的重视。分指历史、格致(大致相当于自然科学)、政治、修身的"史志、艺术、治法、性理",作为必修的基础科目,已非浅显。此外尚有专门学科三种,即算学、医学与法学;并另设师范科,专习教育学,但规定:"凡自刎此科者,于各种学问,皆须略知本末,则不必于三科之中,自占颛门。"①女子教育起步之时,急需培养师资,将师范列为专科,本不奇怪。算学为各门自然科学的根基,专门修习也属合理。问题是对医学与法学的特别看重,即使在今日,也很不寻常。应该说,两科的独领风骚,恰恰映现出维新派人士取法西方、变革图强的迫切心理。

法学之为高深的专门学问,在今日西方大学中,仍占据崇高地位。以毕业之年,最多具有中专水平的女学生,而期望其文凭日后可以作为充当律师一职的资格证明,未免不切实际。即便学校可长久坚持,程度迅速提高,在当年教材、教师均甚匮乏之际,做此设想,也属悬的过高。而梁启超们之所以热心于此,实因对法律寄予厚望,以之为西国强盛的法宝。梁氏写作于此一时期的《论中国宜讲求法律之学》②,可为代表。因而,从法学课程设计的浪漫表述中,我们还是可以察见其深刻的用心。不过,法学之不宜于初学者,当时即有明眼人指出。所谓"法学似不必专习",虽未说明理由,但应与《新闻报》论者的想法接近:

> 他如兵法刑律、轮船铁轨、风涛沙线诸学可毋庸议。何则?中

---

① 《惠我巾帼》中《女学堂试办略章》。
② 参见梁启超《论中国宜讲求法律之学》,《湘报》5 号,1898 年 3 月 11 日。

国男女之别綦严,非泰西诸国可比。之数者,皆非妇女所得与也。①

而后来的教学实践中,法学亦未开课,当然,这也许与学校的结束过早有关。

与上述争论形成对比的,则是对医学科目的一致肯定。第一次集会商议办学时,严信厚便极力强调医科的重要:

> 女人羞见男子,凡患病者,请医诊治,往往辞不达意,以致误事。今女塾中昨见此医学章程,鄙意请西医教习医学为第一要义。凡产科、儿科、痘瘄,将来皆可请女医诊治耳。

以后三次集议,男女创办者中,均有人涉及此话题,曾广钧更认为,严氏"请重医学,所见极是,且易下手。下次印单中,于此条似更应切实详细声明"②。在诸人看来,中医固有妙处,但"今者西医盛行,奏效甚速,竟有药到回春之妙,自不可不兼习所长"③。因而,医学之设,也偏重西医。并且,其他人选尚待酌定,试办章程中,已亟亟列出"西文教习,拟先聘江西康女士爱德,湖北石女士美玉"。二人虽曾赴美留学,专业却是医科。而反对将法学列为专门的黄漱六,倒认为医科应该推广:

> 惟医学一门,尤为卫生要务。康教习既系专门,凡学生之习此

---

① 《中国女学堂接寓聚兴栈黄君书》所录黄漱六函,《新闻报》,1897 年 12 月 22 日;《论女学堂》,《新闻报》,1897 年 12 月 9 日。
② 《会议女学堂章程问答》,《新闻报》,1897 年 11 月 19 日;《续议女学堂问答》,《新闻报》,1897 年 11 月 24 日。
③ 吴蓬仙女士语,见《名媛会议》,《新闻报》,1897 年 12 月 3 日。

科者,不必并习他科;未习此科者,皆须略知本末,与师范科并列,庶学成之后,益宏救世之心。①

医学之宜于女子、西医之更受推崇,如此众口一词,也反映出上海地方的风气开通。而中国女学堂在开办后,确实专门聘请了医学教习正式授课②,显然已将其列为基础科目,当是接受了黄氏的意见。

如上所说,国人自办学堂中,西学原较薄弱,经元善等人的重视西学,单从教学考虑,当年也有此必要。其招聘启事言明,"中学能教幼学捷径书籍者,月送十元",而与之对等的"西学能教启蒙拼法文义者,月送二十元",酬金增加一倍;最高级的西学教习薪水亦最高,"能通高等格致实学者,月送四十元"。这在每名学生每月学费仅为一元,且当时只有二十余人的情况下③,确算得上重金聘请,西学人才之难得可想而知。

尽管中学精深者也不易访求,毕竟为本国学问,延聘教员相对容易。何况,中学课程的问题是陈旧,在维新派人士眼中,正是亟须革新。江标写给经元善的信中,便谈到此意:

> 即读中文,亦须择读新学有用之书,讲读兼行,不必如村塾之以《女孝经》、《女四书》等哗阗竟日也。

女学堂能否办好,江标以为西学不成问题,因其有用,关键是在中学。因此希望经元善"乘尚未开学之先,严定中学读书之法",并许以"将来

---

① 《惠我巾帼》中《女学堂试办略章》;《中国女学堂接寓聚兴栈黄君书》。
② 见《上海创设中国女学堂记》,《万国公报》125 册,1899 年 6 月。
③ 《桂墅里女学会书塾公启》,《中外日报》,1898 年 8 月 30 日;参见《桂墅里中国女学会告白》(《中外日报》,1898 年 8 月 17 日)与《上海创设中国女学堂记》。

必易见效"。① 在经氏本人,当初对中文课也未尝想一仍旧况,从其 1898 年 8 月刊出的征求教习启事,特意说明"旧学太深者不聘",可见端倪。但中学的改造实非易事,合适的教材当日便无处可求。戊戌前,康有为、梁启超之所以把编幼学书视为急务②,道理亦在于此。可惜康、梁等人忙于政治活动,无暇顾及,政变又很快发生,终使编书计划成为泡影。于是,根据 1899 年《万国公报》的报道,中国女学堂的中文课程实不能令人满意:

> 考其华文功课,如《女孝经》、《女四书》、《幼学须知句解》、《内则衍义》、《十三经》、唐诗、古文之类,皆有用之书也。

其所谓"有用之书",已和江标所言不可同日而语,且多为所摈斥者。中学守旧而未出新的结果,似乎离预期的目标很远。察其难处,戊戌政变导致维新派风流云散,确为重大原因,传统的力量根深蒂固,亦使得改革步履维艰。而其间又涉及中西之争,复归传统也成为必然的选择。

1897 年 12 月中西女士大会后,经元善虽夸说,"知中国女学之当兴,既为中西人士异口同声","创办上海女学,西方士女闻风而来"③,但事情其实远非这般顺畅。当中国女学堂试办章程译为英文被传阅后,其第一项条款即引起激烈争议。这正是该章程的"立学大意":

---

① 《女学堂接江建霞太史函》(1898 年 4 月 8 日)。
② 见康有为《日本书目志》卷十"教育门"识语,上海:大同译书局,1897 年;梁启超《论学校五(变法通议三之五):幼学》,《时务报》16—19 册,1897 年 1—2 月。
③ 《女学堂同仁致申报馆书》(12 月 16 日),《新闻报》,1897 年 12 月 29 日;《续女学堂上南洋大臣刘制军禀稿》,《新闻报》,1898 年 5 月 29 日。

> 学堂之设,悉遵吾儒圣教,堂中亦供奉至圣先师神位。办理宗旨,欲复三代妇学宏规,为大开民智张本,必使妇人各得其自有之权,然后风气可开,名实相副。……①

在梁启超、经元善等人看来,学堂尊孔本属天经地义,沿用旧章,乃示学有根基。即使只为与西人所办学校相区别,也有必要做此规定。既然教会学堂均尊崇耶稣基督,连标榜"进教与否,全凭各人自主,决不相强"的中西女塾,其《章程》也特别规定,"惟圣教书,不能不读","每礼拜日,进堂听道,读圣日课","圣道"课也是从始至终,连贯十年②;中国人自建女学,当然应该遵奉孔学。并且,照梁启超当年的想法,中国正需要像西方信仰基督教一样,立儒学为孔教,以图振兴,国家才可得救。教与国本联为一体。因而,梁氏所拟《湖南时务学堂学约》,也以"传教"压卷,要学生明了"及今不思自保,则吾教亡无日矣"的危局,声明:"今设学之意,以宗法孔子为主义。""堂中所课,一切皆以昌明圣教为主义",学生学成毕业,亦当以传教于万国为职志。③ 具此深意,女学堂将遵从孔教列于首位,自是题旨正大。而所谓"三代妇学宏规",正从儒家经典想象而来,也算是彼此相关。同人对此条间或也有异议,如薛绍徽为显露女学堂特色,主张改祀班昭,"以为妇女模楷",但终究以"隐寓尊孔之意"④为主旨。

而这一至关重要的学堂宗旨,却遭到了西方宗教信徒的坚决反对。已经被同一章程宣布聘定为教习、寄予很高希望的康爱德,竟成为发难

---

① 《惠我巾帼》中《女学堂试办略章》。
② 《耶稣教监理会上海中西女塾章程》。
③ 梁启超《湖南时务学堂学约十章》,《时务报》49 册,1897 年 12 月。
④ 薛绍徽《创设女学堂条议并叙》,《求是报》9 册,1897 年 12 月。

者。这位梁启超以生花妙笔渲染过其经历的女士,因幼年为传教士收养,并带去美国读书,早已入教,此时便以违背信仰的理由,在英文的《字林西报》发表了一篇申明反对态度的书信,并拒绝到女学堂任教。① 这自然使建校工作更为艰难。"外国女士们也拒绝成为学校的指导者,除非基督教也像孔教一样被传授。"李提摩太夫人随后的说法是:"那个章程修改了。"好像冲突获得了圆满解决。于是,西方妇女仍帮助办学,"广学会"与"中华教育会"的地图也装饰着中国女学堂的墙壁,应邀到中西女塾与裨文女塾等校参观的女董事、教习们,则因看到各种西方文明而大开眼界。甚至1899年初学期结束时,前来访问该校的西方女士们,居然听到中国女孩子用尖锐的声音唱起《耶稣爱我》的圣歌。② 李提摩太夫人的这些描述,正是为了证明基督教对中国女学堂发生了深刻的影响。

不过,浸润过礼仪教化的中国绅士,其形式背后蕴涵的意义,很容易被不同文化背景的人误解。对先进的西方科学技术表示赞叹,并不意味着对宗教发生兴趣。即使是最令李提摩太夫人激动的唱赞美歌,也多半属于欢迎客人的礼节,也许组织者、来自圣玛利亚女校的丁明玉小姐③别有用心,却不能代表学校已具有宗教性质。尤其是令李提摩太夫人也觉得有点奇特的中国女学堂董事会同意修改条文的那封信,落款日期却标明为孔子诞生2449年,而不是像给予林美丽的证书,完全是照西历书写。这其实仍然隐含着尊孔的意思,读过梁启超1898年

---

① 见梁启超《记江西康女士》,《时务报》21册,1897年3月;褚季能《第一次自办女学堂》,《东方杂志》32卷3号,1935年2月。

② Mrs. Timothy Richard, "History and Working of the First Girls School Opened by the Chinese"。

③ 丁明玉受聘为中国女学堂西文教习,见《中国女学堂戊戌八月底止收付清账》,《中外日报》,1898年11月2日。李提摩太夫人文言其来自圣玛利亚女校。

写作的《纪年公理》①,自然明白。因此,所谓"修改",只是不愿正面发生冲突,并非指宗旨的改变或放弃。一个明白无误的信息,是由"桂墅里中国女学会"具名的"告白"正式传送的:

> 本塾馆政虽学兼中西,并不崇奉他教,亦不宣讲教书。②

而在1898年8月新学期开始后,添聘的各位西文教习已经到校,此广告仍长期刊登,不能不认为其执拗地表明了一种坚定的文化立场。

其实,尽管在西学上投入大量精力与物力,中国女学堂毕竟是国人最早自行创办的学校,本不容亦步亦趋地模仿教会女校,而坚持以我为主的自主方针,也是其办学的根本原则。聘请林美丽任教,邀请外国妇女来校考察,主意在吸取西方教育的优长,为我所用,因为现代学校究竟是借鉴西方的产物。但开创之初,在突出中国特色上,经元善即有明确表态。第二次集议时,曾留法学习的发起人之一陈季同,因其教育背景,已被同人认定为最谙学堂章程③,也自觉责无旁贷,便主动提出,已嘱其"外国女学堂出身"的法国夫人(华名赖妈懿,起初聘任为西提调)④草拟日课章程,经元善却不太放心,而及时提醒:

> 嫂夫人所拟,大约全是西国学派。今中国创设女学,不能不中西合参者,地势然也。⑤

---

① 见任公《纪年公理》,《清议报》16册,1899年5月。
② 《桂墅里中国女学会告白》,《中外日报》,1898年8月17日至9月10日。
③ 汪康年传达张謇之言,见《会议女学堂章程问答》。
④ 《中国女学会书塾章程》末署"归颍川巴黎赖妈懿"之名。
⑤ 《续议女学堂问答》。

此后的教学过程,也贯彻了这一既定宗旨,而不致抹杀中国学校的个性。也就是说,在中国女学堂中,西人始终只是客卿,决定权一直掌握在中方办学者手中。

而且,处于中西夹缝的中国女学堂,既然面对着西方的挑战,要固守中国文化的主体性,势必会对传统势力做出让步。何况,或许正是因为受到康爱德等人的刺激,学校正式开学前,经元善特别撰写了《上南洋大臣刘制军禀》,恳请刘坤一上奏朝廷,允许将顺治皇帝御定的《内则衍义》"发交女学堂,并准其照式刊刻,流布远近"。而论述此举的重大意义时,对西方宗教影响的忧虑正是一大着眼点:

> 卑府等窃见西女教士,传教所至,设立女塾,教授中国女子,所在多有。即以上海论,已开塾至六七处之多,屋宇清洁,教法淳执。每塾生徒四五十人至百人不等,类能通晓西文,讲求学问。颇有官绅大员之女送入西塾从学者,风气所开,不可遏止。惟是西土宗仰西经,教旨所垂,不出彼法。堂堂中国,使诸妇女不幸,而不得闻往圣先贤之说,圣祖神宗之教,非斯人之责而谁责欤?

因而,请颁《内则衍义》,实含有以"儒宗教术"抵制西教的深层含义。当时刘坤一虽然批示,此书"外间当有藏本",要"上海道广为访购"①;过后却也奏陈"仰恳天恩,颁赐御制《内则衍义》一部",以发交经元善,"以为女学准绳"②,实因事关大局。借助旧学的力量以反击西方的压力,经元善在中学课程上于是并无建树。

---

① 《续女学堂上南洋大臣刘制军禀稿》。
② 《光绪二十四年七月二十九日(1898年9月14日)两江总督刘坤一片》,见《中国近代学制史料》第一辑下册904页,上海:华东师范大学出版社,1986年。

不过，经元善也只是传统士绅中较为开明的人物，虽有出格之举，却完全是因为救国之心太切。其致函申报馆，急于辨明开办女学堂的办法，与该报所载《男女平权说》的指教"语语吻合"，"未有欲妇女充公使辑睦邦交，立议院品评国政，兴学校培护人才之立论"①，不能视为纯粹的防守策略。归根结底，其思想格局仍可以"中学为体，西学为用"概括，对女德的重视，以之为本原之学，在"教育宗旨以彝伦为本"②的立说上，得到了充分的显示。不过，也应该承认，既已有西方作参照系，在引进西学的同时，经元善的中学内涵必然有所修正。其"礼失求野"、借西法复古制的曲说，典型地反映出晚清先进之士的矛盾心态。而他所力图维护的儒教，也已部分地经过重新解说。

第四节　华洋杂处的文化环境

中国女学堂的性质，正如其校舍建筑的设计思想，"外盖华房，内用西式装饰，庶几中西合璧"③。因创办在先，且过早夭折，"中西合璧"的理想落实容有未尽如人意处，但其为学校的致力方向，则无可怀疑。而追溯这一观念的产生，近代上海地域文化的特征必然进入视野。

自1842年以后，上海成为首批开放的通商口岸。随着西人的大批进入、租界的逐渐扩大，上海以其得天独厚的地理、文化优势，迅速崛起。正如时人所艳说：

> 道光二十三年，诏准西洋各国南五口通商。上海居五口之一，

---

① 《续女学堂同仁致申报馆书》(12月16日)，《新闻报》，1897年12月30日。
② 《中国女学会书塾章程》。
③ 经元善语，见《会议女学堂章程问答》，《新闻报》，1897年11月19日。

> 遂变而为互市场,商人由此而群至,货物由此而毕集,市面由此而日兴,至今日,而繁华之盛,冠于各省。遂令居于他处者,以上海为天堂,而欣然深羡。或买棹而来游,或移家而寄居。噫!人果何幸,而得处于上海耶?①

而经元善早年随父到上海经商、续办洋务的经历,正可为此说添一注脚。上海对外地人的吸引力,尤在于因华洋杂处而带来的异国色彩。连成一片的租界区,俨然作为展示西方文明的窗口,而成为国人乐游之地。1884年点石斋印行的《申江胜景图》、1898年沪上游戏主人编辑的《海上游戏图说》,便均以此为导游重点。

在西方文化的强烈冲击下,上海也成为晚清国内传播西学的策源地。大批思想开通的士人麇集于此,遂使讲求西法在上海蔚然成风。1876年《申报》刊登的一篇文章,曾将上海与宁波这两个同时开埠的地方加以对比,而指出前者的优越性:

> 夫宁波通商口岸与上海并立,止以上海海口为各路通衢,其繁华更甚于他处,讲究西学之人亦聚于上海,而不聚于宁波。故自同治以来,西学盛行,在上海则有各中西人设塾教授。而官绅倡其事者,若广方言馆及现在之格致书院,皆讲求西学,日盛一日。②

经元善的移家上海,亦可为证明。经氏虽早已至上海发展事业,家人却未同来。直至1891年,两个儿子在家乡读中学书五年后,经元善"因念

---

① 《记上海古今盛衰沿革之不同》,《新闻报》,1898年7月3日。
② 《论设中西合塾》,《申报》,1876年2月2日。

鄙乡僻处山陬,西学风气未开",方"携孥至沪,中西兼习"①,全家也因此长作海上人。上海兼课西学的学校数量本居全国之首,其中教会女校外地虽也有设立,但一城不过一二所,上海却很集中,据经元善1898年所说,即已"开塾至六七处之多"。因而,中国女学堂选择在上海开办,实因有此便利条件。而"沪上通商既久,渐习西法"②,也正是经元善强调其率先在沪操办的重要原因。

加以上海报馆林立,至1897年底,此地刊行过的报刊至少有76种(包括副刊及改名者)③,对开通风气无疑大有助益。而报刊之辐射全国的功能,也使深明此道的经元善具有全国意识。照经氏最初的打算,其并不满足于仅在上海一地办女学,而有意以此为根据地,"欲尽两年之内,沪上南北城中分设六堂,可以与西塾之数颉颃","即就沪先创设一总堂,以开风气之先,徐图逐渐推广"。④ 而只靠办学堂,毕竟影响有限;即使可利用上海各报,却也需假手于人,不能自如。于是,经元善在筹议学堂事务的同时,于女校尚未开学前,便在上海的《新闻报》以及长沙的《湘报》、澳门的《知新报》上大做广告,刊登《中国女学拟增设报馆告白》,宣布"拟开设官话女学报,以通坤道消息,以广博爱之心"⑤。而以"中国女学会"名义,由华提调沈瑛、经元善夫人魏瑛、梁启超夫人李端蕙、龙泽厚夫人廖元华、教习刘靓与蒋兰署名的一封信,则更明白

---

① 思求阙斋主人(经元善)《拟设经正书塾缘起》,《万国公报》57册,1893年10月。
② 《女学堂上总署各督抚大宪夹单禀》,《新闻报》,1897年12月15日。
③ 据史和、姚福申、叶翠娣《中国近代报刊名录》,福州:福建人民出版社,1991年。
④ 《女学堂上蔡权使书》(1897年12月3日),《新闻报》,1897年12月5日;《女学堂上总署各督抚大宪夹单禀》。
⑤ 该广告始见于1898年5月17日《新闻报》,后《知新报》55册(1898年6月9日)、《湘报》87号(1898年6月15日)亦开始连续刊登。

地表述了办报的用意：

> 沪地自通商以来，虽为南北要冲，冠盖往来，风流易广。然女塾初开，仅此一隅，终虑不足振动遐迩。故女学塾幸已观成，因又有女学报之举。①

而《女学报》1898年7月24日发刊后，确实大获成功，"远近来购者云集，期印数千张，一瞬而完"，只得加印，并自10月第10期起，由旬刊改为五日刊②。由于该报主笔乃登报公开招聘，来自四方，如康有为之女康同薇、陈季同弟妇薛绍徽、参与办《无锡白话报》（后改名《中国官音白话报》）的裘毓芳，均为南方女性中的佼佼者，她们有关女子教育的议论借报刊流布，对以后各地女学堂的兴建切实起了推动作用。而中国第一份女报之得以诞生于上海，自然也依赖于此处报业的繁荣。

不过，华洋杂处所形成的上海文化环境，既有利于中国女学堂产生，也为创办同人带来了另一种忧虑。在《女学堂试办略章》中，已清楚地表现出这一点：

> 沪滨郑卫之风向盛，而租界中桑濮秽迹，尤彰明昭著。今创设女学，各得自有之权，不先从本根上讲究起，恐流弊较男学外孔内杨者更烈。

---

① 《中国女学会致侯官薛女史绍徽书》，《知新报》59册，1898年7月。
② 《女学报告白》，《中外日报》，1898年10月6日。

担心女学生受环境的污染,办学者于是特别将"防微杜渐"①提上议事日程。学校最初的选址于城外桂墅里,虽有财力的原因,但多人反复强调的却是"地偏心自远"。经元善因居家在此,最能体会其好处,所谓"租界尺地寸金,又光怪陆离,于藏修似亦不甚相宜",与其当年卜居此地,乃是因为"恐五都之市,光怪陆离,童子无知,渐为濡染"②心思相同。曾广钧也曾以"藏修之地,忌嚣忌闹,稍僻远尚无碍",回答蔡钧"桂墅里太远否"的询问③,可知其为众人的共识。尽管经元善以为"学生就馆,车辙可通,路并不远",学校亦采住宿制④,但终以交通不便,而来者有限。何况,经元善们的美意,学生家长未必能够领会。加以增加住宿开支,也非人情所愿。经氏最后也只好俯就现实,在城内另设分塾;到1899年,更由于经费困难,而"公议将总塾停业"⑤。

1900年,经元善因通电反对为废除光绪做准备的另立皇储之举,遭清廷通缉,被迫逃亡香港、澳门,中国女学堂失去主办人,勉力维持到中秋后,只得关闭。但恰如两年后经元善回顾前事,借佛教"一粒粟种遍大千世界"的箴言做出的自豪描述:

> 沪上初倡女学,是下第一粒粟之萌芽;迩闻八闽两粤继起叠兴,是栽种一握稻子时代矣。⑥

---

① 《惠我巾帼》中《女学堂试办略章》,《新闻报》,1897年11月18日。
② 《女学堂问答补遗》,《新闻报》,1897年11月20日;《拟设经正书塾缘起》。
③ 《女学堂致严、郑、杨、施诸同仁书》附《曾重伯太史来书》(1897年12月2日),《新闻报》,1897年12月4日。
④ 《女学堂上蔡榷使书》(1897年12月3日)。
⑤ 经元善《答原口闻一君问》,原刊《居易初集》卷一,录自《中国近代学制史料》第一辑下册905页。
⑥ 剡溪聋叟《上海女学会演说》,《选报》20期,1902年6月。

由其最先发明的"中西合璧"的理想,也在此后遍布各省的女校中得到了更完善的体现,中国女子教育事业终于从上海起步,推向了全国。就此而言,中国女学堂虽败犹荣。

第二章　新教育与旧道德
——以杜成淑拒屈疆函为例

晚清女子社会化教育的兴起,新知识体系在学堂的传授,使传统妇德受到了极大挑战,并冲开若干缺口。此一事实已为研究者所公认。值得关注的是事情的另一面,即新教育与旧道德的调和与折中。这在最为敏感的男女交往与婚恋问题上尤具典型意味。在此背景下,发生于北京而哄传全国的一件男女学生通信事件,因此有特别加以讨论的必要。

第一节　通信订婚与文明结婚

晚清的新式教育发端于南方沿海城市,而逐渐扩及全国,已是中国教育史上人所共知的事实。其中上海因地位特殊,最先开埠,并划出大片租界,于是拥有了在大陆地区推广新教育的试点与根据地的资格。诸多文化新事物往往选择上海登场亮相,也是基于上海作为新知识界集结地的缘故。

而自1898年中国女学堂(后更名为"中国女学会书塾")在上海创立,由国人自主经办的新式女子教育才开始在中国生根繁衍[①]。到

---

① 参见本书第一章。

1907年3月,清廷学部颁布《女子小学堂章程》与《女子师范学堂章程》,正式认可女学社会化已然存在的事实,并将女学校纳入官方的教育管理体制中,中国的女子教育事业因之大致可以区分为民间办学与官办、民办并存两个阶段。可想而知,前期不受官方保护的民间女学堂处境极为艰难,这也是下文展开分析的一个基本出发点。

在此基础上考察晚清新学界人士的婚姻形态,以上海为中心的江南地区当然更引人注目。其相对开放的文化品格,使得本来具有私密性的个人婚恋也升格为社会新闻,甚至以惊世骇俗的表现引领潮流。这在"自由结婚"赫然成为20世纪初上海一带新书报中的流行语,便可清楚看出。①

激烈者讨论婚姻形制时,已要求"至求婚之期,任男女游行各社会,相与交接,以为约婚之准备",并肯定:"约婚由于男女之自由,至其父母则仅有裁度之责,而无阻止之权。"②也即是说,恋爱自由、婚姻自主的现代意识,在这些作者心目中已十分明确。不过,若考察其在实践中的结果,我们仍能发现不小的缝隙。不是说"自由结婚"在当时绝无实例,如同里明华女学校的学生孙济扶,就是"和浙江大学陆军的周赤忱自由订婚"③的。但在一般的情况下,作为自由结婚前提的男女任意交往,因受制于各种因素,在自由的幅度上仍然有限。即使是最被看好的新学堂,也未必是自由约会的最佳场所。

这样陈述也并不表示男女学生没有接触的机会。虽然其时相当于中学程度的新式学校尚未实现男女同学,但女学堂的日渐增多,毕竟为

---

① 关于"自由结婚"的历史考察,可参看笔者《晚清妇女生活中的新因素》第五节《婚姻自由》,见《晚清社会与文化》296—310页,武汉:湖北教育出版社,2001年。
② 军毅《婚制》之《求婚之部》与《约婚之部》,《觉民》6期,1904年5月。
③ 柳亚子《五十七年》,《(柳亚子文集)自传·年谱·日记》192页,上海:上海人民出版社,1986年。

年轻异性在公共场合的相遇带来了便利。可相识不一定相恋,或为避嫌疑,以至更自觉地恪守友人与情人的界线,这在当年的新教育界也不算罕见。柳亚子的经历因此具有代表性。这位1903年进入蔡元培等人创办的上海爱国学社读书的少年志士,后来辗转于多所学堂,由学生而教员,可谓是新教育培养出来的新人物。

1904年,柳亚子进入金天翮(字松岑,号鹤望、天放)创建的同里自治学社读书,金氏同时还在自己家里成立了一所明华女学校。以金氏著有《女界钟》、被先进的女性称为"中国女界之卢骚"①的资历,其所办学校自然具有新气象。不过,让今人感觉意外的是,尽管两校相距很近,"但学生并无来往,因为天放说乡里人耳目窄隘,我们不要多做惊世骇俗的事情"②。这在女子教育初起阶段,出于减少阻力与保证女学堂平稳发展的需要,而对男女学生的交往有所限制,应该说是可以理解的举措。

虽然新教育的主办人这样自觉设防,男女学生之间仍会有结识、往来的可能,那多半是通过兄弟姊妹的同学关系实现的。如柳氏之认识明华女校的孙济扶,即是因其与柳在自治学社的同学孙宇撑为姐弟。虽然金天翮不愿意柳亚子与孙济扶接近,二人连同孙宇撑一起,却有过同舟共载去苏州的游历。而此举背后也还有"潜台词",那就是孙济扶其时已订婚,并知道柳"也是已经订婚的人了,当然没有别的意思"。如此说来,不只办学者有意维护新教育的声誉,即使最大胆的学生如柳亚子与孙济扶③,也还是要在一定的"安全系数"下,才与异性的志同道

---

① 林宗素《〈女界钟〉叙》,《江苏》5期,1903年8月。
② 柳亚子《五十七年》,《〈柳亚子文集〉自传·年谱·日记》191—192页。
③ 同上书,192页。柳亚子与孙济扶请假去苏州,未得批准,归返后均受到惩处,见上书192—193页。

合者往来,而并没有走到公然违背校规,在关系密切的同学中发展恋爱对象的一步。

诚然,同里是小地方,新式教育的实行者顾忌更多。但即便是与爱国学社同根而生的上海爱国女学校,可以因为女教员的缺乏而由中国教育会男性会员授课,却对课堂之外的男女交往以至恋爱婚姻有相当严厉的约束。在1904年秋季公布的学校补订章程中,不但有"男子不得至寄宿舍,虽校长及教习,亦不得破此例"的限制,甚至如"不得以闻有女权自由之说,而径情直行,致为家庭、乡里所不容"一类词句,也竟然堂而皇之地列入了这所带有革命性质的女学校"规约"中,从而引起激进的革命家柳亚子的愤慨。① 作为自由恋爱初始条件的男女自由交往既不能实现,被"女权自由之说"所含糊指代的学生的自由婚恋,当然也不会为学堂所赞成。

一面是理念上对于"自由结婚"的向往与推崇,一面是行动中对于师生或同学之间异性往来的小心谨慎,处此两难情境而寻求破围之方,当年的新学界也曾做过不少有意义的尝试。

老革命家蔡元培的婚姻可以作为很好的例证。其第一任妻子王昭于1900年去世,不及一载,"媒者纷集"。蔡氏提出的条件在当年可谓耸人听闻:

(一)女子须不缠足者。(二)须识字者。(三)男子不取妾。(四)男死后,女可再嫁。(五)夫妇如不相合,可离婚。

以此标准择妻,"媒者无一合格,且以后两条为可骇"。由于蔡元培在

---

① 《爱国女学校甲辰秋季补订章程》,《警钟日报》,1904年8月1日。柳亚子的反弹见安如《论女界之前途》,《女子世界》2年1期,1905年。

新旧学界广有交游,当然最终还是访到了合格的对象,即"天足,工书画"的黄世振。不过,其间仍少不了媒人沟通一环,因黄为江西人,蔡元培"乃请江西叶祖芗君媒介,始订婚焉"。婚礼倒是一改旧俗,选定1902年西历元旦之日于杭州结婚,时任上海南洋公学特班总教习的蔡元培又"请以演说易闹房",除其本人发表演说申明此革新之意,另有九位友人先后讲演,其中陈黻宸与宋恕关于男女平等的争论最为著名。① 蔡氏的成婚场所于是像极演说厅。

也许是受到蔡元培新式婚姻的启发,1902年六七月间,在天津《大公报》与上海《中外日报》这两家南北颇负盛名的维新派报纸上,先后刊登了同一位"北来游学"的"南清志士某君"的征婚广告。其辞曰:

> 此君尚未娶妇,意欲访求天下有志女子,聘定为室。其主义如下:一要天足;二要通晓中西学术门径;三聘娶仪节悉照文明通例,尽除中国旧有之陋俗。

比之蔡元培的"须识字"之新旧兼容,这位南方志士的访求对象显然更倾向于接受过新教育的女性。联系方式为"邮寄亲笔覆函;若在外埠,能附寄大著或玉照更妙"②。但这位率先公开登报征婚的志士,却还没有勇气披露自家姓名,信函也须由报社或青年会代转。看到其以《世

---

① 黄世晖记《蔡子民》,新潮社编《蔡子民先生言行录》6页,北京:北京大学出版部,1920年;蔡元培《日记》,转引自高平叔《蔡元培年谱长编》226页,北京:人民教育出版社,1996年。关于蔡氏与黄世振的订婚经过,其《日记》中也有记述,见高书200页。婚礼情况可参看许寿裳《蔡子民先生的生活》,陈平原、郑勇编《追忆蔡元培》39页,北京:中国广播电视出版社,1997年。

② 《求偶》,《大公报》1902年6月26日广告栏;重刊于同年7月27日《中外日报》,标题为《世界最文明之求婚广告》,字句略有变化。

界最文明之求婚广告》题目在《中外日报》重刊者的女志士林宗素,因此而痛责该男子"姓氏不详,学业无考",虽"既悬高格而求文明者为之妻",实质却是"视文明女人若奴隶然,谓吾一呼彼当即至矣"。更极而言之,则谓"此以待上海之雉妓可耳,若以之待中国女人,则吾恐世苟足以合南清之格者又将不愿为南清妻矣"。①

尽管遭到了女权思想信奉者林宗素的痛斥,我们还是应该承认,南清志士的做法毕竟有首开风气之功。在其时新式学堂尚无法提供青年男女自由交往的场合与机缘的情况下,征婚广告作为一种弥补的手段,可以切实起到扩大交际范围、寻访志趣相投者的功效。这就难怪会有人踵行其事。

1905年,留学日本金泽医学校的王建善,因有感于"自由结婚"在中国时机尚未成熟,而在《女子世界》与《时报》刊发《通信订婚法(敬告女同志)》广告。为了在西方人批评"中国人婚配,如牛马任人牵弄",与"吾国教化幼稚,骤令男女会合,或反紊纲纪"的困境中,找到一条文明可行之路,王氏发明了"通信订婚"新法,大意为:"余以为宜由男女互通信,先各抒衷曲,质疑问难,徐议订婚。"好处是,"既可免嫌疑,又不致妍媸误配",故被其自赞为"诚一夫一妻偕老同穴之善法也"。王建善既自报家门,姓名、住址一应俱全,又保证"信到,誓不示他人",使得双方的信件往来能够直接便捷。即使不拘于婚事的"借通信以讲学",或"欲就医学上质疑问难,而除去婚姻思想者",他也表示愿与交流。② 王氏随后还专门写作了《通信订婚法说明》,详细叙述其进行步骤。北京的《顺天时

---

① 林宗素《致汪康年书》,《汪康年师友书札》第2册1157页,上海:上海古籍出版社,1986年。上述两条材料初见于闵杰《近代中国社会文化变迁录》第二卷239—241页,杭州:浙江人民出版社,1998年。
② 《通信订婚法(敬告女同志)》,《女子世界》2年1期,1905年;又见于同年7月5日《时报》。

报》又以白话文做了介绍①,使其传布更广。王建善最终是否经由通信而成就婚姻,目前尚不知晓;但此举之安全、有效,在登报后,真有与之通信者,让王氏深感"斯道不孤"②,已可见出。

登广告征婚虽则先进、可靠,毕竟过于招摇,故为一般志士所不取。对于没有多少阅历的年轻学生来说,在缔结婚姻的过程中,媒人大抵仍是必不可少的中介。其间的情况又可分为两种:经由媒人的牵合,将男女学生系联在一起;或通过婚前、婚后的改造,使旧式婚约中的女方接受新知识。

柳亚子的婚姻可为后者的示范。向往种族革命与女权革命的柳氏,其心目中的配偶本也悬的甚高:

> 一个理想的条件,应该是知书识字的天足女学生。更理想一点,则要懂得革命,或竟是能够实行革命的,象法国玛丽侬、俄国苏菲亚一流人物才行。

但在其家乡当年的环境中,不要说革命,就是"要找一位十五六岁没有缠足的女孩子,也绝对找不出来"。亚子先生毕竟具有反抗的精神,毅然拒绝了母亲为其相中的一位"惟一的优点,便是三寸金莲,在里党中颇推独步"的小姐;也到过其时风气最为开通的上海,并在那里闹出一场要求退去原订婚约的自由恋爱。结果,桀骜不驯的柳氏在家中大乱、内外交攻、软硬兼施的阵势中,还是无法坚持到底;转过头来,仍与叔父

---

① 王建善《通信订婚法说明》原书未见,据闵杰《近代中国社会文化变迁录》第二卷243页引《时报》1905年11月1日广告,知其已再版。《演说王立才通信订婚法》刊1906年2月21日《顺天时报》,参见笔者《晚清妇女生活中的新因素》第五节《婚姻自由》,《晚清社会与文化》304页。

② 《时报》1905年8月2日广告,亦见《近代中国社会文化变迁录》第二卷243页。

介绍、父母首肯并经其本人认可的先前的媒订对象郑佩宜结了婚。柳亚子送郑氏入女学堂的要求虽未满足于婚前,但郑氏自行解去缠足的举动,还是在柳择定郑时起了重要作用。结婚以后,郑夫人在柳氏的熏染下知识开展,终竟成为亚子先生合格的终身伴侣。而1906年举办的婚礼,也采取了"文明结婚"的形式,"礼节极简单,废除拜跪,实行鞠躬",这在当时柳氏家居的吴江全县,也算是"第一次破天荒的创举"了。①

晚清上海文明结婚图(1909年《图画日报》第47号)

① 柳亚子《五十七年》,《(柳亚子文集)自传·年谱·日记》160—169、201—206页。

至于柳亚子所仿效的其时上海开始兴起的"文明结婚"礼仪,则可以作为"学堂知己结婚姻"①的注释来阅读。1905年1月2日在上海张园举行的廉隅(砺卿)与姚女士的婚礼首开其端,因此被《女子世界》主编丁初我推为"创新婚礼"之先声。其中男方为文明书局老板廉泉之弟,日本东京法学院留学生,女方的学历未知,但从男女宾客的代表人为务本女学堂的校长吴馨夫妇,则姚女士也有可能是该校学生。婚礼之分为"行结婚礼""行见家族礼"与"行受贺礼"三项节目,以及结婚双方交换戒指一类饰物、宾主鞠躬致敬、小辈献花为贺、来宾致辞与新人答词,均体现出"屏除一切旧俗,参用各国文明规则"的用心。不过,在结婚礼中,改称"绍介人"的媒人不仅在场,而且因婚姻者父母的淡出,其地位与作用反更形重要。绍介人既须在结婚证书上盖印,又要接受新郎与新娘的道谢②,因而实际承担了代表家长认可与显示婚姻自主的双重角色。

继之而起的三次新式婚礼,在1905年出刊的《女子世界》第15期上,也有统一冠名为"文明结婚"的集中报道。结婚者的身份仍多半为学堂学生,如张鞠存为复旦公学学生,其妻王忍之拟入务本女学堂读书;吴晋(回范)毕业于日本士官学校,新娘顾璧已就学镇江承志女学堂;刘驹贤(千里)将游学欧美,吴权(小馥)虽未言其受教育情况,但作为晚清女界名人、廉泉夫人吴芝瑛的侄女,新、旧学应当都有相当基础。而在所有这些婚礼中,介绍人或证婚人都是不可或缺的人物。这说明,

---

① 语出秋瑾《精卫石》第五回,《秋瑾史迹》137页,上海:中华书局上海编辑所,1958年。

② 见《文明结婚》,《时报》,1905年1月3日;《创新婚礼》,《女子世界》11期,1905年2月。报道将廉隅入读的学校记为"日本西京大学",已据《日本留学中国学生题名录》改正,见房兆楹辑《清末民初洋学学生题名录初辑》5页,台北:中研院近代史研究所,1962年。又,《女子世界》记其结婚之日为1905年1月1日。

学堂学生在成为"知己"、进而"结婚姻"的历程中,仍然需要媒人(或称绍介人)的沟通。这与真正意义上的"自由结婚"仍有距离,虽然当年已有报纸迫不及待地以此相许。①

更有意味的或许是1906年7月11日举行婚礼的范绍洛与林蕙,二人均为留日学生。记者特别指出,"范君、林君,的系自由结婚,在东京订定,尤为特色"②。这倒让我们恍然觉悟,此前多次见报的"文明结婚"尽管婚礼仪式一新,其订婚经过却并未完全摆脱"父母之命,媒妁之言"的旧程式,或者如上文指出的,介绍人已将其合二为一。不过,由介绍人替代家长,也明白显示出父母在子女婚姻中的决定权已经削弱,而婚姻的基础也还是两情合意。这在从"父母专婚"向"父母主婚"过渡的晚清③,自然是值得肯定的进步。

当年有一首金天翮(金一)创作的《自由结婚》学堂新歌,恰好与廉隅、姚女士"创新婚礼"的报道同时在《女子世界》11期刊出,应非偶然。歌词对文明结婚仪式的摹写相当传神,并透露出其时新潮的婚姻理想,不失为一份珍贵的现场记录:

> 改造出新中国,要自新人起。莫对着皇天后土,仆仆空行礼。记当初指环交换,拣着生平、最敬最爱的学堂知己。任你美妙花枝,氤氲香盒,怎比得爱情神圣涵天地?会堂开处,主婚人到,有情眷属,人天皆大欢喜。

---

① 三次婚礼的报道初刊1905年8月17日、9月2日、9月1日《时报》,见《近代中国社会文化变迁录》第二卷440—445页。其中刘驹贤与吴权的婚礼仪式单在1905年9月1日的《申报》登载时,题为《自由结婚》。

② 《婚礼一新》,《女子世界》2年6期,1907年7月。

③ 参见笔者《晚清妇女生活中的新因素》第五节《婚姻自由》,《晚清社会与文化》307页。

> 可笑那旧社会,全凭媒妁通情。待到那催妆却扇,胡闹看新人。如今是婚姻革命,女权平等,一夫一妻世界最文明。不问南方比目,北方比翼,一样是风流快意享难尽。满堂宾客,后方跳舞,前方演说,听侬也奏风琴。①

尽管限于歌词写作的形式,介绍人已隐身不见,我们却知道"他/她"并未在文明婚礼中缺席。或者也可以说,没有了介绍人的出场,"文明结婚"才能够被置换为"自由结婚"。而不管其是有意还是无意的"不在场",当这首极力渲染"学堂知己"结为"有情眷属"幸福四溢的歌曲在新式婚礼上唱起时②,那场面一定相当动人。当然,我们也还该记得,从现实到理想,其间还有一段路要走。

综上所述可以得出的结论是,1907年3月以前,在女学堂尚未获得官方认可的年代,接受新教育的学生通常并不直接将"学堂知己"发展为婚恋对象。在其走上联姻之途中,通信或介绍人多半还是不可省略的中间环节,以此避免自结婚约。甚至已在海外留学多年的洋学生,也尽可能遵守这一不成文的规则③。由此表明,传统的婚姻道德在一定程度上仍受到新学界的尊重,因此,在效法西方而时兴的文明结婚过程中,仍为其保留了一席之地。

---

① 《自由结婚》刊于《女子世界》11期(1905年2月)时未署名;1906年倪寿龄编译、文明书局发行的《(改良再版)女学唱歌集》,则写明此歌作者为金一。

② 《婚礼一新》(《女子世界》2年6期)关于前上海爱国学社学生王雅先与务本女学堂学生吴震在无锡举行文明结婚的报道,便记述了由当地竞志女学校学生与单级私塾女生"合唱《自由结婚》歌"的情节。

③ 据《日本留学中国学生题名录》(《清末民初洋学学生题名录初辑》32页),王建善1902年8月已抵日本东京,开始在同文书院留学,3年后,其"通信订婚法"始在上海报刊出现。而且,即使王氏创立此法,亦于"事前驰书家庭,禀命于父兄,得父兄之许可,而后行之"(《上海劝学所呈上海县文(为王建善案)》,《新闻报》,1907年10月21日)。

第二节　男学生的私函与女学生的公开信

从风气尚称开通的江南地区,回望天子脚下的北京,其在时代剧变中的相对滞后与保守,既显而易见,也很容易被放大。京城其实也在变,只是以上海的眼光来打量,其慢一拍的节奏往往会被误解为凝滞不前。

以女子教育而言,在上海中国女学堂创立6年以后,1904年3月,京城才出现了第一所女子学校。其恰好是由后文将要谈论的女主角杜成淑的父亲杜德舆在自家宅院中所设,筹建时还计划延聘秋瑾担任教习。① 并且,在同一年,北京也以同样的时差,晚于上海的中国女学会,产生了小型的知识妇女团体——中国妇女启明社。秋瑾也成为此社的成员。该社虽然没有嗣后成立的中国妇人会声势大,但其"以华族妇女有学问者"担任正副社长的做法②,倒体现了京师多官气、重等级的特点,而为后来者所承袭。这也与上海对俄同志女会为救国志士的集合体取向不同。

因赈济美国旧金山地震中受灾的华人,而于1906年组织的中国妇人会,其性质属于以上层妇女为主的慈善团体。因而,次年年初,当江北发生水灾时,该会又义不容辞,出面募捐。其中一次重要的筹款活动,即是春节期间,在琉璃厂售卖《难民图》。从正月初二开始,"十日

---

① 见《创设女学》《纪女学堂》,《大公报》,1904年2月1日、3月25日。可参看笔者《秋瑾北京时期思想研究》,《浙江社会科学》,2000年4期。

② 见《昌明女学》《中国妇女启明社开办简章》,《大公报》,1904年2月10日、3月11日。另可参看笔者《秋瑾北京时期思想研究》。关于上海中国女学会的情况,笔者在《晚清文人妇女观》(北京:作家出版社,1995年)之《女子团体》一节(44—46页)中做过考察。

之间,上下社会,捐集之款,竟得一千余元"①。而此一义卖的发起人,即为杜德舆的夫人黄铭训,其两个女儿、四川女学堂学生杜成玉与杜成淑也积极参与了这一活动。②

正月初十(2月22日)下午,正在募捐现场的杜成淑,收到了一封由参加义卖的小学生胡润仁转交的信,内附屈疆的名片一张,并注明"字伯刚,浙江平湖县人"。背面有"京师译学馆"的英文名称,因知屈为京师大学堂译学馆学生。此信对杜表示爱慕,可说是一封言辞大胆的情书。因这类书信乃私人秘密,很少流布后世,故作为标本,也值得详细摘引。

屈信开头即称:"识君已将一载,清风朗月,我劳如何?胡图天假之缘!情之所钟,正在吾辈,私心欣幸,曷维其已?"行文不免酸腐,然而对于有机会见到杜成淑,确实表示出由衷的喜悦。不过,因为相遇的场合未必适当,便为其后收信人的发难提供了口实。而从杜氏对相识一说的否认,追问"究竟何时通名?何时谋面?何时聚谈"③,屈未做答复看,所谓"识君"应非正式相见,最多是屈知杜而杜并不知情。

接下来,这位出身江南、修习英文的大学堂学生,开始批判中国传统隔绝男女的做法。而其说若放在上海一带报刊中,本来并不算惹眼。

---

① 《中国妇人会募赈余谈》,《时报》,1907年3月18日;《大公报》于3月28日全文转载。

② 参见《中国妇人会募赈余谈》与《请看中国妇人会驻京会员劝捐效果》,后文刊1907年2月21日《顺天时报》。

③ 《四川女学堂学生中国妇人会书记杜成淑答译学馆学生屈疆密书》,《北京日报》,1907年2月27日。此信曾刊1907年2月26日《顺天时报》、2月27日《大公报》、3月5日《中国新女界杂志》2期,各报文字小有出入。因杜成淑之兄、留学日本明治大学的杜成鋆向《中国新女界杂志》提供者为《北京日报》稿,故以之为准。

中国妇人会江北赈灾募捐图[1907年《(北京)时事画报》第1期]

有意思的是,屈彊也明确承认,其评价尺度正是以南方为基准:

> 窃尝论中国人民号称四万万,男女参半,然交际之情,除兄妹夫妇以外,即不敢言朋友。是中国男女之分,俨若两国。故震旦五千年,遂为一不情之国,而世间女子亦只为悦己者容。今者南方风气大开,灿灿自由之花,独生植于女界。北方不过光明一线而已。

虽然对北方的闭塞表示不满,"曩岁游学苏沪,亦曾有女友数人"的屈彊,对开通的江南女性却仅以朋友而非情人相待,据说是因其"不脱脂粉气习"。这才有了对"殆不一觏"的"落落高雅如君者"杜成淑的追求。屈氏又从徐女士那里听说杜"学问亦复渊博,尤为欣羡",这倒很有些"学堂知己"所讲究的"学问平等"的意味。①

为了显示才华,屈彊在后面一段要求约会与通信的文字中还拽了几句四六文,约会地点也特意选在相对古雅的陶然亭:

> 鄙人落拓青衫,滋愧巾帼。岂敢自居轻薄,遗郑风芍药之思;何当共守文明,寄秋水蒹葭之慕。上元灯阑,学校定章,已将开学。此后惟有星期一日,可图良晤。然京师为尘俗之区,求稍古雅之地,或者陶然亭畔,相与畅谈,良可乐也。不则鱼雁往还,时吐金玉;青鸟有人,当无误落。幸勿鄙吝,至以为祷。

上述话语很有些像《西厢记》中张生的口吻。而其自告奋勇,居师不疑,更有书呆子张生的那份天真、可爱与自负:"如以为文理稍不逮仆,仆当为正,未始非他山之一助尔。"②看来,前面赞誉杜成淑的所谓"学问渊博"也得打些折扣,毕竟,杜的教育程度最多相当于高小或初中,与大学堂学生屈彊相比自然还差得远。

可以推想,屈彊这封直陈心曲的情书如果投给他的苏沪女友,最多不过是不予理睬,本不会惹出麻烦。可惜,他搞错了地点,演错了角色,引起的后果显然完全出乎其意料。

在义卖场突然接到屈彊信函的杜成淑,阅读的第一感觉是"玩其

---

① 参见笔者《晚清妇女生活中的新因素》第五节《婚姻自由》,《晚清社会与文化》305—307页。
② 《屈彊原函》,《北京日报》,1907年2月27日。

词语,颇涉猥鄙僞薄",从而为此信定了性。自觉深受侮辱的杜氏之激愤,在答书的语调峻厉与嘲弄刻薄上可一目了然。叱其"丧心而发狂病","给令小学生私传信柬,行同狗彘,心为鬼蜮";言"淑固四川女学生,诚不知君视淑为何等人;而君之所以自处者,其居心直可诛而不可问也"。所谓"陶然亭可图良晤",在杜成淑看来,"尤为无状":"君既为学生,应知教育。狂悖如此,直与勾引良家妇女者同科,其罪有不可胜诛者矣!"特别是屈彊选择了一个错误的时机,更使杜氏的申讨具有道义的力量:

> 又云"天假之缘",淑更不解所谓"天缘"二字从何说起? 或者此次天降奇灾,淑等售图助赈,风霜历尽,劳怨不辞,以为江民杯车之助,乃疑为钟情来耶? 君云"欣幸",而淑窃愁苦之不暇也。

如此,屈彊不仅心术不正,更兼卑鄙而全无心肝。

在杜成淑的答复中,最吃紧的部分还是阐论屈彊此举的严重后果:

> 嗟乎! 中国至今,危弱极矣;将来事业,责在学生。译学馆为京师高等之学堂,闻平时教育最称完善,而竟有败类如君者厕其间。设学生均如君者,中国前途大可知也。况中国女界黑暗刚放一线之光明。凡学界中人,知女学关系匪浅,方期极力提倡之、维持之,其对于女学生应如何肃然起敬。而不谓君竟鄙夷视之,等诸下女。君固俨然人也,君固俨然学生也,而品行顾如是乎?

特别是在各界均以此次劝募为"中国向来未有之创格"的背景下,屈氏的私投信函便不再被视作个人行为,而与中国女界前途发生干连:

> 方谓此关打破,将来二百兆之同胞女子,皆可出而办事,发愤自立,不致贻男子内顾之忧。而不意君竟意存破坏,至以私信投递。诚恐此风一启,不惟顽固者得以借口,而新学界中之束身自爱者,亦引以为羞。卒使女子世界复处于极幽,无复有拨云见天之一日。君试思之,胡甘为男女学界之蟊贼、文明士庶之公敌也?

有鉴于此,原本想置之不理的杜成淑,深思之后,以为屈彊投书,"匪独关于淑一身之名誉,且关于译馆及男女学界之名誉,更有关于中国妇人会之名誉"。于是,"君以私来,淑以公布"。杜成淑不仅将自己的答书变成公开信,而且对屈彊的私函,"除封送学部、译学馆外",也"特登报章"。这样处置固然可以达到"使天下政界、学界、农工商界中人裁判之"①的目的,同时也势必惊动官方,做出反应。

事已至此,自负才学的屈彊倒仍不肯示弱。杜成淑既已造成公布于天下的局面,屈彊于是也借诸报端,发表复书。开篇即口气傲慢,指斥杜:"其持论谬误处指不胜偻。井蛙不足以语海,夏虫不足以语寒。此等见识,近来进士公貌为维新者多有之,况于一女子?"但因为屈氏认定,杜函另有捉刀人,是即陷害屈,再三劝诱其给杜写信,谓杜有意交好,书去必复的胡润仁背后的其兄胡子良与其友陈华臣,故此信主要并非与杜争辩,而是申诉自己如何上当受骗的经过,以及写信当时的心理活动。听到胡氏传言后,屈说自己起初也"颇怀疑虑",不过,他的英文修养发生了作用:

---

① 《四川女学堂学生中国妇人会书记杜成淑答译学馆学生屈彊密书》。

> 然曩读英文尺牍等,知泰西礼俗,男女一相见,识姓名,便可彼此通信。合则留之,不合则去也。书信本有秘密权,固非第三人所能干预也。且今之女学生、妇人会等,亦皆慕效欧风,为中国开通之佐证。则通一信函,亦属男女交际之常,文明之国多如此。况彼此俱系学生,何至有瓜李之嫌?……今既乐效文明,则通一尺素,即以文会友之道,便尔何妨?因此不疑,故遂大大方方,略书数语,即交于胡润仁之手。

不料,自己的坦荡之行竟落入小人的圈套:"渠等柴棘在胸,乌能知世间有文明事?不过以野蛮时代娼寮家美人计之惯伎以输于学者,既设网以陷人,复代作此迂谬之覆书,又复以凶恶手段遍登各报,以冀损人名(誉)。"懂得西方法律的屈彊尽管倡言,"此事若在欧美,渠等科罪不小矣";却是自身尚处于只有一线光明的中国北方,诬陷既不为罪,受害的便只能是屈彊本人了。引用屈原"众人嫉余之蛾眉兮,谣诼谓余以善淫",而叹息"古今同慨,宁独此事"①,也不过是书生的高自标榜与聊以自慰罢了。

屈彊复杜成淑函刊登于《顺天时报》时,报纸曾加编者按:一方面言其"不知自愧","照录该书示众",一方面又希望"书中所指如胡子良、陈华臣二君,不可以不辨也"。但此后并未见胡、陈有何反响。这有两种可能,一是屈所说为事实,一是屈名声已坏,不必再与之过招。何况,此种事情,出乎你口,入诸我耳,只有你知我知,死无对证,本来也很难澄清。不说也罢。

---

① 《覆女学生杜成淑书》,《顺天时报》,1907年3月5日。

第三节　屈彊的革退与中国妇人会的分裂

　　屈彊与杜成淑的往复信件中,都有对于名誉的考虑。以今日的眼光来看,屈氏的说法更实在,杜氏的牵扯到男女学界与中国妇人会,倒好像是大言欺世、汗漫无归。其实并不尽然。当年此事在国内流布之广,南北各著名民间报刊均有报道,甚至远在日本东京的《中国新女界杂志》也腾出大量篇幅予以转载、评论,已说明其确有引人注目之处。

　　先说此事对屈彊的影响。其投书杜成淑是在1907年2月22日（初十）。四天后,即26日,北京的《顺天时报》便发表了《四川女学堂学生中国妇人会书记杜成淑答译学馆学生屈彊密书》。同日,该报《学生轻薄被革》的新闻中称:

> 有译学馆学生屈彊,致中国妇人会杜女史书,词涉勾引。经杜女史函裹该馆,现经该馆将学生斥革。

以下抄录了杜成淑与京师大学堂译学馆监督章梫的往来书函以及译学馆牌示。杜函简述了屈彊"以私书暗投,意存勾引"以及此事的关系重大,表明:"淑为四川女学堂学生,又为中国妇人会书记,能不[不能]堪此奇侮。"故将屈氏原信呈送,"听候办理施行"。此信与其登载报章的答屈书一样,均未署日期。但根据章梫十二日的复函称,"学生无状,本日上午业已悬牌斥退",可知杜书前一日应已写就,那正是屈信递到的第二天。译学馆的"办理施行"也如杜成淑所期望的相当迅速,牌示曰:

> 丙级学生屈彊违犯本学堂规章第八节,访查属实,着即斥退,

以端士习而重学规。特示。

这里,屈彊私函关系译学馆名誉,并因京师大学堂为全国教育之表率而关系男学界的说法,已得到证实。而此条包含了公文的报道,也是有关屈彊事件见报率最高的一则。以笔者有限的查阅,诸如北京的《北京日报》、天津的《大公报》、沈阳的《盛京时报》、上海的《申报》①上,都有大同小异的新闻稿。

而对于屈彊来说,杜成淑的公开信不只令其声名败坏,更直接威胁到了他的前程。在被译学馆革退的绝望之余,屈彊公开发表了《覆女学生杜成淑书》,末尾声言:

> 予誓将适彼自由出产地,以呼吸文明新空气,且以被除此不祥。

这一回,屈彊与他所征引的屈原似乎唱了反调,"陟升皇之赫戏"更坚定了他远离"旧乡"的决心。京师甚至中国已是让他伤透心的不祥之地,他发誓要到真正能够自由交际、恋爱与结婚的西方去,享受文明生活。此愿望好像本来也有实现的希望,而且,按照京城报刊的说法:

> 屈生是译学馆监督得意门生。监督深恐此事为学部申斥,所以劝他出洋。日昨已经出京。

---

① 分见《北京日报》1907 年 2 月 26 日《译学生与女学生交涉》等,《大公报》2 月 27 日《屈彊致中国妇人会书记杜成淑女士私函被革之丑行》,《盛京时报》3 月 3 日《学生界之异闻》,《申报》3 月 5 日《学生轻薄被革》。

匡墨庄绘屈彊出京图[1907年《(北京)时事画报》第2期]

《(北京)时事画报》为此刊登了一幅《屈彊出京》图,画家眼中的屈彊,"观其神色,依然如旧",似乎毫无悔改之意。于是,临别赠言,"送给他四个字,千万别忘了敦品励学"①。这也代表了北京各界的一致态度。

不过,当年神态自若出京的屈彊,此后却改名"屈燨",并毕业于日

---

① 匡墨庄画《屈彊出京》,《(北京)时事画报》2期,1907年3月下旬。

本早稻田大学①，这些经历仍耐人寻味。推测易名的原因为，"屈彊"已是一个给他带来耻辱和痛苦记忆的名字，1905年入读译学馆修习英文的屈氏，最顺理成章的留学欧美的志愿最终未得实现，凡此，应该都与杜成淑拒其私函、公布天下有关。因此，肯定此事至少部分地改变了屈彊的人生道路，大约距事实不远。至于屈氏归国后的辗转服务于各公私单位，则表明其疏狂、不安分的个性始终未变。

而从杜成淑一面考察，其公开屈信的本意是在表明心迹光明磊落，绝无不可告人的隐情，以维护本人、其父为发起人的四川女学堂直至中国妇人会的清誉。这在其公开信的署名上冠以"四川女学堂学生、中国妇人会书记"之称，已可分明见出。不料，此举的效果与其初心可说是南辕北辙。杜氏所用名衔显然留给人的印象过于深刻，以致其起意保护的中国妇人会反自觉受杜牵累，而做出了令人意外的激烈反应。

1907年4月1日，《北京女报》在"来函照登"一栏，刊载了中国妇人会驻京干事钟英、会员庆哲英等人署名的《中国妇人会之分离》短简，全文如下：

> 去年廖太夫人，因募金山华侨赈捐，起发中国妇人会。一时热

---

① 据现居浙江平湖的顾国华先生2003年7月24日函中提供的《平湖采芹录》（1915年葛嗣浵刊）、浙江文史研究馆编《敬老崇文》书中屈伯刚简历复印件，以及柳和城《屈伯刚三设书肆》（《苏州杂志》2000年1期）等资料：屈伯刚（1880—1962），名彊，又名㸁，字弹山，浙江平湖人。自幼在吴中外祖家长大。1895年考中秀才。1905年入读京师大学堂译学馆，两年后被革退。随即留学日本早稻田大学，归国后经考核，被清政府授予举人衔。民国初，在南京临时政府、北京政府实业部、农商部任参事、佥事，后在江苏、浙江地方政府中任职。离开政界后，执教于上海圣约翰大学等大中学校，担任过商务印书馆旧书股主任、安徽通志馆编纂，又在北京与苏州开过书店。1953年被聘为浙江文史馆馆员。著有《诗经韵语》《诗经韵论与韵补》《管子韵语》《读管小言》《广韵吴语证》《嘉兴乙酉抗清记》《宋诗纪事拾遗》《弹山文集》《弹山诗集》及未刊回忆录《望绝自纪》等。

心女士,甚表同情,会员总数,约数千人。今年正月北京支会有会员□□□,因筹赈江北灾民,风潮陡起,有碍本会名誉,遂与本会稍存意见。正拟会议除其会籍,伊旋另立一会,名中国妇女会。从此两会各谋发达,不相干涉也。①

需要略作说明的是,廖太夫人为中国妇人会发起人,担任该会三总裁之一。其儿媳钟英(稚珊)为南洋分会总会长,驻上海;《大公报》主人英敛之夫人英淑仲为北洋分会总会长,驻天津。而1906年举行的选举中,钟英还"暂摄北京执行干事"②。至于信函中所言"风潮陡起,有碍本会名誉",直闹到欲"会议除其会籍",意见可谓大矣,绝非"稍存"可拟。但此件隐去姓名,藏头露尾,孤立来看,实不易明其所指。

不过,在此之前,1907年3月18日的《时报》上,已出现过一篇题为《中国妇人会募赈余谈》的"来稿"。此文开头即辨白江北赈捐乃出自英淑仲提议,而嘱北京执行干事钟英同时举办。"嗣有杜君夫人,力主卖图之说,而该图亦已刊就。妇人会同志,以其关系本会事件,自应到场监视,以保持本会名誉。尤幸风气渐开,不但无稀微之阻力,而且有踊跃之捐助。"事情到此,似乎是皆大欢喜。然而,该文的主旨并不在争创办善举之权,故下文笔锋一转,单就"此次有美中不足之一事"立说,而揭出杜成淑之名。

文章花费大量笔墨,断断分辨杜成淑及其母黄铭训(君仪)并非中国妇人会会员,二人姓名不见于册籍。"迨此次江北募赈,杜君伉俪,一片热忱,出而代该会担任组织,故女公子成淑,始于今正月,由其父母

---

① 《中国妇人会之分离》,《北京女报》,1907年4月1日;又见次日《大公报》。
② 见《中国妇人会章程》,《中国新女界杂志》3期,1907年4月;《中国妇人会选举名单》,《大公报》,1906年10月4日。

力保,暂充该会卖图处临时义务书记。后因此次募捐,获著速效,故会中同人,暂举杜君夫人为临时招待员。所以该会职员名单上,此次始经登有黄君仪者,盖以其能尽义务,为本会临时所特许也。"而按诸事实,早在琉璃厂卖图募捐之前,1月30日的《大公报》上,黄铭训已与钟英共同以"本会驻京干事"的名义,刊登《中国妇人会募赈江北灾民启》,是黄氏不仅在会、且有任职的确凿证明。所谓卖图之后始举为临时招待员的说法,显然完全不能成立。

但中国妇人会一方对此执意强调,不只著文刊载于国内报刊,而且因东京出版的《中国新女界杂志》转发杜成淑答屈彊书时,照录了"中国妇人会书记"的名头,也要以"南洋分会"的正大名义跟踪追击,隔海投书,辩称"实非果有其事"。反倒让人疑心,此中另有隐情。因为,以常情而论,即使退一步,承认中国妇人会所述为事实,即杜成淑仅为"临时义务书记",那么,各报的冠名也不算大错。该会南洋分会信中所言,"今京津江沪间,贵杂志日益发达。窃恐因此误会,反为贵杂志价值之累"①,因此也更像是危言耸听。这当然是局外人的冷眼旁观,而与中国妇人会领袖的感受截然不同。

不过,关于黄铭训与杜成淑会籍的辩白仍然不是这一文一函的主眼,《中国妇人会募赈余谈》作者最关切的其实是"不意突有屈彊投函杜成淑一事"。虽然撰写者努力表示大度,称:"此固为个人私德,于该会全体,无甚关系。且不论杜成淑之尊重道德,未可干犯;即使果有不慎,于该会名誉,亦何所损?"但其心心念念所系,实在杜氏已令该会名誉受损,这又与"成淑之事,既经呈诉学部,并译学馆,又复腾于报纸,均称系妇人会书记"相关。所以,代表该会的文章作者极力"分晰'临

---

① 《中国妇人会南洋分会来函照登》,《中国新女界杂志》3期,1907年4月。

时义务'"这些在外人看来无关紧要的"字样",意在要众人明了杜与该会并无干系。此中的深刻用心,在篇末也有道及:

> 惟中国女界,黑暗已极,尽此进化萌芽,而骤来最生障碍之问题。若不力为辨正,窃恐贵族女界,因而疑虑,顿生阻力,反使冒险万难、牺牲购取之中国妇人会,因个人而成破坏,则二百兆女界前途之发达,更且绝其希望矣。……窃意杜成淑一事,于女界前途,有至大关系。在该会同人,固有规则可绳;然似此败坏之干累,亦不得不严筹所以分别对待之方也。

这样,口头上说是"对于杜成淑一事,自应力任保护,虽系临时会员,而该会有维持成全之责任",但实际上该文已将杜置于品行有亏的嫌疑人之列,而在各报集注于屈彊操守不端一节时,率先对杜成淑公开发难。

不过,《时报》《大公报》《北京女报》以及《中国新女界杂志》上由中国妇人会提供的各文,也只是该会内部矛盾的公开化,此前必定已有龃龉。杜家的反应也相当迅速,那就是另立中国妇女会。1907年3月6日的《顺天时报》上,已出现由该会具名的开会启事。同日发表的一篇文章中,也提到了"女界伟人""中国妇女会发起人杜铭训女士",并记录了她对于创办此会的说明:

> 现今又改立中国妇女会,无论妇人、女子,都可入会。因从前妇人会,女子碍难加入,意思还嫌狭小。一面仍由廖女士绥理妇人

会。以后是否归并,再作道理。①

关于中国妇女会的成立经过,姜纬堂已有考辨②,此处不赘。

而在这场由外转内的冲突中,当事各方,无论是屈彊、杜成淑(及其背后的父母),还是中国妇人会,其所力求保护的名誉,都或多或少受到了损害。屈彊也许还可以说是咎由自取,其他人的受伤害则颇为无辜。问题是,污水很大程度上是由事主本人或原来的同志所提供,这才是最可悲的事情。

第四节 "启发知识"与"保存礼教"两不相妨

假如没有发生屈彊投书一事,杜成淑及其母黄铭训在中国妇人会的身份应不会受到质疑;又假如杜成淑收信后置之不理,或者原函退回、复书痛骂,而未将往来信件公之于众,则后来的一切纷争也可能消弭于无形。这些都是合理的推想,但事实并未发生。也许,屈彊的私函确实让杜家深觉受辱,大为愤怒③;也许,传递信件的第三者存在,便无法做到完全的保密。不管出自哪一种理由,今天看来杜成淑及其父母的过度发作,在当年并非是不可理解的多此一举。特别是中国妇人会的强烈反应,更证明杜家的大做文章、态度决绝其实很有必要。现在需要探

---

① 《游白云观记》,《顺天时报》,1907年3月6日。

② 见姜纬堂《中国妇女会报》,姜纬堂、刘宁元主编《北京妇女报刊考》(1905—1949)82—93页,北京:光明日报出版社,1990年。

③ 屈彊猜测杜成淑的答书乃是由胡子良与陈华臣代笔,于事情不合。以杜之"好笔墨,能作六七百字"(屈彊《覆女学生杜成淑书》)的写作能力,短期内完成此千余言的长信也确有困难。最接近事实的可能是,杜成淑的公开信系由其父母主稿。杜成鋆将载有此函的《北京日报》交付《中国新女界杂志》发表,也证明原报以及原信是由杜自家人提供。

究的是,杜成淑昭示天下、以示无他,以及中国妇人会在杜的会籍问题上反复申辩、以示无干,背后隐藏的那个共同的话题,即女性名誉关涉女界前途。

事情原是由屈彊私递信函引起,照理说,以此举为可耻的女界同人本该同仇敌忾,一致对外。可是,中国妇人会的主持者偏偏不做此想,反转过来苛求同胞姐妹。无独有偶,学部尚书荣庆考虑到"迩来京中女学逐渐发达,应饬各女学堂设立女学研究会",也传闻"此议实因译学馆学生屈彊私投密信于四川女学堂学生杜成淑之事而发起也"。① 这等于说,不管是谁做错了事,该打板子的都是女性。其内在理路是,贞洁已被视为女子的生命,任何情况下对它的冒犯(即使只是言辞),都会玷污女性的名誉。

而在中国妇人会的文告中,还有一层未经揭明的意思,即对女性抛头露面,在稠人广众中叫卖《难民图》颇不以为然。所谓"到场监视,以保持本会名誉",分剖"杜成淑女子[士]之事,乃由卖图处而起,盖卖图一事,本非本会同志所组织"②,都已暗含此意。言外之意是,杜德舆、黄铭训夫妇提倡卖图,才惹来屈彊私投密信,败坏了个人名誉,也连累到该会名声。屈彊《覆女学生杜成淑书》中所言:"若使君世守孔教,则《礼》女子十年不出门,君当深藏闺阁,以治织红组纠[织纴组紃]之事,仆亦无缘见君。"似乎也为此说提供了依据。难怪此事过后,3、4月间,京城各女学堂又为江北赈灾在琉璃厂开办女学慈善会时,清廷学部要以"京师为首善之区"的理由,于4月5日发文通饬,"劝诫各学生陈设手工物品以助赈

---

① 《议饬女学堂设立研究会》,《申报》,1907年3月6日。
② 《中国妇人会募赈余谈》,《时报》,1907年3月18日;《中国妇人会南洋分会来函照登》,《中国新女界杂志》3期,1907年4月。

需,尽可遣人送往,不必亲身到会。至于赴会唱歌舞蹈,于礼俗尤属非宜"①。而这一对募捐形式关系"礼俗"的甄别,恰好说到了问题的实质。

此处有必要回顾一下女学堂发生的历史。自其诞生之日起,在仿照西方与日本学制设置各种新学课程时,修身或伦理也作为必修课,得到了所有学堂的一致重视,且被置于各科之首。与格致、史地等新学科可以直接采纳或改编西方教材不同,以道德培育为目标的修身课则很难完全摆脱历史悠久的女德教育,面目焕然一新。创建最早的中国女学堂在课本选择上的做法不无启示意义,其中文课程所选用的《女孝经》《女四书》《内则衍义》等②,即为明清以降女性的经典读本。

而当创辟之初,中国女学堂承受着来自外界的巨大压力,走出家门的女教员与女学生并不能够冲破"男女之大防",任意走出校门。实际上,为了预防顽固派的攻击与流氓的滋扰,她(他)们也相应地采取了内外封锁的自我保护措施。《女学堂试办略章》③既规定,"凡堂中执事,上自教习、提调,下至服役人等,一切皆用妇人。严别内外,自堂门以内,永远不准男子闯入";在学校开学之后,又上书地方当局,"环求示禁",以免"愚民无识,相率而来,或有窥探喧哗等事"。④ 当然,在这种不得已的设防之外,此举显然也出自女性的自觉意识。虽然借助《女学报》的创办,

---

① 《通饬京内各女学堂遵守奏章札文》(光绪三十三年二月二十三日),《学部官报》17 期,1907 年 4 月。
② 参见《上海创设中国女学堂记》,《万国公报》125 册,1899 年 6 月。
③ 初刊 1897 年 11 月 18 日《新闻报》,12 月 4 日出刊的《时务报》第 47 册,以《上海新设中国女学堂章程》为题再次发表。
④ 《上海县正堂黄为出示谕禁事》(光绪二十四年四月二十八日),《女学报》3 期,1898 年 8 月 15 日。另据同期《女学报》所刊《苏松太兵备道蔡为出示谕禁事》(光绪二十四年五月十五日),不久在中国女学会书塾即发生了"有流氓等,在墙外抛掷砖石,损坏天篷",扭获一名送巡防局后,"其党徒胆敢声言将拆毁学塾"的事件,则请求官方示禁确非过虑。

中国女学堂的同人"把戒外言内言的这块大招牌,这堵旧围墙,竟冲破打通了"①,但从"言"到"行",其间还有着不小的距离。起码,男女之间的自由交往,在当年还是一个拿不上桌面的话题。

处于学部女学堂章程颁布前的京城各女校,其办学的情景正与早年的中国女学堂相近。因而,像《译艺女学堂章程》中所规定的:"本堂全班学生既与世界竞尚文明,凡有迹近野蛮之举动,均宜随时删除。至于趋向不端,如革命、自由各党恶习,尤须从严力禁,痛戒沾染。"而"所谓尊君孝亲、三从四德,人伦正道皆当切实讲求",这些说法并非仅此一家,倒该算是京师女学的一般特色。若与同期江南的民办女学堂章程比较,其对于旧道德的保守与坚持,无疑更为明显。即如南方私立女校中少有的"恭逢皇太后万寿、皇上万寿、皇后千秋",全体学生均要"行三跪九叩礼"②,把官场的大礼移入女学堂施行起来,在北京却是"司空见惯浑闲事"。

即使从杜成淑本人的意识看,也并没有超越京师女学界普遍认可的道德规范。其痛斥屈疆的信,正好提供了难得的研究范本。对于男女交际,杜氏自述"生平所曾谋面者,皆吾父年世尊辈,每晤一次,随登日记"。见者既为尊长,又详加记录备案,杜之谨小慎微可知。其指示屈疆:"会所距茶摊,相离不过十步。君如仰慕淑之高雅,固无妨落落大方,光明磊落,致敬尽礼,道达来意,方不失为学生资格。淑禀知父母认可后,即能接谈。""况淑之学问渊博,君既从徐女士处闻知,何不即从徐女士介绍,达其诚意,而必为是私相传递,以售其不轨之谋?"其中的要点是,如要见面,也应在公开场合,并且必须先经父母同意;当然,更好的做法则是请第三者转达,彻底免去嫌疑。而两种可行的方案,都指向对"私相传递"

---

① 潘璇《论女学报难处和中外女子相助的理法》,《女学报》3 期,1898 年 8 月 15 日。
② 《译艺女学堂章程三十条》,《顺天时报》,1906 年 2 月 21 日。

的坚定拒绝。下面一段论及"自由"的话更值得重视,因其可代表当时北京新学界的共识:

> 至于自由之说,中国女学尚在萌芽,循礼守义,国粹在斯。淑家世以孔教为尊,最不取自由之邪说(非真自由也)。凡新学号称自由者,大都皆野蛮之自由,非法律上之自由。满口卢梭,居心盗跖,一动一言,毫无公理。在彼方自诩文明,而已不值识者一噱也。①

既然如此,上海一带至少从理念上颇加肯定的"自由结婚",到了北京地面,哪怕是新学界也绝对不能接受。

由此而言,清朝学部将女子教育的宗旨概括为"启发知识、保存礼教两不相妨",《女子师范学堂章程》也以家庭教育为女学的重心②,在京师学界因广有基础,均不难获得赞成。即便提倡女学最力的《顺天时报》,在代表报社立场的《论中国女学界事》中发出如下议论,因此也不足为奇:

> 至诘其救弊之方,总以严定规则,专课家庭教育为要。如国政、社会等学,似宜需诸异日耳。③

对学部斥责女学慈善会举办的诸项慈善活动"于中国礼俗实相违异"的训令,该报也主动发表论说,加以褒赞④。可见对于女子教育的设想,京城学界与清朝学部有更多的共同语言。在其心目中,"启发知识"与"保

---

① 《四川女学堂学生中国妇人会书记杜成淑答译学馆学生屈彊密书》,《北京日报》,1907年2月27日。
② 《奏陈详议女学堂章程折》,《学部官报》15期,1907年3月。
③ 《论中国女学界事》,《顺天时报》,1907年3月28日。
④ 见《论学部通饬女学堂事》,《顺天时报》,1907年4月10日。

存礼教",或者说新教育与旧道德,二者之间的关系应是不以前者妨害后者。

于是,前文第一节引录金一创作的那首唱响于江南文明婚礼会堂中的《自由结婚》歌,在学部审定女学教科书时,也理所当然地遭到禁斥。札文称:

> 查文明书局所印《女学唱歌集》,内有《自由结婚》,歌云,"记当初指环交换,拣着平生最敬最爱的学堂知己";又云,"可笑那旧社会,全凭媒妁通情"等语,与中国之千年相传礼教及本部《奏定女学堂章程》均属违悖。……兹如该局此书所言,实属有伤女教之课本新书,应即分别禁止,以维风化。

京师督学局因此咨请警厅协助,"随时考查","分别禁止"①。而作为官方查禁根据的《奏定女子师范学堂章程》,其教育总要第一条即规定:

> 中国女德,历代崇重。……今教女子师范生,首宜注重于此。务时勉以贞静、顺良、慈淑、端俭诸美德,总期不背中国向来之礼教,与懿嫕之风俗。其一切放纵自由之僻说(如不谨男女之辨,及自行择配,或为政治上之集会演说等事),务须严切屏除,以维风化。②

---

① 《提学司示谕》,《大公报》,1907 年 4 月 19 日;《督学局咨厅文》(为禁《女学唱歌·自由结婚》事),《盛京时报》,1907 年 4 月 25 日。
② 《奏陈详议女学堂章程折》。

以此衡量,文明书局创办人廉泉的出版包含有《自由结婚》的《女学唱歌集》,以及其参与年轻学生的文明结婚礼,在北京学界都属于不敢想象的出格之举。虽然上文已挑剔地指出,传统婚姻道德即使在上海,也仍受到相当尊重。不过,比之北京,江南自然又处于领先地位。

回到杜成淑拒屈彊私函一事,从南北报刊对此反应之差异,也可窥知两地风气之不同。京津报界对其经过报道最详细,如《顺天时报》《大公报》几乎都是连篇累牍,有闻必录。《大公报》上刊载杜成淑信以及转发《时报》稿件,更是置于最重要的社论位置,这些题为"代论"的文字,明显得到报社的赞同。而上海《时报》虽发表了由中国妇人会南洋分会提供的《中国妇人会募赈余谈》,却是放在文责自负的"来稿"栏,以显示其态度的客观。《女子世界》最末一期出于关注女界动态的原则,也刊登了杜成淑《答译学馆学生□□书》。但不只在题目中隐去了屈彊之名,而且对其中刻薄的讥讽嘲骂以及"最不取自由之邪说"诸言作了删节。① 这些编辑处理手法的使用,显然表明杂志的立场与杜氏并不一致。

而在这次事件中,表现最为突出的反倒是在东京编刊的《中国新女界杂志》,其在屈彊函中逐句加批,极尽挖苦、嘲讽之能事的做法,确实别开生面②。主编燕斌(炼石)女士的评论也对杜成淑复书之"词旨

---

① 中国妇人会书记杜成淑《答译学馆学生□□书》(丁未正月),《女子世界》2年6期,1907年7月。

② 兹节录燕斌在《译学馆学生屈彊原函》首尾所加之批语,以见一斑:"识君将及一载(做梦),清风朗月(正好求学),我劳如何(捣鬼)?胡图天假之缘(正是天夺其魄)。情之所钟,正在吾辈(罪之所加,正在此辈)。……冒昧上陈(原来自己也知道),乞恕唐突(真正恕你不得),惟祈爱鉴(爱国、爱亲、爱身、爱同胞、爱社会、爱世界,无所不用其爱,无时不用其爱,惟独不爱你这学界的蟊贼,文明的公敌)。"(《中国新女界杂志》2期,1907年3月)

严厉,议论正大"大加表彰,因而盛赞:"京师四川女学堂有如此之学生,其教育之完善可知;中国妇人会有如此之书记,其全体之精神可见。"其立论依据也先以开宗明义的方式在评说开首揭橥:

> 道德者,女子立身之要素,提倡女学者,所尤当注重者也。①

假如我们了解,燕斌为中国妇人会总裁"廖太夫人之高足弟"②这一层渊源,在东京的《中国新女界杂志》所发出的声音竟然与京津学界相近,便并非不可理解了。或许正是为此,激烈倡导女权的革命家秋瑾,才会对该刊大为不满:

> 近日女界之报,已寥寥如晨星,□□之杂志,直可谓之无意识之出版,在东尚不敢放言耶! 文明之界中乃出此奴隶卑劣之报,不足以进化中国女界,实足以闭塞中国女界耳,可胜叹息哉!③

以今人的眼光裁断,我们很容易赞同秋瑾的责难,批评京津学界的保守迂执。但倘若设身处地,将杜成淑拒屈彊私函一事放置在清廷承认女学堂合法性前夕的京师重地来考量,则杜家作为北京女学创始人,其反应之过分激烈与对旧道德之刻意奉守,既显示出传统意识的自然

---

① 炼石《可敬哉京师四川女学堂之学生可敬哉中国妇人会之书记》,《中国新女界杂志》2 期,1907 年 3 月。
② 《中国妇人会章程》(附记略),《中国新女界杂志》3 期,1907 年 4 月。
③ 秋瑾《致〈女子世界〉记者书》其二(1907 年 4 月 3 日),《秋瑾集》48 页,上海:上海古籍出版社,1979 年。

滞留,也确实暗含着维护女界前途的良苦用心。① 实际上,在女子社会化教育实行的初期,"保存礼教"与"启发知识"相提并论,已然是为新式教育留下了立足与生长的必要空间。而日益扩展的新教育最终必将突破旧道德的规范,又是可以预期的前景。即使在屈、杜交涉的当日,初步接受新教育洗礼的屈彊,便已表现出对有悖于礼教的男女自由交往、自由婚恋的热切追求与大胆实践。如此,在新教育与旧道德的冲突与磨合中,无论江南还是京津,其总体目标与发展趋势的一致,应该说是毫无疑义的。本章剖析当年杜成淑拒屈彊函的前因后果,也有意展示前辈处境之艰难与晚清女子教育问题复杂的一面。

---

① 据《胡兰畦回忆录》(1901—1936)(成都:四川人民出版社,1985年)记述,黄铭训(书中称"杜黄")本是位能跟随时代前进的女性。她辛亥革命时加入同盟会,曾在京津铁路火车上为革命党运送过炸药。民国年间,回成都居住。北伐战争时,又竭力组织女子北伐军,未果;旋即出任成都妇女公会会长(55—57页)。

第三章　晚清女报的性别观照
——《女子世界》研究

　　自1898年7月24日，中国第一份妇女报刊——《女学报》问世，晚清的女性解放即与艰难奋争的女报结伴而行。在目前已知的近三十种清末女报①中，除去校刊与日报，历时最久、册数最多、内容最丰者，当属《女子世界》。无论是研究晚清报刊史，还是考察晚清女性的生活与思想，该志都是不可绕过的文本。本章拟以之为标本，通过讨论《女子世界》的办刊方式及宗旨，大致揭示晚清女报的运作方法、作者构成与议论主题诸层面的问题。

第一节　刊物的编辑、出版与发行

　　癸卯腊月朔日，即公元1904年1月17日，一份取名《女子世界》的新杂志在上海出现。第一期封面右下方印有"每月一回，朔日发行"的提示，可知编辑同人属意于月刊。刊物售价，每期两角，全年十二册为二元，邮费另加。这个价目到第二年第一期（即第13期）调整为每期二角五分，全年十三册为二元五角。不过，买到此期的读者，可用广告中附赠的"女子世界特别减价券"，仍照全年实洋二元订阅。各期页数

---

　　①　据史和、姚福申、叶翠娣《中国近代报刊名录》（福州：福建人民出版社，1991年）统计。

不固定,创刊号正文有 68 页,以后逐渐增加,最多时,单期可达 112 页(第 13 期)。大致说来,前 12 期基本保持在 80—90 页,后 5 期则均超过 100 页,但第二年四、五期(即第 16、17 期)合刊是例外,页码只有 124。此外,续出的最后一期情况特别,容后再说。

《女子世界》第 1 期的编辑所注明为"常熟女子世界社",而无具体社址。不过,从该期刊登的《海虞图书馆新书出现》的广告,也说明该刊与常熟知识界关系密切。同样引人注目的是,这份由常熟人编辑的杂志,其通讯处却与发行所合一,均为上海棋盘街大同印书局①(第 8 期后,书局迁至四马路惠福里),这也是海虞图书馆新书的总发行所。由此可推知,该刊前期的编辑工作实际是在上海完成的。第 9 期以后,杂志改由上海小说林社发行,编辑所的地址则加注为常熟"寺前海虞图书馆"。这一变化颇值得关注。而第二年第三期(即第 15 期)以后,编辑所的地址即不再列出。发刊词的撰写者为金一,丁初我的文章题为"颂词"。而据丁氏撰文之多及他写给高燮的《吹万屡以女界诗歌相遗,赋此志答》②来看,负责《女子世界》日常编务的,非丁莫属。

丁初我,名祖荫(1871—1930),字芝孙,初我为其别号③。江苏常熟人。丁与徐念慈为同乡(徐所属昭文县,系清初从常熟析出)好友,徐 1908 年去世,丁为之撰《徐念慈先生行述》。1897 年,二人受"新学潮流,输入内地"④之感染,在常熟创立中西学社。1903 年,中国教育会常熟支部成立,又由二人主持其事。1904 年 10 月,徐、丁等教育会会员在常熟组建竞化女学校,自任教员。同年秋,二人与曾朴(字孟朴)

---

① 广告《女学悬赏征文》,《女子世界》1 期,1904 年 1 月。
② 《女子世界》7 期,1904 年 7 月。
③ 见张一麟《常熟丁府君墓志铭》,常熟图书馆藏拓片;时萌《徐念慈年谱》,氏著《中国近代文学论稿》247 页,上海:上海古籍出版社,1986 年。
④ 丁祖荫《徐念慈先生行述》,《小说林》12 期,1908 年 10 月。

在上海创办小说林社,注册登记人署名"孟芝熙",实即曾孟朴、丁芝孙与徐之化名"朱积熙"的合称①。与此同时,《女子世界》自1904年9月第9期起,改由刚刚成立的小说林社发行。可以想见,创立之初的小说林社需要资金投入,加之原先已有的各代派处拖欠报款问题严重,因此,《女子世界》从第10期开始出版延误。而1906年12月由丁祖荫发行、薛凤昌(公侠)编辑的《理学杂志》的创刊,则是《女子世界》在16、17期合刊后停办的直接原因,丁氏的兴趣显然已转向科学杂志。

根据内文及广告,目前可以推测出的《女子世界》刊期如下:

第10期甲辰年十一月至十二月(1904年12月—1905年1月);
第11期乙巳新年(1905年2月)后;
第12期乙巳年三月(1905年4月);
第15期乙巳年十月至十二月(1905年10月—1906年1月);
第16、17期合刊丙午新年(1906年1月)后。②

未列入的第二年第一、二期(即第13、14期)的印行时间,应该在1905年5—10月间。

第1期刊物尚在草创期,栏目设置不全。到第2期,《女子世界》的

---

① 见《竞化女学校章程》、"记事"栏《常熟女学》(《女子世界》9期,1904年9月)及时萌《徐念慈年谱》(《中国近代文学论稿》250—252、254页)。

② 第11期《恭贺新年》的演说,提到"又是乙巳的新年了";第16、17期合刊"论说"栏《恭贺新年》一文,中有"丙午年至"之句;第10期"记事"栏《留学一斑》,述韦增瑛女士十月下旬(1904年11月27日至12月6日)赴德国留学;第11期《警告》称,"本志于三月中出足十二期";第15期"记事"栏《对付美兵》,有上海城东女学社于九月二十五日(1905年10月23日)开谈话会的消息。

面目已大为改观,原有的图画、社说(后改称"论说")、演坛、传记(后改称"史传")、译林、谈薮、小说、女学文丛诸栏目不变,又新增了"专件"栏,"文苑"(后改称"文艺")中则于"学校唱歌"之外,增加了"因花集"(后又增"攻玉集"),"记事"在"内国"之后,也添加了"外国"。以后各期基本沿袭这一体例,只是"译林"一栏完全分化。起因是在第 4 期封底广告所宣布的"本志下期大改良",编辑因检讨"前四期趋重文学,尚少实业",故决定从第 5 期开始,"加入科学(自然科学之有裨女子智识学业者)、卫生(注重家庭及育儿保产之方法)、实业(述刺绣、裁缝、手工诸项之裨益生计者)三科",而且,"立说务求浅易,裨阅者人人能晓解,人人能实行",目的是"为女子独立自营之绍介"。① "译林"的内容便由或编或译的上述三栏以及新增的"教育"栏所取代。以后虽仍有微小调整,却无碍于以杂志为女子教育补充教材的基本定位。

《女子世界》虽在上海编辑、出版,但其流通范围相当可观。第 1 期刊出的分售处共 33 家,除上海五家、常熟两家外,尚有苏州三家,南京、扬州、南昌、武昌、长沙各两家,无锡、常州、松江、杭州、嘉定、宁波、绍兴、安庆、重庆、成都、广州、北京、济南各一家。而仅仅过了一个月,第 2 期的分售处已跃增至 43 家,最高峰出现在第 5 期,总共有 48 家销售此刊。只是好景不长,第 9 期减至 36 家,以后便稳定在此数。根据各期列表,可知《女子世界》的发行区域主要在江浙,而辐射到长江沿岸的安徽、江西、湖北、四川,并及湖南与广东,北方则只有山东与北京两处。分售点的增减多半在江南,如第 5 期,江苏、浙江两地即占了 32 家;第 9 期,江浙以外还有 14 家,并且,第 1 期已参与其中的 8 个省份无一退出。

---

① 《本志下期大改良》,《女子世界》4 期,1904 年 4 月。

关于《女子世界》的发行数字，今日几乎已不可能确切得知。不过，从该刊催交欠资的布告中，倒可稍窥一斑。尽管第 1 期的《购阅略则》即声明："报费、邮资先行付下，然后发报。空函不复，款清停寄。"这一规则应适用于"代派处及阅报者"，但实际操作起来，往往是先送报，后收钱。这样，《女子世界》也很快陷入晚清民间报刊屡见不鲜的窘境。第 4 期首开其端，第一则广告便是《代派诸君鉴》。开头先致谢忱：

> 本志自发行以来，谬蒙海内同志阅者甚盛，本社曷胜惭幸。

接下来转入要求付款的正题："兹届第四期发行，而各代派处尚多未付报资及付而未足者。用特登报奉闻，务祈速寄报资，以便源源续寄；否则，一概停止，仍追前款。"第 5 期仍沿用此文，但题目已改为口气严厉的《警告代派诸君》①。至第 7 期，大概已是忍无可忍，杂志社径直在封底张榜公布了《代派处欠缴报资数》，上榜的有 10 家，今将各处订报数抄录如下：

长沙国民教育社	30 份	南昌总派报陶君节先生	20 份
杭州白话报馆	10 份	杭州蚕学馆	10 份
山东济东[南]报馆	5 份	同里任味之先生	5 份
武昌青石桥总派报处	15 份	常州新群书社	10 份
苏州开智书室	5 份	元和周庄沈子树先生	5 份

各处相加，总共 115 份。而该期刊出的分售处一览表有 47 家，上举 10 家约占 21%。以此为基数，可得出《女子世界》的发行数最少在 550 份

---

① 《代派诸君鉴》《警告代派诸君》，分见《女子世界》4、5 期，1904 年 4、5 月。

以上,因为上海、常熟的需求量应较高。而第 9 期的分售处缩减至 36 家,则是因该刊声称,凡报资未结清者,"兹概停寄"①,此后的发行数当更降低。脱期现象也恰好在这之后发生,经济困难无疑是主要原因。

虽然遇此艰窘,《女子世界》的同人仍勉力维持。即使续出的第二年第六期不计在内,该刊的出版也跨越了三年(阴历则自癸卯至丙午,逾四年),发行至 17 期。这在一个民办报刊旋起旋灭的时代,实属难得。

第二节 作者的聚合

金松岑像

　　创办一个刊物,资金之外,最重要的便是拥有基本的作者群。现代报刊需要多样化的写作与广泛的消息来源,不是一人所能包揽。1898 年出刊的《女学报》,第一期即打出 18 位主笔的名单,已是深明此意。《女子世界》又吸收各报的经验,更上一层,使供稿系统愈加严密。

　　考索丁初我与金一的遇合,虽尚未发现直接的材料,但二人早年的人生轨迹起码有两次重合。金一,名天翮(1874—1947),后改名天羽,字松岑,号鹤望,别署"爱自由者",江苏吴江县同里镇人。曾入江阴南菁书院

---

① 《代派处欠缴报资数》《警告代派处》,《女子世界》7、9 期,1904 年 7、9 月。

(后改称"南菁高等学堂")任学长,与丁祖荫既为先后同学,也算有半师之谊。① 介入《女子世界》前后,金一在上海出版过《三十三年落花梦》《女界钟》与《自由血》。尤其是1903年刊行的《女界钟》一书,倡言女权革命,为金氏赢得了巨大声誉,金一亦被时人推许为"我中国女界之卢骚也"②。同年,因蔡元培、章太炎等在上海组织中国教育会,蔡招金前往,任会计。金因此常常往来两地,便在家乡组建了中国教育会同里支部③,又与丁初我同为中国教育会会员。而丁氏一旦决意创办一份女报,也确实需要借重在女界颇有号召力的金氏的声望。由二人引进的几位主要撰稿人,很快共同支撑起这份月刊。

论及对《女子世界》的贡献,两位发起人应居首功。丁祖荫刊出的文章数目,在诸作者中无疑名列前茅,除三期外,"初我"之名每册必见,遍布社说、译林、附录、教育、实业、谈薮、文苑、传记、社会、记事诸栏目,署名"记者"的评点,不少也出自其手。这里不排除丁氏另有变换替用的笔名,尤其是杂志创行初期,作者短缺,为避免面孔单一,也有必要使用"分身术"。

金一以常用名发表在《女子世界》上的作品倒并不多,仅《〈女子世界〉发刊词》《论写情小说于新社会之关系》(署"松岑")、《祝中国妇女会之前途》三文,《女学生入学歌》《读〈利俾瑟战血余腥记〉》及《读〈埃

---

① 参见金元宪《伯兄贞献先生行状》(卞孝萱、唐文权编《民国人物碑传集》699页,北京:团结出版社,1995年)及张一麟《常熟丁府君墓志铭》,后收入氏著《心太平室集》(1947年刊本)时,题为《常熟丁芝荪先生墓志铭》。
② 林宗素《〈女界钟〉叙》,《江苏》5期,1903年8月。金一1905年刊于《女子世界》15期的《祝中国妇女会之前途》中亦自言,"自三年前撰《女界钟》四万言,言满东南矣"。
③ 参见金天羽《蔡冶民传》,《天放楼文言遗集》卷三,1947年;柳亚子《五十七年》,《〈柳亚子文集〉自传·年谱·日记》149、151页,上海:上海人民出版社,1986年。

斯兰情侠传〉》三组诗歌。另外,1904年他在家乡同里创办了明华女学校,《女子世界》第2期刊载的《明华女学章程》自然为其所撰,出现在杂志上的该校报道、照片以及学生们的习作,应该也与他有关。① 尽管能够列举的金文篇数有限,一再刊出的《爱自由者所著书》《金一所撰书》《金一编撰书》等专门广告,却分明昭示出金氏在该刊享有独一无二的特别优待,这让人体味到金一对于《女子世界》实在堪称灵魂人物。

第1期撰稿人除两位主办者,目前知道真名的还有徐念慈(署"东海觉我"或"觉我",1875—1908)。不过,徐因忙于小说林社的创建与其后的出版业务,分身乏术,见报的便只有小说《情天债》、传记《英国大慈善家美利加阿宾他传》及列于"科学"栏的《说龙》。另外,第3期"社说"栏的撰稿人竹庄,本名蒋维乔(1873—1958),江苏武进人,与丁祖荫为南菁高等学堂同学②,1902年参加中国教育会,后任爱国学社与爱国女学校教员。1904年,蒋已任职商务印书馆,"编译国文、历史等教科书,并研究教育、心理、论理诸学"③。他为《女子世界》写作的文稿,最重要的是《论中国女学不兴之害》《女权说》与《论音乐之关系》三篇论文,此外尚有一日本女子传记及编入"教育"栏的译稿《育儿法》,很能体现其"教育救国"的理想。

---

① 《明华女学章程》,《女子世界》2期,1904年2月。又,"记事"栏《女学消息》(《女子世界》15期,1905年)载:"同里明华女学,为自治学社之校长、教习等合办,学生二十八人。薛君公侠授国文,金君松岑授史地、博物。学生进步,较自治之初级生为尤速。创办两学期,高等者能造十余句,而图画、琴歌,尤为发达。上半年有特班四人,皆外埠学生,国文、史地、英文、体操等程度孟晋。今因就学不便,故裁撤之。"

② 蒋维乔《徐念慈传》云:"回忆壬寅之岁(引者按:即1902年),余与常熟丁君初我,共学于南菁讲舍。"(《教育杂志》3年1期,1911年2月)

③ 蒋维乔《因是先生自传》,卞孝萱、唐文权编《民国人物碑传集》392页。

而第 2 期以"安如"别号登场的柳亚子,则属于重量级作者。柳亚子(1887—1958),本名慰高,号安如;因受革命思潮影响,改名人权,号亚卢(取义"亚洲的卢梭");后又改名弃疾,号亚子,以号行。柳家居江苏吴江县黎里镇,1902 年与金一结识。他为《女子世界》撰稿的 1904—1905 年,恰正在金氏创立的同里自治学社读书①,可想而知,他与该刊的关系是通过金一建立的。柳所撰文可分四类:最早发表的戏曲《松陵新女儿传奇》与众多诗作之外,一为论说,计有《黎里不缠足会缘起》(系代同里倪寿芝作,入"专件"栏)、《哀女界》(亚卢)与《论女界之前途》(安如)三文,均属晚清重要的妇女论文献;一为传记,自第 3 期至第 11 期,陆续刊出《中国第一女豪杰女军人家花木兰传》(亚卢)、《中国女剑侠红线聂隐娘传》(松陵女子潘小璜)、《中国民族主义女军人梁红玉传》(同前)、《女雄谈屑》(亚卢)与《为民族流血无名之女杰传》(潘小璜)五篇,在此栏刊文之多可拔头筹。

至于高燮、高旭、高增叔侄的加盟《女子世界》,多半出于志同道合者的声应气求。三高为江苏金山县人,高燮(1879—1958)虽长一辈,却与高旭(1877—1925)、高增(1881—1943)年龄相近。1903 年 11 月,三人在家乡创办了《觉民》月刊。《女子世界》面世时,该志仍在编辑。《女子世界》出至第 3 期,高燮即现身(署名"吹万"),其与高旭(署"天梅""剑公")提供的稿件均为诗歌。因数量多,丁初我还赋诗答谢,称赞高燮:"慈航普渡苦怜海,椽笔先驱独立军。"并要求:"愿乞文明新种子,普栽[栽]吴下万人家。"②高增则于诗章外,尚作有戏曲《女中华传

---

① 柳亚子《自撰年谱》,《(柳亚子文集)自传·年谱·日记》9—10 页。
② 初我《吹万屡以女界诗歌相遗,赋此志答》,《女子世界》7 期,1904 年 7 月。

奇》(大雄)与弹词《狮子吼》(觉佛)①。三人与柳亚子其时虽同为《女子世界》撰稿,却还无缘相识。深交还要等到1906年,这才有后来的柳、高(旭)、陈(去病)发起成立近代著名的革命文学团体——南社——的后话。

作者中值得关注的还有周作人,他之成为《女子世界》后期的重要撰稿人,更像是源于自动来稿被采用。周当1904—1905年时,正就读于南京江南水师学堂。从现存的日记②中,可约略知晓其为《女子世界》供稿的情形。他当时以"萍云女士""碧罗女士"与"病云"的化名,自第8期始,先后刊出了译作《侠女奴》(采自《天方夜谭》的《阿里巴巴与四十大盗》)、《荒矶》(《福尔摩斯侦探案》的作者柯南·道尔著)与《女祸传》("抄撮《旧约》里的夏娃故事"③而成),又有创作的短篇小说《好花枝》与《女猎人》并《题〈侠女奴〉原本》诗10首。即使署名"索子",实为鲁迅节译的《造人术》,也是由周作人推荐给该刊的,篇末"萍云"的大段批语即为证明。从周氏日记亦可知,当时的付酬方式是赠送书刊,如乙巳年三月初二日(1905年4月6日)记:"下午收到上海女子世界社寄信并《女子世界》十一本,增刊一册,《双艳记》《恩仇血》《孽海花》各一册。"④说明当年的供稿人并不借此谋生,而多半是为了理想或出于技痒、好名之心。周作人通过为《女子世界》写稿,进而成为小说林的作者,在该社出版了《玉虫缘》与《侠女奴》两部译作,则典型地展示了杂志为后起的出版社集聚人才的作用。

还有一位以"自立"为笔名的作者,从《女子世界》创刊起,便活跃

---

① "觉佛"为高增的笔名,见高铦、谷文娟《〈觉民〉月刊整理重排前记》2页(《〈觉民〉月刊整理重排本》,北京:社会科学文献出版社,1996年)。
② 《周作人日记》上册403—412页,郑州:大象出版社,1996年。
③ 《我的笔名》,《知堂回想录》(上)167页,石家庄:河北教育出版社,2002年。
④ 《周作人日记》上册411页。

于谈薮、社说、演坛、科学、卫生诸栏,最多时,一期可跨越三个栏目。这种每期必见的记录一直保持到第 13 期,其人也成为在"初我"之外出现频率最高的撰稿人。只是目前还无法找到可靠的材料确定其真名,诚为憾事。而从杂志中可以获知的是,"自立"为男性,通日文,对自然科学很有兴趣,与金一为友。

大致说来,《女子世界》依靠亲朋关系建立基本的作者队伍,尚有传统文人结社的余风。只是由于各人均以杂志为联系中枢,相互之间倒不一定有私下的交往,这已经有些"近代化"的意味。更进一步如周作人,由投稿者变为固定撰稿人,则应是现代报刊的常态。不过,急于扩充稿源的新报章,实际无法耐心等候无名之辈的投石问路。被动地转载他报已发表的作品,当然不失为一种应对措施,这在《女子世界》也是司空见惯。注明出处的如第 1 期录自《俄事警闻》的两篇《告全国女子》,未标出初刊处的如刘孟扬的《劝戒缠足》出自《大公报》,又如上举高增的《狮子吼》首发于《觉民》,高燮、高旭的若干诗作先已刊载在《政艺通报》《警钟日报》等处。① 不过,重刊之作毕竟不能成为重头戏,借用的作品太多,也会影响杂志的形象。于是,主持者还必须主动出击,办法不外两条:一是征文,二是招聘特约撰稿人。这两招《女子世界》都用上了。

征文既可发现新作者,又能吸引读者,一箭双雕,自得办报者的青

---

① 《女子世界》2 期(1904 年 2 月)刘孟扬文,原题《请遵谕劝戒缠足》,载 1904 年 1 月 5—10 日《大公报》;又如《女子世界》6 期(1904 年 6 月)高增(觉佛)的《狮子吼》,初刊《觉民》1—5 期合订本(1903 年 11 月—1904 年 4 月,署"吴魂");3 期(1904 年 3 月)高燮(吹万)的《女界进步之前导》,初刊《政艺通报》2 年 5 号(1903 年 4 月,署"慈石"),9 期(1904 年 9 月)《题〈自由结婚〉第一编十首》与《题〈自由结婚〉第二编十首》,初刊同年 7 月 13—14 日《警钟日报》(署"黄天");5 期(1904 年 5 月)高旭(天梅)的《吊裴梅侣女士》,初刊《政艺通报》2 年 2 号(1903 年 2 月,题为《吊裴女士梅侣三首》,署"慧云")。

睐,不足为奇。《女子世界》的特出处在招聘,这就是调查员制度的设立。翻开创刊号,便可看到《女学悬赏征文》与《女学调查部专约》两则广告。后者将要求与报酬规定得十分详细:

  一、海内同志如有愿充本社调查员者,请将有关女学文件及女学状况或论说、诗歌、新闻、规约、学校摄影等件,随时邮寄本社总发行所,每月以一件为率。
  一、调查员当酬赠本志全年,惟零星稿件不在此例。
  一、调查函稿刊出与否,原稿概不寄还。
  一、惠寄函件,邮资概归自给。①

此项征集到第4期杂志上有了回应,首批刊出的"担任调查员姓氏"共三名,即高燮(时若)、杜清持(署名一作"杜清池")与赵爱华。第6期的名单更增至七位,新加入者为汪毓真、俞九思、韩靖盦与刘瑞平。② 其中女性占了多半,高、俞、韩则为女界革命的同道。以地域论,江浙仍居主导。不过,杜清持与刘瑞平分别来自广东的广州与香山,已足令人振奋。

  各调查员一旦聘定,便很快进入角色,履行职责。如俞九思用苏州土白演述的《敬告同胞姊妹》,韩靖盦的多首诗词,都应归入专稿特供之列。晚清女报尤为奇缺的女性作者,也借此机缘,得以在《女子世界》经常露面,一展长才,打破了首期由男性作者包办的不合理局面。并且,经由调查员居间联络,通报各处女界信息,推荐新人,编印于上海的《女子世界》才能够突破地区的限隔,及时反映各地近期动态,广泛交换先进经验,在扩大作者队伍的同时,也切实为兴女学、争女权尽了力。

---

① 《女学调查部专约》,《女子世界》1期,1904年1月。
② 《担任调查员姓氏》,《女子世界》4、6期,1904年4、6月。

第三节 "女子世界"的构想

晚清女报虽数量不多,但刊名的重复率颇高,如《女学报》《女报》都有三次以上的使用机会。《女子世界》在晚清倒是独一份(1914年又有一《女子世界》发行,与此处所论无关),其命名也大有深意。

按照丁初我的界说:"欧洲十八九世纪,为君权革命世界;二十世纪,为女权革命世界。"而此说本来自西方,柳亚子即称引"西哲有言":"十九世纪民权时代,二十世纪其女权时代乎?"①认定20世纪女性将成为历史的主角,女子的命运将发生天翻地覆的变化,这一信念使得《女子世界》的编者自觉立身时代前沿,敏锐地提出"女子世界"的构想。

首先应该指出的是,在诸人的言说中,"女子世界"实与"女权革命世界"同义。与"女权时代"的开始期相同,丁初我

《女子世界》第2年第1期(1905年)封面

---

① 初我《女子家庭革命说》、倪寿芝(实出柳亚子)《黎里不缠足会缘起》,《女子世界》4、3期,1904年4、3月。丁初我之说显然出自金一的《女界钟》,该书第六节《女子之权利》称:"十八、十九世纪之世界,为君权革命之时代;二十世纪之世界,为女权革命之时代。"(《女界钟》56页,1904年再版)

即宣称,"女子世界""自今日始"①。金一的《〈女子世界〉发刊词》更明言:

> 谓二十世纪中国之世界,女子之世界,亦何不可?②

这就难怪丁氏写作《女子世界颂词》时,尽管驱遣大量撩人情感的词语,赞美20世纪为"壮健"的"军人世界"、"沉勇"的"游侠世界"、"美丽"的"文学美术世界",却还是把最高的赞颂留给了"女子世界":

> 吾爱今世界,吾尤爱尤惜今二十世纪如花如锦之女子世界。

在其主编的刊物里,受到热烈称颂的"女子世界",放在中国情境中,也可与"女中华"置换。金一刊载于《女子世界》第1期的《女学生入学歌》,因此有"新世界,女中华"之句,编者与作者所期盼的"女子世界",自是以出现在中华大地为最终归宿。

而且,为了使这一话题受到重视,深入人心,《女子世界》第1期在卷首广告页打出的《女学悬赏征文》启事,也将《女中华》一题置于首位,并规定,"不拘论说、白话、传奇体例"。从"首期初我当社"的说明,可知丁氏所作的《女子世界颂词》,实属于《女中华》的命题作文系列。

探究"女子世界"之所以令丁初我们神往,则不能不溯源于女子天然具备的生育能力。这样的表述未免让人扫兴,但确是打破后壁之言。当然,援用其时流行的说法更具积极意义:"女子者,国民之母也。"未

---

① 初我《女子世界颂词》,《女子世界》1期,1904年1月。
② 金一《〈女子世界〉发刊词》,《女子世界》1期,1904年1月。

来的国民既然要由女子诞育,金一以下的论断才可以说得如此斩钉截铁:

> 欲新中国,必新女子;欲强中国,必强女子;欲文明中国,必先文明我女子;欲普救中国,必先普救我女子,无可疑也。

然而,现实社会中,女子却处于已然身为奴隶的男子之下,即丁初我所谓"世界第二重奴隶",其境遇之悲惨可知。同样依据"国民者,国家之分子;女子者,国民之公母也"的道理,从反面立论,丁氏也可理直气壮地以男子之奴役女性,为中国亡国灭种的根本原因:

> 长弃其母,胡育其子?吾谓三千年之中国,直亡于女子之一身;非亡于女子之一身,直亡于男子残贼女子而自召其亡之一手。①

两种论说一揄扬、一贬抑,均达至极点,看似矛盾,但在强调女性对于国家命运拥有根本的决定权这一点上,并无歧义。中国女子若能生育出文明、强壮的新国民,则中国兴;反之,则中国亡。而金一的激情阐述无疑对晚清女子更具感召力。从救国出发必须先拯救女性的事实逻辑,被倒叙为有新女子才有新中国的理想程式,使得两千年来深受"男尊女卑"观念压抑的弱女子,顿时获得了塑造未来的男性国民以及创造新世界的伟力,怎能不令其大受鼓舞!

不过,从现实所处的"三千年来不齿于人类"②的社会最底层,到理

---

① 分见金一《〈女子世界〉发刊词》、初我《女子世界颂词》。
② 初我《女子世界颂词》。

论推导出的掌握国家命脉的"国民之母",其间的天壤之别,并非一蹴可就。为了增强晚清女性的自信心,使其自觉投入"女界革命",迅速成长为救国之材,《女子世界》的男作者们可谓煞费苦心。他们不只一般地劝告男子"自今以后,无轻视女子",劝告女子"自今以后,其无自轻视"①,而且努力发掘女子优胜于男子的长处,甚至不惜故作偏激之论,以使女性在男性面前真正可以扬眉吐气。

丁初我在《女子世界颂词》中已有此说。尽管他将女性的受奴役判定为亡国之因,但随着论述的展开,我们会惊异地发现,原来任何事情都是利弊共存。丁氏在肯定女性"其天性良于男子者万倍,其脑力胜于男子者万倍"之后,更引人注目的是夸奖女子,"其服从之性质,污贱之恶风,浅薄于男子者且万亿倍"。虽然言之凿凿,不过,丁文只下结语,未说根据,不免难以服人。倒是自立所撰《女魂篇》中的一段话,畅言今日中国教育纯为"奴隶教育",可移为丁文的补充。在"奴风相煽,奴根不拔"的浊世中,作者却发现了未受污染的人群,那正是属于另类的女性:

> 独于女子世界,吾犹庆其因压制之故,而奴隶教育,尚未涵濡而灌溉之。……女子者,固囿于风俗之一方面,未曾囿于教育之又一方面者也。

因此,作者有"欲拯二万万之男子,与拯二万万之女子,则彼难而此易"之论。一转手之间,原本为女性痛史的丧失受教育权,反成为"生天既居人先,成佛岂落人后"②的令人歆羡的经历。女性之尽先觉悟,似乎

---

① 金一《〈女子世界〉发刊词》。
② 自立《女魂篇》第三章《铸女魂之方法》,《女子世界》3期,1904年3月。

已指日可待。

运用这一论说模式比较两性,极而言之,则男子有"做官、考试"这类"顶鄙陋的事儿"挂心,"学问不能长进";女子之囿居家中,不能与闻国事,又可以其不幸而成其万幸:

> 女子幸亏没有这种鄙陋的事,扰累他的心思,正可以认认真真,讲求学问。将来能远过于男子,亦未可知;中国的灭亡,挽救于女子,亦未可知。①

即是说,女性不受"学而优则仕"思想的干扰,与旧政权没有瓜葛,反更容易通过专心治学,完备品格,承担起救国的责任来。

以上乃言其大者。其他如称道"天下善感人者莫如女子;一切国家观念,社会思想,民族主义,胥于是萌芽,胥于是胎育焉,可也"②,是将时代最先进思想的发生与流播寄托在多情女子身上;推扬"年幼女子之锐敏于学,远过于男学生;而其感觉之灵捷,爱力之团结,则又非男子之性情涣散、各私其私之可比"③,是经过试验证实,对素质优于男子的女性施行教育,其成效当更高。诸如此类用心良苦的言说,都是将女子的品德置于男子之上,一反"男尊女卑"的旧说,而合力塑造出女性崇高的新形象。

追溯此"女尊男卑"新说在晚清的来源,金一的《女界钟》应是最主要的文本根据。丁初我作为事实认定、未加诠释的女子"脑力胜于男子者万倍",出处即在金书。《女界钟》第四节《女子之能

---

① 夜郎《劝女子入学堂说》,《女子世界》10 期,1904 年(?)。
② 初我《说女魔》,《女子世界》2 期,1904 年 2 月。
③ 竹庄(蒋维乔)《论中国女学不兴之害》,《女子世界》3 期,1904 年 3 月。

力》有言：

> 据生理学而验脑力之优劣，以判人种之贵贱高下，此欧洲至精之学说也。今女子体量之硕大，或者不如男人，至于脑力程度，直无差异，或更有优焉。此世界所公认也。又脑髓之大小，与其身之长短重率有比例：凡身体愈大者，其脑之比例愈绌。……然则女子身量弱小，正其能力决可以发达之证。

依据这一从西方输入的生物进化论观点，将其绝对化，金一便得出了"女子者，天所赋使特优于男子者也"的结论。他虽然也承认，男子通过文明教育，可以自扩脑力，"然后得与女子颉颃"；但随着"女子教育发达，则其脑量又必加增"，因此，女性在整体上仍高于男性，"二十世纪天造之幸运儿，其以女子为之魁矣"①，于是变得毫无疑问。

其他各说也多由《女界钟》发端。如论女子之品性适合于幼儿教育，诸长之中，金一也特别举出"无登科中式之谬思想，恶气味"。论女子之以真情动人，易收鼓动之效，金氏更肯定："女子于世界，有最大之潜势力一端，则感人之魔力是也。"发为演说，则"百男子破嗓于万众之前，不如一女子呖音于社会之上"②。以之传播文明思想，自可转移一时风气。

如此，集诸般美德、天赋于一身的女子，自应受到卑污男子的崇敬，而最具缔造新中华的资格。这也是女子世界所以成立的根基。不过，对女性的超常赞誉只是《女子世界》全部论说的一个方面。如同将救国与亡国的根源均归结于女子，女性品德、资质上的种种缺陷，在另一

---

① 《女界钟》34—35 页，1903 年初版，1904 年再版。
② 《女界钟》39—41 页。

面的论述中同样被放大,而成为国民性批判的标的。

继第 1 期的"颂词"之后,丁初我发表于《女子世界》第 2 期"社说"栏的打头文章,恰是题目刺眼的《说女魔》。套用"一张一弛,文武之道也"的古语,丁氏的做法可谓为"一正一反,论说之道也"。在此文中,崇高、圣洁的女子,又回到了污浊的现实世界,由丁氏揭发出其患有"情魔""病魔""神鬼魔""金钱魔"诸恶疾。第 6 期刊登的《哀女种》也采用同一视角,让号称为"文明之祖""国民之母"的女性对镜反观,落在丁氏眼中的中国女子形象于是变得丑陋不堪。"非爱种""非侠种""非军人种"的先天不足,"不知养育之弱种""不运动之病种""缠足之害种"①的后天失调,只令人对女性生出哀怜与痛恨。自立在同一时期发表的《女魂篇》,也痛心疾首地追究女性"柔顺""卑抑""愚鲁"的恶德。凡此种种病害,又因女性的生育能力,"遗传薰染于男子",毒害了全社会。指认"魔力"与"进化"成反比例的丁初我,由此得出"半部分女子,其魔力之大,且远轶我男子万万倍焉"②的断语。并且,为了达到警醒人心的目的,其指证甚至前后矛盾亦在所不惜,如"情魔"与"非爱种"的集于一身。所谓"成也萧何,败也萧何",接受了至高赞颂的女性,也必得为中国的衰亡负责。

不幸的是,由金一与丁初我抉发的女子之弊病尽在眼前,而女性之优长却有待认识。这实际意味着,20 世纪初中国社会的女性,并非天然合格的"国民之母"。痛极之言,则谓之:

---

① 初我《说女魔》,《女子世界》2 期,1904 年 2 月;初我《哀女种》,《女子世界》6 期,1904 年 6 月。
② 自立《女魂篇》第二节《女魂之概念》、初我《说女魔》,《女子世界》2 期,1904 年 2 月。

> 以此今日屡弱污贱之女子,而欲其生伟大高尚之国民,是将化铁而为金,养鹨而成凤也,可得乎,不可得乎?①

既然以女子现在的德行,尚不具备进入理想的"女子世界"的资格,因此,丁初我大声疾呼,"苟非招复女魂,改铸人格","女子其终死,国家其终亡"②。虽然各人针对不同的疾患,开出不同的药方:丁初我期望"二万万善女子,发大慈悲,施大愿力,共抉情根,共扶病体,共破迷心,共舍财产,以救同胞,以救中国,以救一身";自立则呼唤"魂兮归来,其悉举旧社会之恶德,而破坏之;魂兮归来,其勉成新国民之资格,而建设之"。不过,二人最终的目的完全一致,借用《说女魔》的结语,即是:

> 群魔却走,灵魂独尊;精气往来,一飞冲跃。我女子世界,乃得出现于自由天,而共睹云日光辉、万花璀璨、二万万裙钗齐祝女中华之一日!③

于此亦不难理解,被丁氏盛赞的"二十纪花团锦簇、丽天漫地、无量无边、光明万古之女子世界",为何须合"军人世界、游侠世界、学术世界"而成,原是因为"军人之体格,实救疗脆弱病之方针;游侠之意气,实施治悾怯病之良药;文学美术之发育,实开通暗昧病不二之治法"。只有经过这一番"去旧质,铸新魂"的改造,才会有"女子世界出现,而吾四万万国魂乃有昭苏之一日"。④

---

① 亚特《论铸造国民母》,《女子世界》7期,1904年7月。
② 初我《女子世界颂词》。
③ 初我《说女魔》、自立《女魂篇》第二节《女魂之概念》。
④ 初我《女子世界颂词》。

以上的意思,在丁初我"欲再造吾中国,必自改造新世界始;改造新世界,必自改造女子新世界始"的表述中,已概括得十分清楚。只是,如何改造,各家的说法读来痛快,却仍嫌笼统,不易落实。即使专门讨论改造方法的《论铸造国民母》一文,提出了"断绝其劣根性,而后回复其固有性;跳出于旧风气,而后接近于新风气;排除其依赖心,而后养成其独立心"①的纲要,并加以解说,但还是振聋发聩之音多于超度彼岸之力。相对而言,自立的说法倒更可取,因其立有标准,尚可把握。

不言而喻,女子之为"国民之母""文明之母",首先须为文明的国民。所谓"欲铸造国民,必先铸造国民母始"②,讲的即是此理。而国民必须具备的品格说来话长,自立为普通女性说法、用白话演述的《谰言》,颇能撷取精要,纳万有于一芥,堪称金玉良言:

> 一来要没有倚赖的心肠,便是独立;二来要肯做公共的事情,便是公德;三来自己勿做伤风败俗的事,便是自治;四来要合些同志的人,一同办事,便是合群;五来要不许他人侵犯着我,并我亦不可侵犯他人,便是自由;六来任凭什么事,苟是自己分内所应得的,不可让人,便是权利;七来我所应得做的,该应尽心着力的做,便是义务。这七件以外,尚有一项最要紧,最不可缺的,叫做参与政权。至于完纳租税,教育子女,都是国民的责任,也不消说了。

以上所列举的国民责任,均为汲取最新学理组织而成,因为取代"臣民"的"国民",本是近代社会的产物。既然"一个国内,要生出许许多多、纯纯正正的国民,所可靠的,只有女子",身负"国民母"之责的女

---

① 初我《女子世界颂词》、亚特《论铸造国民母》。
② 亚特《论铸造国民母》。

性,对于上举国民的诸般品格,当然也就"无一件不当尽的"。因此,"国民之母"并非只是一顶给女性带来"最敬重、最尊贵"荣誉的桂冠,而实在蕴涵着脱胎换骨的改造与重塑国民的使命。自立要求女子"晓得国民母的责任不轻了","晓得国民母更不容易做的了"①,用心在此。

而要使女性洗心革面,具有上述国民觉悟,真正"能尽一分国民母的责任,占一点国民母的地位",则培养与实行的途径亦不可不讲究。《女子世界》中较为系统的论说仍然要推举自立,其《女魂篇》所举示的"教育之纲有三:曰德育,曰智育,曰体育",以此发明新道德,研究新知识,锻炼新体魄,于是,女学不得不讲。除确认女子"言论自由,思想自由,个人之权利,与男子无异",该文更特别关注女性被剥夺的权利如何恢复,要求女性获得"出入自由"权以求学,取得"营业自由"权以自立,把握"婚姻自由"权以使家庭美满②,因此,女权不得不讲。这与金一在《〈女子世界〉发刊词》中,将杂志的宗旨定义为"振兴女学,提倡女权"取向一致。

为"女子世界"的论述做总结,用得上《论铸造国民母》文中的一段话:

> 夫十九世纪,如弥勒约翰、斯宾塞尔天赋人权、男女平等之学说,既风驰云涌于欧西,今乃挟其潮流,经太平洋汩汩而来。西方新空气,行将渗漏于我女子世界,溉灌自由苗,培泽爱之花,则我女子世界发达之一日,即为我国民母发达之一日。

---

① 自立《谰言》(一),《女子世界》2期,1904年2月。
② 自立《谰言》(一)、《女魂篇》第三章《铸女魂之方法》、第四章《光复女子之权利》,《女子世界》2—4期,1904年2—4月。

在20世纪初输入的西方近代女权思想的启发下,晚清先进的知识者出于救亡图存的现实焦虑①,及时构建出"女子世界"的理想。基于女性生殖繁衍后代的能力,论者有意夸大了女子对于国家命运的操控权,因而,这一理论上以女性为主导建立的新中国,便被冠以"女子世界"(或曰"女中华")的美名。为尽快完成从现实到理想的过渡,判定为天资胜于男子的女性,本身亦必须改造人格,增进知识,才能获得进入"女子世界"的资格,成为合格的"国民之母"。而这只有通过"女界革命"才能实现,兴女学、争女权正是"革命"实现的两个基本途径。众多名副其实的"国民母"一旦构成"女子世界"的主体,则文明、强大的新中国必将诞生。因此,"女子世界"最简单的定义,也可以指谓女权伸张、女学普及的国家。②

据此,由晚清最推崇女性的文人学者所构想的"女子世界",其根基明显与西方女权运动不同。欧美妇女的要求平等权,是根据天赋人权理论,为自身利益而抗争;诞生于中华大地的"女子世界"理想,昭示着中国妇女的自由与独立,却只能从属于救国事业——"女子世界出现于二十世纪最初之年,医吾中国,庶有瘳焉"③。因此,近代中国的妇女解放进程与国家的独立密不可分。在此基础上理解晚清的妇女论述,才不致出现隔膜与偏差。

---

① 如天醉生《敬告一般女子》云:"鄙人也是个男子,并非巾帼中人,为什么灭自己的威风,长他人的志气呢?咳!不知道一国的女子,占国民的半部;女子无权,国力已减去了一半。把这一半拖妻带女的病夫,去当那四面的楚歌,岂不是'癞虾蟆想吃天鹅肉'么?"(《女子世界》1期,1904年1月)

② 陈志群即是在此意义上,把美国称为"女子世界"[见志群《(短篇小说)女子世界》,《女子世界》14期,1905年]。

③ 金一《〈女子世界〉发刊词》。

第四节 "女权"优先还是"女学"优先

研究晚清女性史,不可回避的一个话题是"女权"与"女学"的关系问题。大致说来,晚清学界对此有明确意识,是在1904年以后。"廿纪风尘,盘涡东下","'女权!女权!!'之声,始发现于中国人之耳膜"。① 较之戊戌变法时期的"男女平等"或"男女平权",进入20世纪,"女权"一词已得到越来越频繁的使用,由此表现出晚清论者对妇女应得权利的强调以及将理论付诸行动的迫切要求。不过,《女子世界》创办之初,写作发刊词的金一也只笼统地将"振兴女学,提倡女权"并列提出,未多加说明,虽然这一排列次序本身已经隐含着引发此后争论的萌蘖。

讨论"女权"与"女学"孰应在前,蒋维乔未必为第一人,但《女子世界》上的争端却是由他开启的。其时,蒋氏人虽在商务印书馆,但从事教材编译,自云"直接间接皆不离教育","若将终身"②,因此对女子教育格外看重。其考察"中国女子,五千年来沉沦于柔脆怯弱、黑暗惨酷之世界"的原因,也"一言蔽之曰:女学不兴之害也"。列举害之大端,则从有害于个人的"戕其肢体""锢其智识""丧其德性",一直申说到危害国家的"亡国之源"与"亡种之源"③,足见女子无教育,害莫大焉。

既然无论女界的现实处境还是国家、种族的兴亡均系于女学,女子教育在晚清的"女界革命"中自应居于首位。这对于蒋维乔来说,本是顺理成章的推演。不过,《论中国女学不兴之害》一文只在题目的范围内正面阐述,就事论事,尚可获得新学界的普遍赞同。而其发表于《女

---

① 亚卢《哀女界》,《女子世界》9期,1904年9月。
② 蒋维乔《因是先生自传》,卞孝萱、唐文权编《民国人物碑传集》392页。
③ 竹庄《论中国女学不兴之害》,《女子世界》3期,1904年3月。

子世界》第 5 期的《女权说》,在将女学第一之义挑明的同时,又触及女权的位置这一敏感问题,由此引起激烈的争议,直至影响到刊物导向的变化,则恐为蒋氏始料所不及。

尤其是蒋维乔置于开篇的一段话,极言危论,给人印象深刻:

> 今世之慷慨侠烈号称维新之士,孰不张目戟手而言曰:伸张女权也,伸张女权也。吾屡闻其言而韪之;及数年来,考察吾国之状态,参以阅历之所得,而知其言之可以实行,盖将俟诸数十年后也。

蒋氏作此论,多半还属于见微知著。因"谬托志士"之"奸猾邪慝"男子,假"自由结婚"之名欺骗女学生;而"本非安分"之女子,亦"借游学之名,以遂其奸利之私"。此种现象的初露端倪,被蒋氏归结为"妄谈女权之弊",而忧心忡忡。

在蒋维乔看来,倡言女权先需具备必要的资格。他用了一个比喻:"夫执三尺小孩,而语以自由自由,其不紊乱败坏者几希。"因而,先之以学,以"养成女子之学识、之道德",便被其视为争女权的先决条件。他十分赞赏蔡元培论社会主义之言,特意引录以为依据:

> 夫惟平昔与人交际,分文不苟者,而后可实行共产主义;夫惟平昔于男女之界,一毫不苟者,而后可实行自由结婚主义,而后可破夫妻之界限。

否则,"诳骗"与"奸盗"便无法区分。将此言加以引申,推及自由与女权,蒋氏即得出如下界说:

> 夫惟有自治之学识、之道德之人,而后可以言自由;夫惟有自

治之学识、之道德之女子,而后可以言女权。

要通过普及教育,使女性普遍获得足够的学识与道德,自然须假以时日。其将女权实行的日期延至几十年以后,原因在此。

不难看出,蒋维乔并非女权的反对者,他只是认为,在条件不具备的时候空谈女权,结果必然是弊大于利。以提倡者而论,蒋氏均肯定其用心可嘉,指出这些"成材之士","夙昔受国粹之学说,旧社会私德之陶铸,故可代昔日之私德为公德,领略新学说而无障碍"。但当其将"目前所创获者,骤施之未尝学问之青年男女",却忘记了个人素质、学养之不同,错误因此发生,"亦何怪其主张自由,主张女权,有百弊而无一利也"。在这里,旧道德可以作为女权论者的根基,因其可转化为新道德,而无道德者则应与女权绝缘,因为那意味着权利的滥用。

看来,问题并不在于女权本身,那是个好东西,关键还在提倡的条件是否具备、时机是否合适。蒋维乔的担忧是:"吾所以言之长太息,而知女权萌芽时代,不可不兢兢,恐欲张之,反以摧之也。"①对女权的爱惜之心分明可见。只是,其说落在容不得对女性权益有丝毫侵犯的柳亚子眼中,蒋氏的立场便受到了强烈质疑。

柳亚子对现实的判断是,女性的权利已被剥夺殆尽:"寰宇之中,法律一致,言论一致,安有一片干净土,为女子仰首伸眉之新世界乎?"即使欧美与日本,"固以女权自号于众者,自我支那民族之眼光视之,亦必啧啧称羡,以为彼天堂而我地狱矣"。而实在的情况是,女子"选举无权矣,议政无权矣。有觍面目为半部分之国民,而政治上之价值,乃与黑奴无异","所谓'女权'者又安在也"?欧美、日本女子虽无公

---

① 竹庄《女权说》,《女子世界》5期,1904年5月。

权,柳亚子仍肯定其私权完全;并此而一无所有的中国女性,于是成为世界上最可怜的人群。因此,今日中国志士的亟亟提倡女权,即被柳亚子认定为具大同情,乃势所必至,理有固然。并且,在女性应该拥有的诸种权利中,属于私权的教育权尚在较低层次,柳氏更看重的无疑还是参政权,所云"欲恢复私权,渐进而开参预政治之幕"①,揭示的正是其心目中妇女解放实行的步骤。

将获取完全的女权置于第一位,柳亚子对任何有损于女权的言行便表现得高度敏感。倘若发现这种声音来自新学界内部,其反应更是加倍激烈。无怪乎有感于蒋维乔之论而写作的《哀女界》,采用了极为严厉的口吻:

> 吾恶真野蛮,抑吾尤恶伪文明。吾见今日温和派之以狡狯手段,侵犯女界者矣。彼之言曰:女权非不可言,而今日中国之女子,则必不能有权;苟实行之,则待诸数十年后。呜呼!是何其助桀辅桀之甚,设淫辞而助之攻也。

视温和派为顽固派的帮凶,有失公允;认其"比顽固党还要可恶"②,更有敌我不分之嫌。但这大半仍属激愤难抑的痛心之言,若论其学理,柳说倒颇多可取之处。

柳亚子确不愧"亚卢"之号,称得上是卢梭"天赋人权"理论彻底的信奉者。他驳斥蒋维乔必须具备资格才能享有女权的论说,即完全运用此理展开。其言曰:"夫'权利'云者,与有生俱来。苟非被人剥夺,即终身无一日之可离。"因而,"女权"即是女性"终身无一日之可离"的

---

① 亚卢《哀女界》,《女子世界》9 期,1904 年 9 月。
② 苏英《苏苏女校开学演说》,《女子世界》12 期,1905 年 4 月。

应得权利,"必曰如何而后可以有权,如何即无权",不过是前提不存在的伪问题。进一步申论,则是:"中国女子,即学问不足,抑岂不可与男子平等?"柳亚子担心的是,蒋说将阻碍中国女性解放的进程:

> 昔以女权之亡,而女学遂湮;今日欲复女权,又曰女学不兴,不能有权,则女界其终无自由独立之一日矣。①

而柳氏抨击蒋文措辞之严苛,即是源于这一对女性命运深切的忧虑。

应该说,对于"女学",柳亚子一贯抱着热忱的态度。只是他更重视教育的内容,强调"与其以贤母良妻望女界,不如以英雄豪杰望女界"。而此女英豪,即是接受了民族主义、共和主义、虚无党主义、军国民主义教育的女性②;不必说,女权也是女子教育必不可少的部分。如果只是一般的知识传授,按照柳亚子的见解:"女权既丧,学焉将安用之?"甚至为了提升女权的重要性,柳亚子也有过"夫以恢复权利之着手,固不得不忍气吞声,以求学问"之言。这样的分辩意在表明,教育只是手段而非目的。在"女权"与"女学"的整体论述中,以下说法可代表柳亚子的基本观点:

> 欲光复中国于已亡以后,不能不言女学;而女权不昌,则种种压制,种种束缚,必不能达其求学之目的。

于是,争取女权成为"女界革命"的主导。对"革命"成功时间的预测,柳氏也比蒋维乔大大提前,而宣布为"十年以后"。那时,中国已有"女

---

① 亚卢《哀女界》。
② 安如《论女界之前途》,《女子世界》13 期,1905 年。

子世界之成立,选举、代议,一切平等"①。这样美好的前景当然十分诱人。

柳亚子其时不过是一十八岁②的少年,思想虽已相当深刻,却未免有"视事易"的毛病。撰写《女魂篇》的自立则没有那么乐观,论及"女权昌明之世界"出现于中国,时日也推后了一些,而"决其不出二十年也"。不过,与柳亚子相同,自立也把女子参政权的获得视为女权实现具有决定意义的标志。

至于这一时间表的拟定,倒与女学有关。对于"女权"与"女学"之关系,自立的说法相当明确:"女学者,女权之代价也。"单就此点而言,以推广女学为实现女权的手段,似乎与柳亚子一致。但在孰先孰后的进行次第上,自立其实与柳氏有不同的安排。手段在先,目的随后,也是事之常理。因此,他以为,"女学昌明之日,至女权光复之日,所历阶级,所阅时间,殆不可偻指计也"。即使女子教育普及,也并不等于女权真正实行。因为"起居、服食、财产、婚姻,以及社会、国家,皆于女权有密切之关系"。③ 也就是说,女性的独立、自由并非可单独获得;非有整个国家制度、社会状况的改变,便不可能有完全的女权。这自是鞭辟入里之论。

实际上,在《女子世界》刊行的前期,杂志的基调一直偏于激昂。主编丁初我的言词尤为激进。其论"女权"与"民权"之言,指称二者"为直接之关系",根据是:"欲造国,先造家;欲生国民,先生女子。"因此,说到"男女革命之重轻",丁氏也肯定"女子实急于男子万倍","女权革命"便理所当然地成为民权革命的基础。而国家既建基于家庭,

---

① 亚卢《哀女界》。
② 本书以汉字书写表示虚岁。
③ 自立《女魂篇》第四章《光复女子之权利》,《女子世界》4 期,1904 年 4 月。

在《女子家庭革命说》的结尾,丁初我概论女子"种种天赋完全之权利,得一鼓而光复之"时,也特地指出,"终之以婚姻自由,为吾国最大问题,而必为将来发达女权之所自始"。① 在此,"婚姻自由"已被明确认定为"女权革命"的第一要务。

问题于是出现。一旦"革命"的亢奋期过去,丁初我突然发现,被自己和《女子世界》同人大力赞颂的新女界,其实已出现诸多如蒋维乔指证的弊端。自觉负有指导责任的丁氏,于是及时调整了笔墨,将批判的对象从旧女子转向新女性,所用的词语与愤慨的程度倒与柳亚子有几分相像,虽然指向全然不同:

> 吾恶假守旧,吾尤恶伪文明;吾赞成旧党之顽夫,吾独痛斥新党之蟊贼。自新名词之出现,而旧社会之道德,乃得有假借便利之一途。……一般粗知字义、略受新学之女流,亦复睥睨人群,昂头天外,抱国民母之资格,负女英雄之徽号,窃窃然摹志士之行径而仿效之,窥志士之手段而利用之。志士亦得借运动女界之美名,互相倚重,互相狼狈,又复互相标榜,互相倾轧,交为奸、交为恶之恶风,渐且弥漫于文明区域。家庭革命之未实行,而背伦蔑理之祸作;自由结婚之无资格,而桑间濮上之风行;男女平权之未睹一效果,而姑妇勃豀、伉俪离绝之事起。

而所谓"国民母""家庭革命""自由结婚""男女平权",恰都是丁初我此前鼎力宣说的话题。不过,在上述的场合中,丁氏已把"女子者,文明之母"的称号改变为"文明之蟊贼"②,其痛心疾首可谓溢于言表。

---

① 初我《女子家庭革命说》,《女子世界》4期,1904年4月。
② 初我《女界之怪现象》,《女子世界》10期,1904年(?)。

如同蒋维乔的回到旧道德,在新学失衡的状态下,丁初我也把旧学视为最终可以坚守的底线:"是则新学之不昌,尚有旧之足守;至旧道德荡然,而新学乃不可问矣。"仿照蒋维乔的断案,丁氏在《女界之怪现象》中也下一"经验语":

> 女子苟无旧道德,女子断不容有新文明。

这在随后发表于《女子世界》第11期的《新年之感》亦有体现。丁氏界定女子"新道德之理论",列于第一条的正是"女子法律的,非放任的"。其说辞为:"假自由平等之名以恣纵,毋宁守其旧道德。"①

归根结底,丁初我的畏惧也与蒋维乔相同,当然,其表达方式仍有偏于极端的倾向。他担心"伪文明"败坏了女权的名声,"向之香花祝、神明奉者,一旦群起以为大诟病",便激烈地宣布:

> 今且祝文明、自由之速去吾国,毋再予新党以便利,遗旧党以口实,使数十百年后,国民结口不敢谈新学,群以吾女子为文明之罪人,亡国之媒介也。②

其用心正和蒋维乔的暂不谈女权一样,都是希望为新思想保留一线生机,而并非真的与文明、自由断绝关系。

此种现象在新学界本不罕见。早年主张政治维新的吴趼人,晚年即转而坚守旧道德。只是,不同于吴氏将"输入新文明"与"恢复旧道

---

① 初我《新年之感》,《女子世界》11期,1905年2月。
② 初我《女界之怪现象》。

德"视为"格格不相入"①,在丁初我们的意识中,前者反应以后者为出发点。在道德观念上,《女子世界》的编者其实更接近梁启超的思路,即中国国民最需要采补者属于传统所欠缺的公德,至于私德,古圣贤的教诲已完全够用。而依照"修身齐家"方能"治国平天下"的道理,公德又是建立在私德的基础上,梁氏因此断言:"是故欲铸国民,必以培养个人之私德为第一义;欲从事于铸国民者,必以自培养其个人之私德为第一义。"开篇强调"公德"的《新民说》,一年后仍回到倡言"私德之必要"的旧套路,并以"新学之青年"为责难对象②,凡此,均与《女子世界》若合符节。

可以这样认为,丁初我的《女界之怪现象》代表了《女子世界》杂志的转向,即由前期的注重"提倡女权",变为后期的偏向"振兴女学";由以激励为主,改为以批评为务。作为该文的直接响应,意在公布"女权"学说传入"近四年来女学界所造之新罪业"的一篇长文,更发掘出七大罪案,即"受虚荣""耽逸乐""观望不前""沾染气焰""虚掷""被吸"与"无成立"③,将这一对"新女子"的批判推向顶峰。

在此背景下阅读金一的《论写情小说于新社会之关系》,对其中所言"对今之新社会而惧"的说法才可有所领悟。金氏自白:"吾欲吾同胞速出所厌恶之旧社会,而入所歆羡之新社会也。"但由今日之写情小说所塑造之"新社会",不过是"使男子而狎妓,则曰我亚猛着彭(按:《巴黎茶花女遗事》中男主人公)也,而父命可以或梗矣";"女子而怀春,则曰我迦因赫斯德(按:《迦因小传》中女主人公)也,而贞操可以立

---

① 参见吴沃尧《政治维新要言》,《我佛山人文集》第八卷,广州:花城出版社,1989年;知新室主人(周桂笙)《自由结婚》之吴趼人评语,《月月小说》14号,1908年3月。

② 参见中国之新民(梁启超)《新民说》之《论公德》与《论私德》,《新民丛报》3、38—48号,1902年3月、1903年10月—1904年2月。

③ 《新罪业》(亚陆女学界七大罪案),《女子世界》11期,1905年2月。

破矣",这都是"少年学生,粗识自由平等之名词"种下的祸根。处此新旧交替之过渡期,社会失范,金一以为更应强调道德自律,因此,在严厉斥责写情小说的同时,他对礼教大防也颇多恕词:

> 至男女交际之遏抑,虽非公道,今当开化之会,亦宜稍留余地,使道德、法律,得持其强弩之末以绳人,又安可设淫词而助之攻也?

说到痛极处,金氏竟出决绝语,表示"吾宁更遵颛顼(颛顼之教,妇人不避男子于路者,拂之于四达之衢。)祖龙(始皇厉行男女之大防,详见会稽石刻。)之遗教,厉行专制,起重黎而使绝地天之通也"。但这并不表示金一是传统社会的卫道士,因紧随上文而来的文章结语"呜呼,岂得已哉"①,说明作者实在是太渴望减少阻力,使旧社会能顺利过渡到真正的新社会。

在这场争论中,《女子世界》的男性撰稿人,只有柳亚子一如既往地站在女性一边,挺身而出,主持公道,力辩:

> 夫以数千年压制之暴状,一旦欲冲决其罗网,则反动力之进行,必过于正轨。此自然之公理,抑洗尽此奄奄一息之恶道德、恶风俗,固不得不走于极端之破坏也。

针对丁初我等人对新女学界的抨击,柳氏认为其效果适得其反:"论者不察,从而议之,含沙射影,变本加厉,而女界之名誉,乃不可问矣。"令柳亚子尤为痛心的是:"乃悠悠之谈,不出之于贱儒元恶,而出之于号

---

① 松岑《论写情小说于新社会之关系》,《女子世界》14 期,1905 年。

称提倡女权、主持清议之志士。"他认为,这种"煮豆燃萁"的自相残害,只会有损于共同事业。伤痛之极,他甚至"危言耸听"地表示:"吾一念及此,而知汉种之灭亡,将不及十稔也。"为保护女权初生的萌芽,为完成救国救种之大业,柳氏因而急切呼吁"言论家"手下留情:"与其以挤排诟詈待女界,不如以欢迎赞美待女界。"①不过,虽有柳亚子坚持异议,但由《女子世界》主持人发起的改向已无法逆转。

刊载于第 15 期的《论复女权必以教育为预备》,可以说为这场论争打上了句号,也代表了《女子世界》杂志社的最终认识。作者丹忱在以"善哉"的赞赏口吻引述了蒋维乔《女权说》中"夫惟有自治之学识、之道德之女子,而后可以言女权"之说后,表达的基本观点是:

> 欲女子之有学识与道德,舍教育其奚从?盖教育者,女权之复之预备也。

文章从六个方面分析了教育与女权的关系:

> (一)先兴教育,而后女子之能力强。
> (二)先兴教育,而后女子之见解深。
> (三)先兴教育,而后女子善于交际。
> (四)先兴教育,而后女子富于公德。
> (五)先兴教育,而后女子明于大义。
> (六)先兴教育,而后女子善于抉择。

---

① 安如《论女界之前途》,《女子世界》13 期,1905 年。

作者肯定说,只有"具此六德,擅此六长","而后可以母国民,而后可以参国是"。结论是:"中国女子,不患无权,患无驭权之资格;不患无驭权之资格,患无驭权之预备。"①于是,女子教育自然成为当务之急。无独有偶,同期发表的金一《祝中国妇女会之前途》,也将拒美华工禁约运动中酝酿成立的中国妇女会内涵定义为,以"对外"为前提,"而其归纳则在学问与道德"。刊出二文的《女子世界》在丁初我的手中,也已接近尾声。

在"女权"与"女学"何者优先的问题上,表现了晚清新学界的困惑,也显示了问题的复杂性。虽然,由于其时女子从私权到公权尚一无所有,实现女权事实上只能、并且必须以女学为入手处,但确定目标,坚持理想,在任何时候都绝对必要。因而,柳亚子理论上的固守女权优先,与蒋维乔、丁初我、金一等人实践上的女学优先,也以其张力互相依存,互相辅助,合力推进了中国女性的解放进程,同样功不可没。

第五节　体育为女子教育第一义

晚清的女报,大约一半以上是由男性主编。即便如此,各报既以女性,尤其是女校师生为拟想读者,在报刊的编排上,自然仍要为之留下言说的空间。反映于《女子世界》的栏目,即为"因花集"与"女学文丛"的设立。前者与"攻玉集"相对应,将男、女作者的诗词作品分别系属,加上"唱歌集",同归入"文苑"栏;后者乃是在几乎由男子包揽的

---

① 丹忱《论复女权必以教育为预备》,《女子世界》15期,1905年。

"社说"(后改称"论说")之外,开辟的刊登女作者论说文的专栏①。不过,由于晚清女报的男性撰稿人常常托名女子,使得两个栏目作者的性别并不纯粹;尤其是"女学文丛",明确出自男子之手而不便刊登在"论说"栏的文字也偶尔厕身其间。此外,专刊白话文的"演坛"、发表文告类的"专件"等,也有女性的身影。至于该刊最重要的栏目"论说",只有一篇标明为"务本女塾学生"张昭汉抵制美约的演说稿《争约劝告辞》,可以确定作者的女性身份,这当然不是无意识的缺失。

应该说,《女子世界》"论说"栏作者的性别比例,既显示了杂志的男性编者自觉负有"开通女智"责任的先知先觉心态,也是晚清女性大抵未脱被男性启蒙的角色这一真实情况的映现。因而,关于妇女解放的思路,多半是由男子传递给女子。在男性主持的《女子世界》中,除第 1 期的女性整体缺席外,更多地表现为诸多话题、思考的一致性。不过,虽然可能只是重复与放大,但由于性别因素的介入与视角的转换,这些女作者的论说便仍具有独特的价值与意义。

以前述女学与女权孰应优先的争论为例,阅读该刊的新女性自然也给予了关注。或者更不妨说,刊载于第 2 期"女学文丛"中的张肩任《欲倡平等先兴女学论》,实在是最先提出了此问题。张氏时为广东女学堂学生,当年十六岁,题目已大致反映出她的意见。所谓"女学不兴,则女权不振"结论的得出,根据有二:一是"吾辈之学界浅陋,脑力未优,一切知识皆不男子若",故无能力及品格与男子平权;一是女子"能谋生、能自立者"没有几人,生计"莫不仰仗于男子",亦无法实行平

---

① 大慈《恭贺新年》中向"看我们《女子世界》的姊妹们"专门说道:"况且我们报里头,本有'女学文丛'的一门,倘有新议论,新理想,便请寄到报馆里来。果然是绝妙的,簇新的,我们定然佩服,代为登报啊。"(《女子世界》11 期,1905 年 2 月)可见"女学文丛"是以女性为拟想作者。

等。其论旨尽管与日后蒋维乔、丁初我、丹忱等男性作者接近,却因其女性身份,而并未引起争议。

这里的关键在于,就张肩任文章的基调而言,表达的是先进女性的自觉反省。她批评"现世之女子,犹不知自振,徒怨男子压制,不能平等";期望通过教育达到对女性能力与品格的培养,也以"拨倚赖之性质,振独立之精神"为要。具体说来,即是:

> 尽个人义务也,与男子等;谋家室生计也,与男子共;享一切天赋之权利也,无不与男子偕。如此即不争而自争,不平而自平。①

强调女子在争取平权平等过程中的自主性,而不坐等男子的解放,可谓流贯全篇的精神气韵。而其重在自责的取向,与同期所刊比她更小两岁的同学彭维省之文如出一辙。彭文《论侵人自由与放弃自由之罪》的中心论点为:

> 盖人者,生而有自由之权,即生而有保守自由之责任。人各尽其责任,则其自由断非人所能侵。而放弃自由者,于己之责任既不能尽,则人侵其自由也,又何足怪?故论二者之罪,当以放弃自由为首,而侵人自由乃其次也。

这本是当时刚刚流行的新观念,原出于梁启超《饮冰室自由书》中《放

---

① 张肩任《欲倡平等先兴女学论》,《女子世界》2期,1904年2月。

弃自由之罪》①,显然已被及时吸纳到广东女学堂的教学中。张、彭二文的思想本可互相阐发,女性的自由、平等与平权,因此要靠自己来实现。

其时,在女学界里,对男性的态度也迥乎不同。有女士崇高男子,仿照古语"妇孺皆知"的用法,自贬身份,以为诸般道理"女子既明,男子断无不明"②,男子的觉悟终究在女子之上;也有女性鄙视男子,痛骂其"不识羞,不识耻,狗彘不食,万国顺民",因而号召女子"坐在桃花马上,张着革命旗号,合我二百兆女同胞的无量热血,溅杀此一般畜类"③,以此来反抗男权的压迫,拯救被男子出卖的祖国。但多数更清醒的论者,其想法则与广东女学堂诸人接近。于是,"物必先腐也,而后虫生之"、"人必自侮也,而后人侮之"④一类警句,便时常出现在女性作者的笔下。

将此议论发挥到极致的,可推自愿担任《女子世界》调查员的广东香山女士刘瑞平。其《敬告二万万同胞姊妹》打动读者之处,正在不是一般地指责女性的不觉悟,而是将自身纳入批判的对象,率先承担责任:

吾不暇责专制之君主,吾不暇责贪酷之官吏,吾不暇责数千年

---

① 任公《放弃自由之罪》:"西儒之言曰:天下第一大罪恶,莫甚于侵人自由;而放弃己之自由者,罪亦如之。余谓两者比较,则放弃自由者为罪首,而侵人自由者,乃其次也。何以言之? 盖苟天下无放弃自由之人,则必无侵人自由之人。此之所侵者,即彼之所放弃者,非有二物也。"(《清议报》30册,1899年10月)
② 阮肃容《砭俗论》,《女子世界》2期,1904年2月。
③ 汤雪珍《女界革命》,《女子世界》4期,1904年4月。
④ 分见刘瑞平《敬告二万万同胞姊妹》与冯宝珍、冯宝瑛《杂说二》,《女子世界》7、15期,1904年7月、1905年。

> 伪儒之学说,吾惟痛哭流涕,而责我有责任、有义务之国民。吾亦不暇责乞怜异族、甘心暴弃一般之男子,吾惟责我种此恶因、产此贱种之二万万同胞姊妹。吾今敢为一言以告我诸姊妹曰:今日国亡种奴之故,非他人之罪,而实我与诸君之罪也。

其理论根据尽管还是前述男性论者反复提及的"女子为国民之母",但既有了这份自我忏悔的勇气,发之于刘氏的"吾劝诸君,毋徒责人但自责焉可矣"①,便比丁初我等人的批评"女魔"显得更具道德力量,且带有身体力行的指向。

而在女权与女学的争执中,也有接近于柳亚子一方的女性发言人。与激烈抨击蒋维乔之说的柳氏《哀女界》一文同时,《女子世界》"演坛"栏也刊出了广东女学堂教习杜清持的白话文《文明的奴隶》。虽然在此前发表的《男女都是一样》中,杜曾表达过"以提倡女学为第一问题"②的意思,但蒋维乔《女权说》中的议论无疑仍使她感到担心,所说"我见所谓志士的,看见那种受压制暴威的女子,……未尝不恻然动容的说:咳,可怜可怜!我何不同他平权呢?我何不同他平等呢?但是我怕他孱弱到这个样子,愚蠢到这个样子,就是把权还他,也怕他没有行权的资格;同他平等,也怕他未得平等的才能",即很有指涉蒋氏的迹象。接下来那句"没得法,只可由他就罢了",若用来概括蒋"俟诸数十年后"的理由其实并不准确;而在杜清持,挑明"这一句话,岂知就是平权平等的阻力",才是她最用心之处。她对"女权"与"男女平等"的体认和柳亚子基本相同:

---

① 刘瑞平《敬告二万万同胞姊妹》,《女子世界》7期,1904年7月。
② 杜清持《男女都是一样》,《女子世界》6期,1904年6月。

>　　权是天付他的,女子自己有的;等是天定他的,女子自己生成的,并不是随人付给他。

不过,比柳氏思虑更细致的是,杜清持又在"人格"中分出"天然"与"后起"两种,肯定前者"男女必定相差不远;若讲到后起的人格,就是一个绝大问题"①。而造成这种先天的平等权利与事实上的不平等之歧异的,主要在于教育。因此,女学在这里仍有用武之地,争取平等平权还是离不开教育。就此而言,杜清持与其学生张肩任也可以沟通:"今欲倡平等,乌可不讲求女学? 女学不兴,则平等永无能行之一日。"②

比起男性论者,《女子世界》中的女性论述虽居于边缘,但其既有以救国救民为旨归的宏大声音,也有从女性切身利害出发的平实议论。特别是其中对于身体的特别关注,仍然令人印象深刻。放足即为典型的一例。尽管晚清的不缠足运动发端于外国传教士与中国的维新人士,但由男性主导的舆论转为女性的实践,其间的甘苦,只有身历其境的女子体会最真切。因为,放足过程中的血液流通所带来的肿胀之痛(所以须讲究循序渐进),天足女子可能遭遇的婚姻麻烦(传统社会中,不缠足女子难以匹配上等人家),最终都要由女性来承当;而放脚后的身体自由,以及由此产生的精神愉悦,也并非崇高的救国呼号所能涵盖。只是,在一个国家危亡的时代,女性身体解放的私人性一面往往被忽略,而其与国家利益相关的公共性一面则被凸显出来和刻意强调。不过,被掩盖的女性体验并非荡然无存。因而,当男性论者更多地申述民族自强、国家独立对于女性的要求时,《女子世界》中的女性群体倒更执着于关切己身的缠足话题。

---

① 杜清持《文明的奴隶》,《女子世界》9期,1904年9月。
② 张肩任《欲倡平等先兴女学论》。

差不多所有的女作者在向女界发言时,都把放足列为不可或缺的一桩大事。上海爱国女学校学生张罗兰在演说中"奉劝诸位姊妹三件事情":第一件是"读书",第二件就是"不要裹脚"①。奉化女学堂学生孙汉英作《女子四勿歌》,第二条也是讲"切勿去裹足"②。比这些接受了新式教育的女子更有典型意义的,是一名"旧学颇深,未尝入学堂"的女性愿花,其《论缠足之害》只说:

> 岂知女子初生,其四肢五官,亦与男子无异。而必缠小双足,供人玩弄,因此而伤生害疾者,不可枚举。夫平昔安闲,空嗟坐食;一旦有事,则牵儿携女,寸步难移。

为此,她恳切"寄语女同胞,其勿再蹈前辙也"③。文中没有晚清男女论者常见的救国思路,单从女性的切身利害出发,平实道来,倒更容易入耳动心。

当然,在现实政治危机的刺激与男性启蒙话语的诱导下,晚清女性之谈论缠足,多半仍以民族国家利益为最高原则。衡阳女士何承徽写过一首五古长诗《天足会》。从"悬禁思国初,戒会多持久。(宜各省咸立戒缠足会,以力挽浇风也。)重典惩奇衺,匡扶望我后"的诗句看,作者并未感染其时最先进的"民族革命"思想,其对缠足的批判,便与倡导社会改良的维新派一般无二:

> 人生受诸天,身受诸父母。男女等所同,戕贼孰归咎?缠足始

---

① 张罗兰《图书馆演说》,《女子世界》3期,1904年3月。
② 孙汉英《女子四勿歌》其二,《女子世界》8期,1904年8月。
③ 愿花《论缠足之害》,《女子世界》16、17期,1906年。

何人,作俑必无后。欧罗夸细腰,非洲石压首。旧俗成三刑,支那甚矣丑。妇女伊何辜,废疾如械杻。气衰精血枯,生子安能寿。一旦盗贼惊,兵刃相坐受。戕生开杀机,诲淫益含垢。玩好花鸟饰,服役牛马走。抑阴极不平,荼毒皆怨耦。女学旷不闻,母仪世安有?人种难繁昌,由此魔习狃。①

其关于缠足危害的揭示,极像是黄遵宪所谓"废天理""伤人伦""削人权""害家事""损生命""败风俗""戕种族"②七大罪的韵语表述。如果与民族意识浓厚的刘瑞平相比,刘氏将女性的缠足提高到"亡国奴种之罪首",指出其不只"关于女人之品格",更重要的是,"此实中国国权之大关系,而我黄帝子孙、神明汉裔之大耻辱也"③,我们在双方政治立场歧异的背后,仍不难发现以救亡图存为终极目标的殊途同归。

女子缠足不只有"使国权沉失,种族蒙羞"的罪愆,其在人种遗传上的"普通大罪状",其实更令如刘瑞平一般的女性论者焦虑不安。以下出自女性的自我谴责,往往比男性所言更声色俱厉:

> 诸君既赋生为女人,女人以生产国民、教育国民为独一无二之义务。乃诸君不独不能尽义务,而反为国民种祸根,产劣种。自己不求卫生,缠足以害其体,长坐以柔其筋,又复婀娜娉婷,工愁善病,相率为玉树临风、伤离叹别之丑态。所生子女,愈传愈

---

① 何承徽《天足会》,《女子世界》15 期,1905 年。
② 黄遵宪《枭宪告示》,《湘报》55 号,1898 年 5 月 9 日。此文为黄氏 1898 年代理湖南按察使时所发布,其云:"本署司早岁随槎环游四国,先往东海,后至西方,或作文身,或束细腰,虽属异形,尚无大害。若非洲之压首使扁,印度之雕题饰观,虽有耳闻,并未目睹。惟华人缠足,则万国同讥。"
③ 刘瑞平《敬告二万万同胞姊妹》。

弱。……种既劣弱,加以无教。……浸浸淫淫,遂养成一种无公德、无法律、无独立性、无爱国心之支那人种。①

如此,"女子者,强国之元素,文明之母,自由之母,国民之母"②,才不致被视为十三龄女童的学舌套语,而真正体现了女性自觉对于国家、民族负有重大责任的磊落胸怀。

由上述讨论延伸出来的话题是,女性"生产国民"与"教育国民"责任的合一,前者对应着放足,后者则关涉女学。这在松江女士莫虎飞的预言——"他日以纤纤之手,整顿中华者,舍放足读书之女士,其谁与归"③,已有集中的表述。诸人之谈论女子当务之急,必将二者相提并论,原因是身体的恢复只是女性解放(更不消说是国家自强)的初步,心智的健全尤所必需。杜清持感叹:"今天我们中国的女权,也算沉沦到十二分了;中国的女学,也算昏昧到暗无天日了。"在她看来,要改变此状况,"有两件事,是最要先做的,也是我一生最大的一个愿头"。这就是:

讲复女权,就一定先讲不裹脚;讲兴女学,就一定先讲读书。

这种对"女权"的理解,明显区别于男性的宏大叙事,而带有女性"务

---

① 刘瑞平《敬告二万万同胞姊妹》。
② 曾竞雄《女权为强国之元素》,《女子世界》3 期,1904 年 3 月。文章发表时,注明曾为"常熟十三龄女子"。
③ 莫虎飞《女中华》,《女子世界》5 期,1904 年 5 月。

实"的特点①。因此,即便反对"女权"的拥有须具备先决条件,她们却一致认定,"女学"在"女权"的实现中绝对必要。

就德育与智育的教育目的而言,晚清女学堂并不满足于仅仅教授识字与演算,而有更高的追求。用杜清持的话说,就是:

> 一定要读些有用的新书,靠读书来明白人间的公理。见得男女都是一样,就当尽国民的义务,各人都出来办事,各人都出来谋生,彼此创出一番新世界来。②

很明显,只有通过教育,培养女性的国民意识与职业技能,"复女权"才不致流为口号,并因建基于女子人格与能力合一的基础上,而获得切实保障。

上述主张在办女学者心中,无分男女,已成一时公论,故毋庸多言。更值得认真剖析的倒是《女子世界》中发端于女性的对于体育的格外推崇。该刊第1期《女学悬赏征文》曾列出两题,一为《女中华》,另一即是《急救甲辰年女子之方法》。思想极为活跃的广东女学堂学生张肩任以第二题应征,尽管只得了乙等奖,但在我看来,其论说的别具一格,实在远远超出了被评为甲等的莫虎飞撰写的《女中华》,更无论高增之《女中华传奇》。

无可否认,张肩任的理路同样来自"女子者,文明之祖也,国民之

---

① 杜清持《男女都是一样》。其中讲到"不裹脚"与"复女权"的关系说:"殊不知女人不裹脚,第一件是复回他天赋的权利,因为天生出他来,原是想他不裹脚的,不是一生出来,就带他一双小脚来的呀!第二件的好处,是保全他的卫生,不裹脚,周身的血气,才能彀运动,身体自然由此强壮,就是寿命也哙长些。第三件,遇着水火刀兵的事,走也走得快些。第四件,可以随意出外游历,自然那见识就哙一天多比一天。"

② 杜清持《男女都是一样》。

母也"这一假说,由此生发出的关于民族国家强弱的讨论,也不能逾出"人种决定论"的窠臼——"故女子之体魄一弱,关乎全国人种之问题。试观我国人种皆短小,西国人种皆奇伟。不待一朝决战,而其气概已大胜人矣。人种与国家之关系,诚有如斯之密切。"——不过,在以今日之眼光足以轻易洞见的种种明显破绽之外,张文中女性意识与国家思想的交融,仍是最可注意之处。

接过金一、丁初我对女性的赞美之说,张肩任将其与女子教育勾连,进而突出了体育在女学中的首要地位。其论证过程为:"夫德育、智育、体育三者,皆不能或缺;且德育为重,智育次,体育又次矣。"这是教育的一般原则。然而,常规教育如果遇到特殊的时势,也须随时调整,而不能守常不变。在张氏眼中,当下的中国就是处在"竞争角逐之世界,累卵危亡之国家"的大变局中,教育的轻重次序因此必得与常态截然相反。理由是:

> 我国之女子,不出闺门一步,外界习俗,无从而薰染之,其道德心固未尽缺乏也。其心思较细,诗歌、美术之风,且不输欧美,故其智识亦足以上人也。惟一观其体魄,则病夫耳,死尸耳。缠足之毒,中之终身,害及全国。躯体之不完,遑言学问?纤微之不举,奚论戈矛?

问题于是集中在是否有健全的身体上,否则,救亡热情与尚武精神均无所附着,亦无从发挥。这就是张文所说:"即使今日女子,具有斯巴达女子之尚武精神,其奈无斯巴达女子之尚武体魄何?"

张肩任最初落笔本是从自救开始。她将"吾华之女俗"与"欧美之女风"相对照,发现中国女子虽人数众多,"布满于大地",但"幼受天刑,长为囚房,至死无教育",从而造成"普国女子,其体魄无一完全者"。如此"弱不禁风、奄奄一息之余生",在她看来,已不能"成为世界之人类";而且,"即使幸存于古来之人类,尚得容足于今日之铁血世界、竞争战场乎"?结论既是否定的,弊病又集中于体魄,其提出的自救方案因此恰如水到渠成:

> 吾以为急救目前女子之方法,断自体育始,断自本年本日始。①

这一节文字当然也染有其时流行的"物竞天择,适者生存"的社会达尔文主义色彩,而从中华女子群体的生死存亡展开讨论,在当年也许还显得境界不够高,不过,对自我命运的忧虑显然是更切近女性自身的觉悟。时为上海务本女学堂学生、后来做了高旭之妻的何昭(亚希),所撰短文《求学问何用》也将女学问题径直表述为:

> 当责任,须求学问;求学问,必先保身。若有学问,而身不强,必不能作事。②

"保身"既为一切行事的前提,"强身"自然必须放在第一位。

晚清兴起的新式教育,德育与智育固然有赖于汲取西方的思想学说与科学知识,可中学毕竟仍占有相当的分量;而体育对于女性来说,则具有全新的意义。因此,走出国门、留学异域的中国女子,如长沙的留日女学生郑家佩,赴日后,写信给湖南第一女学堂的监督与教习们,汇报日本女学情形,最引起其关注的正是体育。所云:"其教法则以德

---

① 张肩任《急救甲辰年女子之方法》,《女子世界》6期,1904年6月。
② 何亚希《求学问何用》,《女子世界》8期,1904年8月。

育、智育、体育三者并重。德、智二者,固不待言。今就佩所目击体育之善美处而缕陈之。"从亲眼目睹的东京华族女学校春季运动会的各项竞技中,郑氏看到的是日本女学生"无不矫健娴习,运掉自如,别有一种精神",不由得"欣羡不置"。①

以"保身"、自救肇始的女子体育,落在晚清衰微的国势情景中,最终必然要整合到保种、救国的大思路上,亦是理所当然。何昭的话说得朴实,但道理明白:"故求学问,强身体,用以捍患,用以保国,其用为极大矣。"②张肩任谈论"体育之法则奈何",更是立意远大:

> 练其胆识,练其身体,练其冒险耐苦之精神志气,使人人有军人之资格。鼓吹以古来之任侠风,贯输以国家思想,一呼而起,一跃而走。病夫既苏,国家可理。③

而张氏对于"体育之法"过于宽泛的阐释,则由十四岁的香山女学校学生刘瑞裘做了弥补。刘氏将女子体育集注在体操一科,论述的次第同样是由近而远、先身后国:

> 体操诚急务矣,可以活筋骨,可以怡性情,可以强种族。……故体操者,学堂必不可缺者也。虽然,吾谓女学之体操为尤要。盖女子者,国民之母也。一国之中,其女子之体魄强者,则男子之体魄亦必强。我国人种之不及欧美者,亦以女子之体魄弱耳。

---

① 郑家佩《致湖南民立第一女学堂监督教习书》,《女子世界》12 期,1905 年 4 月。
② 何亚希《求学问何用》。
③ 张肩任《急救甲辰年女子之方法》。

由此断言,女学堂添设体操课,"将来造成新国民,养成优民族,皆此辈女子之责矣"。①

显然是受到女性作者强调体育重要性论说的启发,《女子世界》主编丁初我随后也在杂志上肯定:"今日女子之教育,断以体育为第一义。"只是,这一貌似相同的说法,在理路的展开上仍有差别,保种救国已完全取代了保身自救,关于"体育为第一义"的理据也随之偏向男性视角:"不特养成今日有数之女国民,且以养成将来无数之男国民。"以下的两段阐论:

> 吾中国男子弱矣,惟女子之弱实致是。矫正身体,厥惟体育。吾女子其急注意!吾办女学者其急注意!
> 今日办学之宗旨,非以养成几辈文学士也。吾中国女子固能文者。文,弱之因也。恐女子愈多文,而国民愈多弱。②

凡此,无不是从追究女性造成中国国民、尤其是男性国民的衰弱上着眼。道理在当年也不能算错,却终究因为不自觉地流露出男子中心的立场,而让人醒悟,这些启蒙者的发言并不足以包容晚清被启蒙女性的思考,尽管他们还是妇女解放的同路人。

仔细辨析以体育为女子教育第一义的诸家论说,从性别的角度,我们已经揭示出其中存在着"保身→保国"与"保国→保身"两条相逆的思路。着眼于历史合理性,后来者很容易因其终极目标救亡图存的一致,而以男性的呼号作为时代的最强音,使女性话语湮没在历史记忆的深处。本文则更在意历史现场中女子的亲身感受,力图重现女性的身

---

① 刘瑞我《记女学体操》,《女子世界》7期,1904年7月。
② 初我《女学生亦能军操欤》,《女子世界》13期,1905年。

体从个人私密变为公共话题的过程中,晚清女性所经验的心路历程。

第六节 杂志的续出

以上所讨论的《女子世界》,实际截止于16、17期合刊以前,此为丁祖荫编辑时期。而一般有关近代报刊的资料,又将封面上标明"续办"的第二年第六期刊物与前者视为一体①。这也不能说全无道理,起码刊名的沿用与期号的顺接,即使二者有撇不清的关系。但此处分开论述,亦有说辞。

主编的更换是一个原因。根据第二年第六期卷末附录的广告,其中明言:"本志现由陈如瑾女士(名勤)编辑。"同期的《女报界新调查》,也将《女子世界》(续办)的编辑人署为"南浔陈勤"②。而此名假如不是实际编辑人陈志群为与秋瑾合作编造的共用化名,则其性别便是假托。因为从《女子世界》16、17期合刊可看出,陈志群已开始参与编辑工作。该期"论说"栏刊出的四篇文章,署名"志群"者占了一半;并且,原应由主编撰写的首篇《恭贺新年》,也出自其手。因此,由陈氏接任续刊编者,自是顺理成章。何况,民国初年,陈志群为秋瑾作传,已明确承认其"曾设《新女子世界》报"③,这正是《女子世界》易主后的拟用名。于是,在第二年第六期《女子世界》中,"论说"栏三文倒有两篇

---

① 如上海图书馆编《中国近代期刊篇目汇录》第二卷中册(上海:上海人民出版社,1981年),以及丁守和主编《辛亥革命时期期刊介绍》第一集(北京:人民出版社,1982年),其中关于《女子世界》的部分。
② 《本社广告》《女报界新调查》,《女子世界》2年6期,1907年7月。
③ 陈志群《秋瑾》,姜泣群编《民国野史》第二编,光华编辑社,1914年初版,1918年4版。

即《女子教育》①与《争约之警告四》均署名"志群",本不足为怪。另外两则作者署为"如瑾"的文章《女界二大杂志出现》与《中国爱国女子请看》,根据笔意,也应是陈志群所写。

分别论说更重要的理由是,续出的《女子世界》开卷有一《本志紧要告白》,其第一条即郑重声明:

> 本志系新女子世界社续出,一切与前此女子世界社无涉。

这在编辑与发行的地点上也有表现。"新女子世界社"的编辑所设在"上海新闸路泰德里一千一百四十二号",发行所则是位于"上海北四川路厚德里九十一号"的"中国女报馆",并且,《本志紧要告白》还特别说明:"各处惠稿、惠函、惠书,均乞寄发行所转交。"显然,该刊对外是以"中国女报馆"为联络中心。众所周知,《中国女报》乃由秋瑾于1907年2月创办。而此期续刊卷首特别登载了秋瑾手书的"女子世界"四字,也证明新生之杂志与秋瑾关系密切。此期杂志因此亦被人称为《新女子世界》②。

陈志群(1889—1962)③为江苏无锡人,名以益。早年入上海留学

---

① 此文初刊秋瑾主编的《中国女报》2号(1907年3月),署名"钝夫"。

② 如戈公振《中国报学史》(北京:三联书店,1986年)便提及"陈以益所创办之《新女子世界》",并谓:"秋女士就义后,《新女子世界》与《中国女报》合而为一,易名《神州女报》。"(130页)戈说乃根据陈以益(志群)为之提供的《余之阅报与办报》(氏著《墨游漫墨》,1927年)而记述。陈自言:"又二年余乃自办月报曰《新女子世界》,盖《女子世界》停版,余欲为之赓续也。秋瑾女同志所办之《中国女报》,亦于此时发刊,余任撰述焉。未几秋女士殉国,《中国女报》仅出二期,余之《新女子世界》只出一期。余乃合两报为一,改名《神州女报》。"(79页)所云《中国女报》与《新女子世界》同时发刊,不确。

③ 据郭长海、李亚彬《秋瑾和陈志群》,氏著《秋瑾事迹研究》249页,长春:东北师范大学出版社,1987年。

高等预备学校,后赴日求学。在晚清女报界,陈贡献最大,除续编《女子世界》外,又创办过《神州女报》与《女报》。① 据其自述,他与秋瑾结识始于1906年秋②。而最末期《女子世界》与秋瑾的关联,从现存秋瑾《致〈女子世界〉记者书》中可清晰看出。此"《女子世界》记者"即陈志群,信共11封;《秋瑾集》中又另录一未记年之《致陈志群书》。③ 按照书信顺序,应是陈志群先将《女子教育》等稿件寄给秋瑾,以供《中国女报》第2号登载,秋于1907年2月5日复信表示"不胜感谢"。接着,已立志续办《女子世界》的陈氏致秋瑾信中,便夹寄了"《女子世界》招股章一纸",并正式提出两个刊物的"合办"问题。秋瑾回信,虽称其建议为"美举",但还是表示"其中大有苦情"。所顾虑处在于,"近日女界之报,已寥寥如晨星","前惟贵报(引者按:指《女子世界》)称巨擘耳","后忽停止,而鄙人以《中国女报》继起"。但秋瑾因从事革命工作,兼以主持绍兴大通学堂校务,再加出版于上海的《中国女报》编

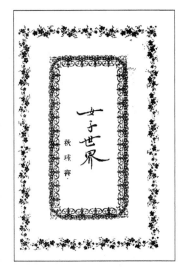

秋瑾手书"女子世界"(1907年《女子世界》第2年第6期)

---

① 参见陈以益《朱君仲侯小传》与《读报随笔》,氏著《爪洼鸿爪》113、105页,北京:外交部印刷局,1924年。
② 陈志群《秋瑾》:"丙午秋回国居沪,设光复会机关部于北四川路,造炸弹、创女报,余于此时识之。"
③ 《致陈志群书》《致〈女子世界〉记者书》,《秋瑾集》47—52页,上海:上海古籍出版社,1979年。

辑,已觉"奔走不暇,恐绵力不胜重任,有负女报界之责任",故回答陈志群,两刊"不如分办,则长有君等之一师团,为女同胞决最后之胜负"。而在陈氏的一再坚持与邀约下,秋瑾5月5日复函中再次申明,不欲合办的原因,主要是担心由于《中国女报》的经济困难与秋氏本人的政治活动而牵连新刊,"万一之间,二报或同时消灭",是"以一人而失二报,瑾之罪大矣"。不过,秋瑾显然已被陈志群的诚心打动,所以在回信中,口气有松动:"如君实意欲合办,尚祈三思而后之决定,则瑾亦只可惟命是从,勉力而为之耳。"陈接信,应是大喜过望。秋瑾5月15日再致函,仍劝其谨慎从事:"如以为然,请来绍一叙,面陈一切;如不以为然,各行其是,分道而驰可也。"并强调:"去就请酌行;来则当牺牲一切也。"

此后数信,或指示来绍兴路程,或请介绍教员来大通学堂任教,或请代为联系购买仪器,皆因陈志群决意赴绍,与秋瑾面谈《女子世界》与《中国女报》合办事。而且,从秋瑾信中亦可得知,办刊之外,陈氏已决心协助秋瑾办学,出任大通学堂教员。秋瑾致陈志群的最后一信写于7月6日,催其"速来勿迟,因有要事也",可见已认陈为同志。而一周后,即7月13日,秋瑾便因策划起义失败,在大通学堂被捕,两天后遇难,时为阴历六月六日。出版于丁未六月的《女子世界》续刊,应是陈志群打算动身之前已编就,才可能在内封刊出秋瑾的题字及秋《致志群书》之节录①,并对秋瑾的被害无一语道及②。其实,也正是因为秋

---

① 此即《秋瑾集》收入的《致陈志群书》,所录为全文,而将赠诗删去。
② 陈志群当时的行踪,在《民国野史》第二编《秋瑾》中亦有记述:"丁未三月(秋瑾)来沪访余于学校,时余方读书沪上也。自是余频往中国女报社,与秋有所谋,并晤陈君伯平。陈伯平赴绍,旋秋君将返绍谋响应,余与朱君仲侯为购军用器械。秋君回绍,就大通组织暑假体操会,预备起义。适皖中事败,徐锡麟、陈伯平、马宗汉死之。秋君仍主急进,日事操演,如临大敌。浙省大吏早有所闻。时余已返江阴,秋君叠函来招。余收拾行装,正拟就道,而秋君被害之恶耗,忽现于沪上之报纸。"

瑾之死,合办的《新女子世界》受波及,才仅出一期便夭折。

声明与旧《女子世界》无涉的续刊,在编辑方针上实际已向原来的激进派倾斜。从股东构成即可看出,新刊《女子世界》的第一位认股者乃是柳亚子①,所认25股,与主编陈志群相同,属最多,而其他9位股东总共才占14股。更实在的表现,是其凸显了柳亚子等人"女权革命"与"种族革命"并举的思路,使杂志的民族意识大为增强。《本社招股广告》已明白宣告:

> 民愚则国亡。我国既愚其二万万男子,俾为间接之奴隶于异种;更以最亲爱、最文弱之二万万女子,为奴隶之直接奴隶。

《女子世界》的续出,因此有更宏大的目的:

> 故欲振今日中国之危亡,必先解脱女子之羁勒,而聪其听焉,明其视焉,鼓吹其精神,而感刺其脑筋焉。是不可无物以司其运动之机,此本志续办之目的也。

自觉地以刊物作为妇女解放运动的领导机关,在启发女性自立意识觉醒的同时,也为民族独立精神埋下种子,这确是新刊的追求。

于是,在重新发表的《女子教育》修订稿中,陈志群强调"女子体育"的重要性时,即以"汉种之弱,已臻极点,考其原因,全在母体"开头,而谓女子若能经由体育训练,身体强健,"则生子自佳,汉种自强矣"。显然是将此篇论说的读者对象锁定为汉族女性,"民族复兴"的

---

① "以认股先后为序"的《本社股友题名》,列在第一位的"柳安如君"即柳亚子。

口号已呼之欲出。

更明显的表示在"史传"栏。由丁祖荫主持的最后一期《女子世界》,即16、17期合刊,曾发表石门文明女塾教员吕筠青(逸初)女士的《女魂》。其中《李素贞》《秦小罗》两则的传主,均系与太平天国为敌:一亲身上阵,多有斩杀,后殁于沙场;一因南京城破被掠,谋毒毙东王杨秀清,未成遇害。"大我"(疑为陈志群的化名)在篇末以读者的身份加按语,虽称二人"于种族思想,似有遗憾",不过,落脚点却在"然激于爱国,则不暇辨"。他批评中国女子"皆只有一身,不知有一家,只有一家,不知有一国;女格由是卑,国家由是弱",因此,讲到他"之所以节取李、秦诸事者"的动机,便只在"将以愧妇女之反对国家思想者矣"。到续刊出版,刊物的民族主义导向已更鲜明,"大我"因自觉前论不妥,不仅主动在《女魂》总题下续写了记述明清鼎革之际宁死不肯降从清兵的赵雪华与宋蕙湘,以及赞助反清事业、后归洪秀全的徐□□三位女性的事迹,而且在文末附言自表补正之意:

> 前期记载李、秦诸事,均于种族思想,似有遗憾。兹特节取赵、宋诸事揭之,俾世人知民族主义。而前期所载咸、同间李、秦诸人,谓激于爱国思想,不暇辨种族者,吾知李、秦地下有知,当感余前期犹宽论古人,而不汝疵瑕者矣。

其实,被置评的李素贞、秦小罗倒未必需要感谢论者的宽恕,反而是选择不同的古代女杰作为今人的典范,更能显示作者思想的歧异。

有别于《女子世界》初创时的一枝独秀,续刊出现时,女报界已颇呈兴盛景象。除去在清朝统治中心出现的《北京女报》《中国妇人会小杂志》及已停刊者,其他列名于《女报界新调查》中的出版于上海与东京的妇女杂志,都与《新女子世界》有关联。陈志群(如瑾)撰写的《女界二大杂志出现》,评论的刊物即为同年1、2月创刊的《中国女报》与《中国新女界杂志》。此期卷末,也登载了两刊的广告。两位刊物主持人秋瑾与燕斌虽均有留日经历,思想却有激进与温和之不同。陈志群的立场更接近秋瑾,故"以内容论",便肯定秋刊胜于燕刊。杂志间的呼应不只反映出女报界的已成声势,更重要的是,省察与谁结盟,可帮助判定刊物的性质。就密切程度而言,《女子世界》(续办)更亲密的"盟友"无疑是《中国女报》与《天义报》,另外,由柳亚子、高旭等编刊的《复报》也应计算在内。

《中国女报》的情况已见前述。在《致志群书》之外,续办的《女子世界》又刊发了秋瑾的《黄海舟中感赋》与《长崎晓发口占》,原诗先载于《中国女报》1期。

《天义报》则由刘师培之妻何震主编,在东京出版,为"女子复权会"的机关报,属于当时最激进的无政府主义杂志,1907年6月,即革新后的《女子世界》发行前不久刚刚问世。陈志群(如瑾)的《女界二大杂志出现》一文末尾,已捎带提到《天义报》,"系东京新出,尤为完善",评价还在《中国女报》之上。而他主编的新刊卷首,也全文登载了由何震等署名的《〈天义报〉启》。关于该刊的"宗旨及命名",所附简章有如下说明:"以破坏固有之社会、实行人类之平等为宗旨。于提倡女界革命外,兼提倡种族、政治、经济诸革命,故名曰《天义报》。"《天义报》鲜明的政治倾向与强烈的理论色彩,注定其只能成为少数激进知识者的园地。而陈志群的高度赞赏,则表明了他对该刊宗旨的认同与引为同调。

东京印刷却在中国国内编辑的《复报》,于鼓吹革命上态度同样激烈。编者曾自述办刊目的为:"发挥民族主义,传播革命思潮;为国民之霜钟,作魔王之露檄。"①而在该刊协助同盟会机关报《民报》与主张君主立宪的《新民丛报》论战中,陈志群亦发表过《驳梁启超书》与《难梁启超书》②,实早与《复报》同人为同志。因此,续出的《女子世界》转录原刊于1906年11月《复报》6号上的《纪杨寿梅女士事》,本不足怪。倒是其将同期《复报》出自柳亚子之手的《革命与女权》及《燕狱》二文,剪裁合并为一篇,题旨反更显豁。指俄国虚无党女杰的成功暗杀为"女权时代之开幕"的标志,引出中国女学生亦有因参与革命活动流血牺牲者,从而激励:"我女同胞乎,缺彼菜市之刀,而再接再厉,重叠藁街之首,而亦步亦趋,毋使蘧伯玉独为君子也。"③不言而喻,中国女权复兴的希望,便寄托在中国女性为民族革命前仆后继的奋争中。

此外,于右任1907年4月2日在上海创办的《神州日报》,也因其革命倾向而受到陈志群的关注。续刊《女子世界》中《记露女侠暗杀事》便采自该报,直接记述了俄国虚无党女侠暗杀典狱官总长的经过,与《革命与女权》中的议论正可前后呼应。

由此可见,新生的《女子世界》确已自觉地将"女权革命"汇入"民族革命"的大潮中,从前此更多地要求女子具有爱国、救国思想,进而目标集中于现政府,把推翻满清政权作为中国女性获得彻底解放的前提。这实际上意味着,女性的独立与民族的复兴密不可分,中国妇女的解放运动因此与孙中山所领导的反清革命大方向一致。而柳亚子、陈志群等激进男子所期望的妇女运动成为革命的一翼,在实践中也得到

---

① 《社告》,《复报》4号,1906年9月。
② 见《复报》4、10号,1906年9月、1907年6月,二文均署"志群"。
③ 陈《革命与女权》,《女子世界》2年6期,1907年7月。又,同期转载《纪杨寿梅女士》,与《复报》题目微有不同。

了证明。《新女子世界》虽一期而亡,但薪尽火传,陈志群于1907年12月接力发刊的《神州女报》及其1909年续办的《女报》,仍延续了这一精神。这也是晚清女报多半具有革命色彩的真正原因。

第四章　历史记忆的重构
—— 晚清"男降女不降"释义

对于明清之际的研究,过去的一百年里曾经出现过两次高潮:一是民族革命风头正健的20世纪初,一是三四十年代艰苦卓绝的抗日战争时期。而每一次的追溯历史,都以激发民众的救亡意识为主旨。不过,在大前提接近的背景下,晚清与抗战对明末清初的解读,仍然因各自特别的关怀而别有会心。清末流行一时的"男降女不降"之说,即属于此类带有鲜明时代印记的历史重构。

第一节　"十不从"小考

其实,本章所讨论的"明清之际",换用清人"明季"的说法,意思更显豁。有关南明的史述,按照朝代更迭虽已入清,后来的论者却只以之为明朝政权的余脉,专注于其被满人灭亡的悲剧命运,故言"明"而不及"清"。《明季稗史汇编》《明季北略》与《明季南略》诸书,于光绪十三年(1887)由上海图书集成印书局集中再版,广为流传,显然有助于加深晚清人对明季的历史记忆。到20世纪初革命派报刊风起云涌之时,已大有"无报不谈明末事"的气象,尤以笔记、传记、诗歌类体裁见长。晚清关于晚明"男降女不降"的叙述,便也在多种形式的重复中得到淋漓尽致的发挥。

按照中国传统的叙事方式,如果追究"男降女不降"的来历,最好由"十不从"讲起。不过,在从头道来的顺时演述中,借用晚清小说家新自西方习得的"倒插"笔法,或许更有意味。

1925年,以狭邪小说《海上繁华梦》出名的晚清文人孙玉声出版了一部《退醒庐笔记》。其中有《十不投》一则,开头部分如下:

> 有明鼎革,满人入关为帝,迫令人民剃发投诚,服从清制。威令所加,何求不得? 乃不谓民心不死,当时竟有所谓"十不投"者,转辗相沿,历二百六十余年,使后人追忆前明,知眼前僭位之人,实为非我族类,激起种族革命思想。故有以此举为出自洪承畴,或云出自金之后[俊]者,其用心之苦,寓意之深,实令人不可思议。

其所举"十不投",乃是"男投女不投""官投役不投""文投武不投""长投幼不投""生投死不投""绅商士庶投乞丐不投""俗家投方外不投""科甲投秀才不投""阳官投阴官不投""头投脚不投"①。因该书为孙氏晚年的忆旧之作,且出以有闻即录、不讲究考证的文人笔下,其中的误记自在所难免。

单看这则笔记,仍然使人无法明了"十不投"与被斥为"汉奸"的洪承畴及金之俊的关系。而"十不投"更常见的说法是"十不从",从1912年编写的《满清外史》中,倒可以读到更详细的记述。

辛亥革命推翻了清朝统治,建立了中华民国,也为出版界提供了新的热点,以满清史为题材的书籍自民国元年开始,便层见叠出,蔚为大观。这些出版物的共同点是多以"野史""稗史"命名,自觉区别于官方修纂的正史。收入《满清外史》的《满清稗史》,即是集合众多杂史、诗

---

① 《十不投》,海上漱石生(孙玉声)《退醒庐笔记》,上海:上海图书馆,1925年初版;录自山西古籍出版社1996年重排本,57—58页。

文而成。因系仓促成书,作者多用化名。因此,《外史》的署名者"天嘏",也令人难以考证其真实姓名。

天嘏所述金之俊向清朝摄政王多尔衮提出"十不从"作为投降条件一段,绘声绘色,如亲身见闻,此节文字也醒目地标为《金之俊限制满洲法》。对金氏的履历,《满清外史》倒还讲得简要得体:

> 金之俊,江南之吴江人也。明时,官兵部右侍郎。流贼李自成陷燕京,之俊不能死,被夹拷甚苦。迨清兵入燕京,之俊又降,仍原官。旋由尚书而为内院大臣,拜大学士。康熙元年,始以予告致仕。越八年乃卒,谥文通。盖之俊之效力于满清,凡十有八年,开国方略,咸出其手,当因当革,条理井井。故时人为之语曰:"从明从贼又从清,三朝元老大忠臣。"盖丑之也。①

不过,这一节从标题到内容,其实都有所本。虽有些许出入,天嘏的工作也只可称为纂辑而非创作。

《满清外史》的蓝本即是出自陈去病之手的《清秘史》,该书版权页标记为"黄帝纪元四千三百九十五年六月出版",对应西历,时当1904年七八月间。此书即将面世之际,上海的《警钟日报》于1904年7月15日(六月初三)的"史谭"栏,发表了一则未署作者名的笔记《金之俊制满政策》,文曰:

> 吴江金之俊以明礼部尚书为清大学士,论者以为贰臣。然当其初降时,先使人与满洲言,谓"我有十事,当与尔要。尔能悉从,

---

① 天嘏《满清外史》第二篇第一章《金之俊限制满洲法》,《满清稗史》,上海:新中国图书局编印,1914年。

则我降;不则有死而已"。虏请其故,金曰:"兹事于满洲则无损,于汉人则甚愿。"满人曰:"试道其详。"金遂以"十不从"相要,曰:"男从女不从,生从死不从,阳从阴不从,官从隶不从,老从少不从,儒从而释道不从,娼从而优伶不从,仕官从而婚姻不从,国号从而官号不从,设税从而言语文字不从。"①清皆允之,之俊始降。呜乎!若之俊者,亦可谓牺牲个人,以图一群之公益者矣。

将上节文字与《清秘史》中《金之俊限制满洲策》对勘,文虽简省,但大体相同,故可以断定为陈去病所写。陈其时正担任《警钟日报》的编辑与撰稿,抽取尚未见书的己著部分内容,以充实报纸篇幅,原很合情理。何况,与《金之俊制满政策》同时刊出的《洪承畴降清原因》,亦系节略《清秘史》之《洪承畴降虏始末记》而成,也可证实这期"史谭"的作者确为陈去病。

当然,晚清有关"十不从"的叙述,仍推《清秘史》为最详备。除"金之俊,字岂凡,别号息斋,吴江之曹村人也"被《满清外史》简化,官名也有"礼部""兵部"的出入及《秘》略《外》详之不同(以《外史》为准),后者的其他记述

陈去病像

---

① 该文之"十不从"与《清秘史》微有不同,后者作"仕宦从"与"役税从"。

却全从前者而来。与《警钟日报》的刊文相比,《清秘史》在"于汉人则甚愿"之后,又多出"尔如许之,将以其所不从者,而饵其从,某度江南不难下矣"数语。而在金之俊同意投降后,《秘史》本更极而言之:

> (金)自是得参机密,礼遇极隆。金亦因以益发其所志蕴,凡事有不便于我汉人者,之俊辄隐加回护,或径私行抵制以遏其锋。故当时定制,如旗人不得经商营业以夺民利,王公不得私离京城,内奄出宫者斩,诸如此类皆之俊辈为之谋也。后弘历始悟其诈,大恨之,欲尽更革,又以其皆祖制,不敢动,乃列其名于《贰臣传》以泄愤焉。

并殿以"南史氏曰"一段评语,盛赞金之俊:"文通公洵可谓牺牲个人以救我同胞哉!知徒死之无益,毅然冒恶名以行权,方之往古降虏者之所为,畴能及此?"其难能可贵处在于:"若势已至于夷无可攘之时,而己犹侧身转辗,以期补救于万一,谓非具极大彻悟而能若此哉!"末后并征引孔子的话:"岂若匹夫匹妇之为谅,而自经于沟渎!"指认其"殆即文通之志"。① 陈去病对这位同乡先辈,确实给予了最高礼赞。

依据陈去病的表述,可以轻易地否定《退醒庐笔记》以"十不投"归于洪承畴一说。因洪降清时,清兵尚远居关外,崇祯皇帝依然健在,明朝并未灭亡,自然也轮不到洪承畴为清人出谋划策,收服汉族的民心。但即便陈氏之说,也仍然有可疑处。

查《明季北略》之《吴三桂请兵始末》条,记清兵1644年进入北京

---

① 《金之俊限制满洲策》,有妫血胤(陈去病)《清秘史》卷下,14—15页,陆沉丛书社,1904年。

的经过实在非常平静,因随清军而来的吴三桂手中有明朝的皇太子作为王牌:

> 五月戊子朔,皇太子在三桂军中,传谕京中官民,各宜整肃静俟,士民大喜相庆。……
>
> 初三庚寅,北京诸臣迎候于朝阳门外,传呼奉太子至,多官望尘俯伏。及登舆,乃胡服,顾且鬈者,知非东宫也,各骇愕而退。及城门,吴兵前导者城上已满插白标矣。清国来者乃摄政王,入居武英殿。……
>
> 至初五日壬辰,沈维炳、王鳌永、金之俊投职名入内,摄政王令各官俱照旧。又具劝进表上之,摄政王闭门不出,其内院大学士范文程接见,笑曰:"此未是皇帝,吾国皇帝去岁已登极矣,何劝进之有?"……
>
> 初六日癸巳,北京为哭临先帝之始,五城御史监肃诸仪。曹溶等五人,因摄政王有照旧之言,俨然即真。朱朗铄者,宗室子,书示称"顺治元年奉旨",若先更易者。……
>
> 十五日壬寅,摄政王登武英殿,受朝贺。王出示京城,令官民除服薙头,衣冠悉遵大清之制。自是京城内外尽皆薙发。……①

徐鼒的《小腆纪年附考》记载与之基本相同。可见,北京方面因经历了李自成进京、崇祯皇帝自杀,政权的最终归入清人之手因此可以采取和平转移的方式。明旧臣中虽有辞官请退者,当时却不闻有人以死相争,与大顺军入城时多官殉身的景况迥异。而金之俊在清兵入京的第三日

---

① 《吴三桂请兵始末》,计六奇《明季北略》卷二十,496—498页,北京:中华书局,1984年。

即迅速朝见,也决非做出生死抉择的人所应有事。据此,我们可以判定,所谓"十不从"本不可能成为金氏要挟清人的谈判条件。

既然此事纯属子虚乌有,那么陈去病的根据何在?由此便有必要讨论一下《清秘史》的性质。陈本人没有撰写自序一类文字加以说明,不过,为该书作《叙》的刘师培与柳亚子,倒曾经指出过陈氏著述的类别与宗旨。刘之言为:"今《清秘史》一书,仿古人别史之体,虽掇拾遗闻,间多未备,然胡庭秽迹,赖以彰闻。则世之奉房酋为神圣者,观此亦可自反矣。"①柳亚子四十年后回思此书,仍记忆犹新,称:

> 《清秘史》则是巢南的作品,上卷说明满清的起源,及其入寇中原,压逼汉族的种种罪恶,下卷却都是遗闻轶事,象皇太极的老婆初用美人计收伏洪承畴,等到皇酋一死,她看见大权落在皇酋弟弟多尔衮手上,又用美人计蛊惑多酋,下嫁于他,让他死心塌地,拥护幼酋福临,种种无耻的勾当,都有详细的记载,是一部以野史来提倡革命排满的东西。②

以如此鲜明的立场写作,抱着丑诋的态度,偏听偏信、无中生有,都可以理解。因而,所谓金之俊用以制满的"十不从",也应该是附会之说。陈去病的资讯来源,至多是其家乡的传闻(即刘、柳所肯定的"遗闻"),这倒便宜了本不清白的金氏。

断言"十不从"只是民间传说,与金之俊无干,从1903年发表的

---

① 光汉子(刘师培)《〈清秘史〉叙》,《清秘史》。
② 柳亚子《五十七年》,《〈柳亚子文集〉自传·年谱·日记》172页,上海:上海人民出版社,1986年。

《释仇满》一文中的相关提法,也可得到证明。作者蔡元培提及:"所谓'生降死不降'、'老降少不降'、'男降女不降'者,吾自幼均习闻之。"①"自幼习闻"者,乃口耳相传,并不一定见诸文字。此说的另一价值是使人得以窥见,在"十不从"中,上引三条实流传最广。而以此为开端,"男降女不降"(即"男从女不从")在1903至1905年间,也形成了言说的高峰。

第二节 为民族殉身

很明显,无论是"男从女不从"还是"男降女不降",所拒绝服从与投降的对象,均指向由满人建立的清朝政权。因而,"民族主义"也自然而然地成为晚清论者从中抉发的首要含义。这种对应现实政治斗争的读解,产生于提倡"排满革命"的激进派群体中,正无足怪。以"《苏报》案"而闻名遐迩的《苏报》同人,于是因应时势,一马当先,首倡此论。

1903年6月1日,经过大改良的《苏报》革命色彩愈浓,言论日趋激烈。6月9日,主笔章士钊又以"爱读革命军者"的化名,发表了《读〈革命军〉》一文,推介邹容的名作。文章认为:"居今日我国而言教育普及,惟在导之脱奴隶、就国民。"而"革命"正是使国人脱奴隶根性、就国民范围的唯一途径。此"革命"之定义,自带有晚清特色。章氏的举例也适时地引向"排满"话题:

---

① 《释仇满》,《苏报》,1903年4月11日。原文发表时未署名,黄世晖记《蔡孑民》(新潮社编《蔡孑民先生言行录》12页,北京:北京大学出版部,1920年)记蔡元培言,"是时邹蔚丹君作《革命军》一书,尤持'杀尽胡人'之见解。孑民不甚赞同。曾于《苏报》中揭《释仇满》一文",因知作者为蔡氏。

> 教育之术，在因其所已知而进以所未知，因其潜势力而导之以发达。吾国乡曲之间，妇孺之口，莫不有"男降女不降，老降少不降，生降死不降"之谚，而见满人者无不呼为"达子"，与呼西洋人为"鬼子"者同，是仇满之见固普通之人所知也。而今日世袭君主者满人，占贵族之特权者满人，驻防各省以压制奴隶者满人。夫革命之事，亦岂有外乎去世袭君主、排贵族特权、覆一切压制之策者乎？是以排满之见实足为革命之潜势力，而今日革命者所必不能不经之一途也。居今日而言教育普及，又孰有外于导普通仇满之思想者乎？

虽然作者之意并不"仅仅以仇满为目的"，而进一步要求"输灌以国民主义"，但一如其表彰《革命军》"以国民主义为干，以仇满为用"，显然深知"排满"的口号对于一般汉族民众更具煽动力。因此，将"排满"作为"革命"最基本的内涵与最有效的动员手段，也成为晚清革命志士普遍的自觉行动，比之其他矫枉的辨正予人印象尤深。

而在转化源于历史记忆的"男降女不降"以为现实斗争的资源方面，章士钊的说法更提供了最佳标本。以民间流传、妇孺皆知的谣谚证实"仇满"乃汉民族之共同意识，并希望借助政治启蒙读物的引导，使之发扬光大，从"革命之潜势力"积聚而成主动力，真正掀起推翻满清王朝的革命风潮——应该说，章氏的这一期待并未落空。

基于同样的理由，敏感的清廷也在随后制造的"《苏报》案"中，将上引章士钊"吾国乡曲之间"至"覆一切压制之策者乎"一段话摘录出来，指控为《苏报》"欲使国民仇视今上，痛恨政府，心怀叵测，谋为不轨"①的罪证之一。但这场在上海租界会审公堂里裁断的官司,并未能起到遏止革命发生的作用,反因嘲诮光绪皇帝为"载湉小丑"的章太炎不过被判监禁三年,而使排满思想更深入人心。也可以说,经由清政府的字摘句引,"男降女不降"的民谚亦更为普及,流传众口,产生了广泛的鼓动效力。这样的结果,当然为清廷始料所不及。

有必要分疏的是,在"排满"实为政治革命而非单纯的种族革命这一意义上,晚清革命派的"仇满"也与历史上的"夷夏大防"从根本上做出区划。蔡元培在《释仇满》②中便反复辩说,"近日纷纷仇满之论,皆政略之争,而非种族之争也"。他虽然称引"男降女不降"诸言,作为"最多数之汉族""种族之见存也"的根据,却又以新近传入的西方科学,验证"夷夏大防"(即"种族之见")的愚昧:"且往者暗于生物进化之理,谓中国人种,概由天神感生,而所谓'蛮貊羌狄'者,乃犬羊狼鹿之遗种,不可同群,故种族之见炽焉。"照此推论,在科学思想开始输入中国的晚清,"昔日种族之见,宜若为之消释";然而,情况却截然两样,"仇满之论,反炽于前"。作者对此所做的解释是,"以近日政治思想之发达,而为政略上反动之助力也"。意谓满人于吾国"政略上占有特权",而"世界进化,已及多数压制少数之时期,风潮所趋,决不使少数特权,独留于亚东之社会",这才是"政略上所以有仇满之论也"的原因。

不过,蔡元培也承认,传统的"华夷之辨"在当时很容易与来自西方的"民族主义"嫁接,而成为后者在中国本土化的表现:

---

① 见章士钊编《〈苏报〉案纪事》(1903年)上卷37页,并参见张篁溪《苏报案实录》(中国史学会主编《辛亥革命》第1册,373页,上海:上海人民出版社,1957年)。

② 《苏报》,1903年4月11—12日。

> 彼染于欧化者,非能尽涤其遗传性也。是以其动机虽在政略上,而联想所及,不免自混于昔日种族之见。且适闻西方民族主义之说,而触其格致古微、孔教大同之故习,则以仇满之说附丽之。故虽明揭其并非昔日种族之见,而亦不承认也。

而将"民族主义"混同于"种族之见",或曰,以"种族之见"为表,以"民族主义"为里,正是晚清阐扬"男降女不降"现代意义的论者一致的选择。这也使得明末清初的史实得以最先进入其人的视野,反抗异族统治便成为革命派讲说清朝史的一条贯穿的红线。

1904年7月13日《警钟日报》的"史谭"栏,即专门以《妇女不降》为标题,大力表扬明季妇女超逸前代之处,即在民族意识的觉醒:

> 秦汉以降,妇女以奇节著闻者,彪炳于史册,然卒未有为民族殉身者。惟明季妇女,其志尤坚。

于是,晚清对于明季殉难妇女的叙述,也一律赋予"为民族殉身"的至高意义。不屈而死的女子与"降志辱身"的男子形成鲜明反

柳亚子像

差①，更成为晚清谈论明季史事者特有的思路。就中，后来倡立南社、"以文学来鼓吹民族革命"的柳亚子与陈去病，以及高旭的叔叔高燮、弟弟高增，当时虽或不相识②，却已在一些报章上共同撰稿，相互激荡，使得"男降女不降"之声一时高唱入云。

创办于1904年1月的《女子世界》杂志，因由常熟人丁祖荫主持，故在江浙一带激进文人中颇具号召力，也吸引了柳亚子与高氏叔侄为其撰稿。而此前的1903年7月间，柳亚子为金一的《女界钟》作跋，已接过不久前蔡元培与章士钊在《苏报》上一再提及的"男降女不降"民谚，而回溯明季史事：

> 吾意当日必为英烈绝世之女丈夫，施其慧剑敏腕，撐拄无形之半壁残垒，使胡虏慑服，永留记念于今日。此亦皇汉民族之功臣，惜乎其名泯灭而不彰也。③

继而，高燮在《女子世界》4月号发表长诗《女中华歌》，前半篇追述明季历史，也承接柳亚子的思绪，以"男降女不降"为线索：

> 人生不幸有如此，汉水无波自由死。腥秽薰天二百年，神州不见一男子。慨自明祚失其纲，犬羊异种恣猖狂。从兹尧封干净土，一变竟作大牧场。七尺堂堂皆鼠伏，豚尾低垂辱莫辱。衡阳颇具

---

① 《妇女不降》，《警钟日报》，1904年7月13日。
② 柳亚子《自传》，《〈柳亚子文集〉自传·年谱·日记》2页。据柳氏《自撰年谱》（见前书）及《自传》，其识陈去病为1902年，初见高旭则在1906年。《〈柳亚子文集〉磨剑室诗词集》（上海：上海人民出版社，1985年）中为高增所写《贺高卓庵结婚》，也系于1906年。
③ 柳人权《〈女界钟〉后叙》，《女界钟》，1903年初版，1904年再版。

种族思,《黄书》至今无人读。野蛮宰割共牵连,何以男降女否世争传? 吾意女界当时必发达,力能撑持群己排毳膻。团体坚强谁敢御,贵胄那分男与女? 妇人从古系兴亡,岂独匹夫责有与? 衣冠涂炭偏自骄,秋槐春杏兴味高。残将同种博富贵,茧茧共说人中豪。呜呼! 汉儿汉儿大可鄙,豢养恩深便欢喜。奴颜婢膝可怜虫,也应愧杀裙钗底。①

高诗与柳文相同,虽以男子之投降异族、愧对抗争的女子为可耻已甚,但篇中的女性多半只具有男性参照系的意义,并未举示其实际作为。由于柳亚子与高燮在吟诗作文的当年尚未涉足南明史,因此,二人对"男降女否"的解说也出以猜测的语气,"吾意"云云显然是后人的悬想。

这一缺陷到 1904 年 9 月,便由柳亚子做了弥补。柳氏于 1903 年夏自上海爱国学社辍学归里后,始接触南明史乘;加以其友陈去病对明季遗事有特殊兴趣②,亦传染于彼。积累了若干阅读经验的柳亚子,此时先后在《女子世界》的"史传"栏刊载了《女雄谈屑》及《为民族流血无名之女杰传》③,专述明季以来女子拒绝投降满清的义烈故事。前传

---

① 吹万(高燮)《女中华歌》,《女子世界》4 期,1904 年 4 月。引文参校以《江苏》11、12 合期(1904 年 5 月)上所刊同一诗作。
② 据柳无忌编《柳亚子年谱》(北京:中国社会科学出版社,1983 年):1903 年,柳亚子"在家藏旧书中,阅读明季史籍二种:一、《南疆逸史》二十卷;二、《海甸野史》,是为涉猎南明史乘之始"(17 页)。又,柳亚子撰《陈巢南〈浩歌堂诗续钞〉序》(《磨剑室文录》下册,上海:上海人民出版社,1993 年)后附陈去病《百尺楼丛书总目》,内列《明遗民录》《奴祸溯源》(一名《明清最初交涉史》)、《清秘史》《永明皇帝殉国实记》《明季琐闻》《辫史》(一名《烦恼丝》)等,均为明季史著。
③ 亚卢《女雄谈屑》,《女子世界》9—10 期,1904 年 9 月、12(?) 月;松陵女子潘小璜《为民族流血无名之女杰传》,《女子世界》11 期,1905 年 2(?) 月。

篇首有一小节总叙,带有十八岁的少年革命家慷慨激越的笔调:

> 神州陆沉,迄今二百六十一载矣。须眉男子,低首伪廷者,何只千万!独女界豪杰,发愤民族,或身殉故国,或戮力新邦,事虽无成,抑愈于甘心奴隶者万万矣。编次佚事,发潜德之幽光。自今以后,二万万女同胞,更有缵"男降女不降"之遗绪,而同心协力,共捣黄龙者乎?中国万岁!女界万岁!

小序直截了当地揭破了作者的用意,讲论前史,目的在当下,即期望晚清女性效法先贤,奋起反抗异族的压制,完成倾覆满清政权的革命大业。

《女雄谈屑》分刊两期,属笔记体,故叙述并不连贯。所记除以诗凭吊南明鲁王政权重臣张煌言之墓的道咸年间女诗人汪端、于乾隆年间起义的白莲教领袖齐王氏、太平天国天王洪秀全妻徐氏,以及撰文当年被清军捉获杀害的广西会党党魁某氏,余者均为明清之际的女性。不妨将名单开列如下,计有李成栋妾、湖南女子某氏、秦淮女子宋蕙湘、吴中女子赵雪华、福州女子邵(柳误作"赵")飞飞、章钦臣妻金氏、庐陵女子刘淑英、云南女子杨娥等八人。《为民族流血无名之女杰传》更就前篇第一则发挥,详述激劝李成栋反清复明的松江女子之事迹。

略为翻检同时的革命派报刊,便可知上举诸人并非尽由柳亚子率先钩沉。如继《苏报》而起、由章士钊与陈独秀创立的《国民日日报》,在1903年12月停刊以前,便录载过汪端与湖南女子的诗作①。后者所

---

① 《汪端》《贞女绝命诗》,《国民日日报汇编》第四集"掌故类",上海:东大陆图书译印局,1904年。

遗绝命诗末章云：

> 国史当年强记亲，杀身自古以成仁。
> 簪缨虽愧奇男子，犹胜王朝共事臣。

笔录者因缀以评语曰："噫！明代女子，如是如是。赧颜事仇之男子听者！"已含有赞许"男降女不降"之意。柳亚子所记虽比《国民日日报》的八首多出一篇，增加的一诗却又出于《警钟日报》的《妇女不降》条，实为撮合二者而成。但若比照《明季南略》卷十四的《贞女诗十首》，柳氏的抄稿仍非完璧。而《妇女不降》中采录的邵飞飞《薄命吟》三十首选二，也被柳照样移入《女雄谈屑》。并且，其于1940年重为李成栋妾及杨娥作传时，亦尝忆及，"曩于《警钟日报》见所载杨娥传，云录自刘均《江上草堂诗存》。余读而美之，曾写副畀《女子世界》"①，自道出处甚详。

至于柳亚子大书特书的李成栋妾之行迹，也先在《警钟日报》上做过简述：

> 李成栋守广州，挟一爱妾，乃松江所得之妓女也。知成栋有归明志，乃朝夕讽动之。时成栋眷属在松江，有难色。爱妾曰："吾敢独享富贵乎？先死尊前，以成君子之志。"遂取刀自刎。成栋抱尸哭曰："女子乃能若此！"遂具疏迎永历帝。②

柳亚子虽铺张其事，写成近两千字的《为民族流血无名之女杰传》，并

---

① 《南明人物志·杨娥传》，《南明史纲·史料》120页，上海：上海人民出版社，1994年。按：李成栋妾的事迹已正名为《赵夫人传》，与《杨娥传》共同构成《南明人物志》上编第一单元的《奇女传》，杨传后并附《杨娥年表》。

② 《娼优特色》，《警钟日报》，1904年7月14日。

将李成栋反正的影响表述为:"值金声桓、王得仁反正于江西,谭洪、谭文等起义于西蜀,于是永历乃有云贵、两广、江西、湖南、四川七省之地,势力膨胀,黯澹之残局,勃然放一光彩。而珠江五岭之风云,则实我女杰颈血脑血换得之者也。"但篇末引举清兵南下时,杨文骢妾方芷以刀绳示杨并先自刭,李香于南明弘光朝严拒阮大铖党羽田仰之重金聘娶,其思路却得自前引《娼优特色》一则。不过,后者称说"娼优之人格最为卑下,然当明季之时",此"中国之贱民""影响于汉族者犹能若此,其功讵不伟哉";进入柳文,便已祛除其对妓女身份的贬抑,而反用龚自珍《京师乐籍说》之意,肯定:"霸者欲以乐籍制人,果矣;而使有英雄者出于其间,反其道而行之,则且使人与霸者为劲敌。"此后,高燮作《咏祖国奇女子》,也专为李成栋妾吟诗一首:

忍辱吞声泪暗消,江山残局不堪描。
拼将粉颈鲜红血,激起南中反正潮。①

取意正与柳亚子相同,可视为柳传的诗化。

不过,无论如何,《女雄谈屑》都是晚清志士集中张扬晚明女性人格的扛鼎之作。后来者如陈去病的《五石脂》全录宋蕙湘的题壁诗与杨娥事迹,高燮的《咏祖国奇女子》列入李成栋妾与杨娥,师南的《明季气节列传》以赵雪华与宋蕙湘打头,大我的《女魂》记述赵雪华、宋蕙湘的诗歌与行事,庞树柏的《龙禅室摭谈》述说方芷与李成栋妾之死事②,

---

① 志攘(高燮)《咏祖国奇女子》"李成栋妾",《复报》5期,1906年10月。
② 《五石脂》记宋蕙湘与杨娥条分刊《国粹学报》16—17、31期(1906年5—6月、1907年7月),《明季气节列传》刊《复报》7期(1906年12月),《女魂》刊《女子世界》2年6期(1907年7月),《龙禅室摭谈》记方芷与李成栋妾条刊《国粹学报》42期(1908年6月)。

均延续了柳亚子的叙述。而经过众人反复的夸说,在舆论界也建构形成了明季女性"为民族殉身"、誓死不降的集体形象。高增发表于《女子世界》的诗章于是可以概而言之:

> 南都沦陷北都亡,眼看山河变血场。
> 借问谁家好儿女,争流鲜血溅豺狼。
> 忍辱毋宁先自杀,尘寰解脱去堂堂。
> 吾侪还忆前言否,共说"男降女不降"。

诗题作《明季寇乱,妇女不辱而自杀者无算,为纪诗以嘉之》①,看重的也是集体行为。

现在可以用柳亚子当年的一段话为此节做一了断。柳氏感慨于"大索神州,须眉如鲫",而"能抱民族独立之雄心"者寥若晨星,不禁叹息:"男子且然,吾安敢以此苛责于女子。"然而,也正"惟男子之不足道,吾又不得不深万一之希望于女子"。这希望便落实在"男降女不降"的借题发挥上:

> 吾又遍搜稗官小说,以及遗闻口述之流,见有所谓"男降女不降"之说,吾未尝不奉之以为中国女界之魂,而决民族思想必起点于是也。②

---

① 大雄(高增)《明季寇乱,妇女不辱而自杀者无算,为纪诗以嘉之》,《女子世界》2年4、5合期,1906年1(?)月。
② 松陵女子潘小璜《中国民族主义女军人梁红玉传》,《女子世界》7期,1904年7月。

利用野史笔记及民间传闻,张大明季女性自杀与被杀的意义,目的却在激发处于社会主导地位的男子,使之确立"民族思想",进而争取"民族独立"。如此,柳亚子的心愿便可与次年成立的中国同盟会相沟通了,因为这一最激进的革命团体所宣布的纲领,开头两句正是"驱除鞑虏,恢复中华"。

第三节 "足"以有别也

晚清志士对于"男降女不降"正面意义的阐发,即标榜民族主义,固然言之有理,但这并非是此语长期流传民间的唯一正解。其实,所谓"男降女不降"也与"老降少不降""生降死不降"一样,不只是对明季史事的记忆,同时也应该是当代人在日常生活中的现实体验与实践。否则,不仅"死不降"为毫无意义的空言,就连"少不降"也无从说起。而如果承认"女不降"乃是一种现实行为,那么,在"为民族殉身"、舍生取义之外,便肯定另有他解。

20年代,孙玉声在《十不投》一则笔记中对此做过解释:

> 如"男投女不投",男穿胡服女仍汉装,男不如女,可耻孰甚。[1]

其说在徐珂1916年编纂完成的《清稗类钞》里也可得到印证:

> 国初,人民相传,有生降死不降、老降少不降、男降女不降、妓降优不降之说。故生必从时服,死虽古服无禁;成童以上皆时服,

---

[1] 《十不投》,海上漱石生《退醒庐笔记》,上海:上海图书馆,1925年初版;录自山西古籍出版社1996年重排本,57页。

而幼孩古服亦无禁;男子从时服,女子犹袭明服。盖自顺治以至宣统,皆然也。①

此解当然有理。但假如考虑到传统对于"衣冠服制"的理解是将发式也包含在内,并且,清初在改行剃发留辫之制时,曾遭遇到汉族士民的强烈抵抗,那么,汉族男子最大的变化亦非此莫属。《论语·宪问》篇记孔子之言曰:"微管仲,吾其被发左衽矣。"可见圣人对改袭"夷狄"发型服式怀有多么深刻的恐惧,因为那代表着民族文化的沦丧。清朝初建,也以强制汉人改从满人发式为归顺的标志。尤其在清兵下江南后,剃发令推行愈加严厉,以致当时流传有"留头不留发,留发不留头"之谣。"身体发肤,受之父母,不可毁伤"(《孝经·开宗明义》)的"孝道"观念,与固守"夷夏大防"、拒绝"被发左衽"沦为异类的民族意识相结合,使得明季的汉族士大夫与平民百姓只为保留头上几茎发而视死如归②。因而,"男降"的核心意义,实指汉族男子于被迫剃发的方式中所蕴涵的服从满清王朝统治的信息。

与之相对应,女子的缠足则属沿袭汉族旧制。满族统治者一向对妇女缠足保持警惕,以其会酿成文弱的风气,影响生产、战斗能力。清军未入关前,皇太极于崇德三年(1638)下旨:"有效他国缠足者,重治其罪。"③此处的"他国",即谓明朝。定都北京后,这项禁令又从满人推

---

① 《诏定官民服饰》,《清稗类钞》"服饰类"28页,上海:商务印书馆,1917年。
② 《国民日日报》1903年8月16日所刊《明末遗事》,中有《总为几根发》一则,述宁靖王朱术桂自尽前所留遗书,末云:"时逢大难,全发冠裳,归报高皇。生事毕矣,无怍无愧。"又题一绝曰:"艰辛避海外,总为几茎发。于今事已毕,祖宗应容纳。"
③ 此节有关缠足史的叙述,主要依据姚灵犀所编《采菲录》(天津时代公司,1936年再版)的"考证"部分(34—35页),以及李荣楣《中国妇女缠足史谭》(姚灵犀编《采菲录续编》20页,天津时代公司,1936年)。

广到汉人,顺治二年(1645)以后,清廷便不断发布禁缠令,且规定对违法者的父兄施以重惩。然而,直到晚清,汉族妇女的缠足风习依然如故。追溯原因,康熙七年(1668),都察院左都御史王熙请求弛禁缠足的奏疏得到认可诚为主因,民风之不易改变也是实情。但对比剃发令的严格执行、决不宽贷,放松对女子缠足的限制,实在只是因为妇女地位低下,在当时的社会格局中,并不构成对满族统治权的威胁。

由此,妇女缠足这一相沿未改的习俗,也被视为汉人区别于满人的民族特征而加以强调。如以"满汉妇女"打《四书》句的谜语,谜底正是"足以有别也"(《中庸》),即谓天足与小脚为满族与汉族妇女之间最大的差异。这与"京师谓缠足者,曰蛮子脚儿;不缠为旗板"①的说法完全一致。"蛮子"者,"南人"也。金、元均称南方的汉人为"南人",而最后被清兵征服的汉族聚居区,也是中国的南方。因而,南方在少数民族建立全国政权的年代,均具有汉族文化根基地的象征意义。而汉族男子在被迫接受异族统治、充满屈辱感的无可奈何之中,为获得一点心理的平衡,便将女子的不改缠足提升至坚持民族大节的崇高地位,以表示汉族的一半人口尚未被异族征服。近人对缠足历史的考证,也不乏从此立论者。如邓之诚的《骨董琐记》认定"缠足之风,实盛于元,盖所以示别于胡人也"②,便是最典型的说法。换用梁启超1897年提倡放足时,感慨女性缠足的陋俗积重难返的表述,"强男之头,不如弱女之足"③,而抽去其间的贬斥意味,才是"男降女不降"最关键的内涵。

---

① 惇颐《关于纤趾之谜语》、佚名《咏坤履嘲旗足诗》,《采菲录》322、350页。
② 《骨董琐记》"缠脚"条,转引自《采菲录》42页。原未署作者,今本《骨董琐记》(邓珂增订、点校,北京:中国书店,1991年)中亦不见此条,姚灵犀当是据初刊报纸收录。
③ 《论学校六(变法通议三之六):女学》,《时务报》25册,1897年5月。

并非晚清的革命志士对"女不降"的真实所指浑然无知,从柳亚子民国年间所写的自传,倒可以得出相反的结论。柳氏因为"反对满清",十七岁在上海入爱国学社时已不剃发。柳的母亲为了他的不肯剃头,终是看不顺眼,但也奈何他不得。恰好,柳亚子的妹妹平权时年九岁,也由其母依照习俗为之缠了足。而柳亚子是"竭力提倡天足的一人,便拼命反对"。柳母于是可以和他讨价还价:

> 她提出条件,要替平权放脚,一定要我薙头,而且两件事非在同日同时举行不可。我想了一想,苦笑道:"男子薙头,女子放脚,难道真的非把南明亡国时代的痛史再重复演一下不兴吗?"

所以,柳亚子"当时很想拒绝这个条件"。不过,仔细想来,"脚一放不易再缠,因为年岁已大,要再缠也缠不小";"至于头发,生在我的头上,今天薙了,明天就可以不薙的"。① 这样才接受了其母的要求。可见,柳亚子也把满清政权初建时强制推行的"剃发令"与"禁缠令",明确地看作是对汉族男女双管齐下的民族征服政策。

然而,身处晚清,柳亚子却不肯将"男降女不降"这一层实在意义说破;万不得已时,也只像徐珂与孙玉声一般笼统而言。在《〈女界钟〉后叙》中,我们便可以读到如下说法:

> 中国男子,薄于种族观念,习于奴隶教育。自永历以还,胡尘马足,踠蹜中原,汉官威仪,扫地以尽。独我神明之女胄,犹然保其高尚之服饰,不与男子为伍。所谓"男降女不降"之谣谚,至今尚

---

① 柳亚子《五十七年》,《〈柳亚子文集〉自传·年谱·日记》68—69 页。

流传于间巷焉。

将"女不降"解为"保其高尚之服饰",而不愿进一步泄露此"服饰"之主体实为缠足,乃是因为其中确有难言的苦衷。

"放脚"既为清王朝的统治策略,又与"南明亡国时代的痛史"(即汉族被满族征服的痛史)相系连,按照通常的想法,奉行"排满革命"的晚清志士便该像遭遇蒙古族统治的前辈一样,力主坚持缠足,以表示保存民族特征,与异族做出鸿沟界划。然而,实际情形截然两样。戊戌变法以前,出于救亡图存、富国强兵的需要,主张变法的维新派已大张旗鼓地在全国推进不缠足运动,期望女性迅速由"分利"者变为"生利"者。政治立场不同的柳亚子,在反对女子缠足这一点上却与之志同道合。1904年,其家乡的一位女士兴办"黎里不缠足会"时,柳氏亦为之代拟"缘起"与"章程",大力鼓吹放足。

《黎里不缠足会缘起》①是一篇充分表达晚清先进之士批判缠足观念的文本。此文专从培植女性独立意识着眼,裹足便成为妇女解放道路上最大的阻碍,而置于先行革除之列。柳亚子以其才气纵横的文笔,将缠足折损肢体的痛苦穷形尽相,发露纸上,更增加了文章的感染力。他厉斥缠足为虎作伥,使妇女数千年来被压制在社会的最底层。更糟糕的是女性的执迷不悟:

> 我可怜之同胞,亦且久而忘其丑,忍其痛,争妍斗媚以为美观。茧茧蠢蠢,喁喁累累;乐于俎,颂于牢,谓于槛,庆于罗。母训其女,姊劝其妹,一若以缠足为我同胞一生莫大之义务,莫大之荣誉,虽

---

① 《女子世界》3期,1904年3月。

九死一生,终不敢稍动其抗力。

此处的严守缠足风习已作为女子奴性意识的表征,而与"男降女不降"原本以之为女性固守民族气节的价值判断全然相左。

更明显的分道扬镳还在柳亚子对缠足所造成的恶果之严厉追究,他历数其罪状为:

> 夫既戕贼之、束缚之矣,则其体魄必孱弱,其灵魂必腐败。坐是而蔽聪塞明,造成无教育之恶名誉,演出不自由之陋人格;坐是而遏绝禁锢,筐筥[篚]以外无思想,帷房以外无事业;坐是而实行"无才是德"之邪说;坐是而簧鼓"三从""七出"之恶谚;坐是而永为双料奴隶、三重奴隶,以污点我皇汉民族之社会。

缠足使得女性失去行动与思想的自由,被禁锢于家庭,成为男性的附属品,这些论点在当时宣传放足的文字中曾反复出现,尚不足为奇。最值得重视的倒是柳亚子以其激烈的民族革命理论,对缠足之危害已然构成"皇汉民族"历史污点的指控。所谓"双料奴隶",乃指中国男子为满清政权之奴隶,中国女子又为男子之奴隶;而"三重奴隶"者,则再加上清政府为列强之奴隶一重关系。将妇女解放与民族解放合为一体,本是激进派区别于温和派的社会革命主张。这一立足点的不同,也令柳亚子在对待缠足的问题上,一反前人以之为民族精华、民族认同的表征,而斥为"野蛮"的"浇风陋俗",俨然已成民族耻辱的标记。

既然认定放足为女性真正获得独立与解放的起点,热心宣说"男降女不降"的同一批晚清论者,便都采取了与柳亚子相同的态度,在大力倡导与推进不缠足运动的同时,也故意漠视与回避了推崇裹脚的

"女不降"底蕴。高增不仅发表了《放足与人种之关系》的论说文,而且在采用通俗戏曲形式写作、以启蒙妇女的《女中华传奇》中,假借女主人公之口,痛斥缠足与男尊女卑观念对妇女身心的压制,"弄得个种族衰微,宗邦沦陷,变成个病夫国"①,已径直把缠足看作是导致民族衰弱、国家危亡的祸根。其叔父高燮在面向大众、专劝解缠的《女界进步之前导》组诗中,竟也暂时搁置了反满革命的立场,而以赞同的语调称说清廷的决策:

> 顺治定制戒缠足,有犯之者罪杖流。
> 可惜当时渐弛禁,不然国疾其有瘳。
>
> 本朝太后与皇后,通国当推为女型。
> 深宫不尚潘妃步,小民何苦受严刑。②

1905年,高燮畅游西湖,遗憾夫人未得同行,归途作寄内诗,也忍不住勉励妻子放脚:

> 峻峭高峰千百丈,巍峨宝塔十三层。
> 可能放个天然足,好待明年试一登?③

---

① 大雄《女中华传奇》,《女子世界》5期,1904年5月;另,氏作《放足与人种之关系》刊于《觉民》1—5期合本(1904年7月)。
② 慈石(高燮)《女界进步之前导十五首》其三、其四,《政艺通报》2年5号,1903年4月。引人注目的是,该组诗以"吹万"的笔名重刊于《女子世界》第3期(1904年3月)时,上二诗已删去。
③ 《归途寄内三首》其三,《高燮集》469—470页,北京:中国人民大学出版社,1999年。

在夫妻相偕游山玩水的期盼背后,是对于女性恢复身体自由的渴望。因此,也可以说,柳亚子与高氏叔侄是以同样高度的热情激劝放足与赞赏"男降女不降"。

大致而言,晚清革命志士在此一论说中运用了分而治之的策略,即将"男降女不降"放入民族革命的语境中,而剥离其与缠足的关联,另从妇女解放的角度贬斥缠足。于是,在有意的历史遗忘中重构的历史记忆,便可以随心所欲地为现实政治斗争服务。这虽然不无歪曲,不免尴尬,但在当年,却是最适当的选择。

第四节　雌风吹动革命潮

表面看来,长期流传民间并经晚清志士发挥的"男降女不降"之说,似乎体现了对女性历史地位的特别看重。但其实与"老降少不降"相同,"不降"的女子仍然属于社会的弱势群体,她们当年的存在姿态,并不能够改变汉人受制于满人的历史。谣谚的形成与流播固然表现了汉族的民心不死,却也不无聊以自慰的意思。不过,借助20世纪初"女权"思想的传入,原来民谚中对处于弱势的女性故意的拔高,倒正好应和了时代的特殊需求,而为妇女解放论者所喜用。

柳亚子撰《黎里不缠足会缘起》,开篇即引用"西哲"之言:"十九世纪民权时代,二十世纪其女权时代乎!"这一新的时代体认,也使立身潮头的晚清妇女论者,自觉以推进"女界革命"为己任。要求女子拥有从受教育直至参政等各项基本权利,便成为金一、柳亚子等激进派对"女权"内涵完整而不容分割的理解①。

---

① 参见金一《女界钟》(1904年再版)第六节《女子之权利》、第七节《女子参预政治》(55—77页),以及柳亚子(亚卢)《哀女界》(《女子世界》9期,1904年9月)诸文。

按照1903年《国民日日报》社论对于中国社会各群体的分析,当时的妇女并不具有足以傲人的资格:

> 女人者,米国某新闻家称为副产,而吾国人视为玩物者也。虽近来"女界革命"之声,稍倡于世,而倡之者不几人,人莫与为和,且从而败沮之。故从历史上、现势上观察女界,女子二万万,殆无不可称为奴隶者也。①

实际上,柳亚子等人也未尝不明白,在现实社会中,女子的地位还在受专制政权奴役的男子之下,这才有所谓"双料奴隶""三重奴隶"的痛心说法。而依据其所崇信的"天赋人权"理论,社会革命应以实现全人类人人享有同等的权利为终极目标。因而,诸人所热心鼓吹的"女权革命",也理所当然地成为"民权革命"的基础,列为当务之急。不必说,妇女从社会最底层的奴隶,到拥有十足的"女权",其间存在着巨大的鸿沟。这也是"女界革命"在20世纪初,还只是少数先觉者的呼唤与阻力强大的原因。意识到其间的艰难,为使女性迅速摆脱传统的社会角色,从两千年"三从四德""男尊女卑"的重重禁条中解放出来,使"女界革命"真正变为女性群体的自觉行动,利用历史资源,以增进女子的自尊心与自信心,也被晚清先进之士当作启蒙的良方。

于是,明了明季妇女"引刃自决,热火自焚,拼掷蝼首,以当螳臂"的义烈行为,"顾于皇皇民族,宁有所补"的柳亚子,也仍然大力标榜:

> 自"男降女不降"之谣起,吾女子独擅名誉无上之历史,以视

---

① 《箴奴隶》,《国民日日报》,1903年8月13日。

> 二百年来,沉沉奴隶之辱,戚戚亡种之悲,其足差强人意、增光种族者此乎!①

不足以改变民族命运的女性,却足以为民族历史增光,并成为整部清史的最亮点,这一对女性理想价值的重新认定与建构,使传统的女性史叙述得以介入当下的"女界革命",为后者的理论表述提供了历史依据。

经过陈去病、柳亚子等人大面积的发掘,明季殉难妇女的名字已深印于革命报刊阅读者的脑海。曾经在《女子世界》刊载《致湖南第一女学堂书》②的秋瑾,在"谱以弹词,写以俗语"的妇女启蒙读物《精卫石》中,便可以大量地借用这些重焕光彩的女杰形象,以鼓舞当代女性"奋然自振","脱奴隶之范围,作自由舞台之女杰、女英雄、女豪杰"。③

在《精卫石》第一回,秋瑾仿照传统小说套路,设计了一段天界因缘:一班在"下界作过英雄事业及有名"的男仙与女仙,奉西王母之命,降临人间,完成"扫尽胡氛安社稷,由来男女要平权"两项任务。由此回的题目"睡国昏昏妇女痛埋黑暗狱 觉天炯炯英雌齐下白云乡",不难看出,作者更偏重于救世的女杰。而被赋予重任的英雌行列里,在尽人皆知的花木兰、梁红玉、谢道韫、班昭等人外,最生疏的恐怕要数以下几位女子的姓名:

> 赵女雪华宋蕙湘,淑英刘氏任妾崔。明末杨娥宋末金义妇,齐王氏共唐赛儿。④

---

① 松陵女子潘小璜《为民族流血无名之女杰传》,《女子世界》11 期,1905 年 2(?)月。
② 《女子世界》2 年 1 期,1905 年。
③ 汉侠女儿《〈精卫石〉序》,中华书局上海编辑所编《秋瑾史迹》157 页,北京:中华书局,1958 年。
④ 汉侠女儿《精卫石》第一回,《秋瑾史迹》49—51 页。

而除了崔氏、金氏与唐赛儿,其他五人均曾出现于柳亚子的《女雄谈屑》①。

赵雪华与宋蕙湘在柳文中各录诗一首,从"离亭空有归乡梦,惊破啼声是夜笳"与"将军战死君王系,薄命红颜马上来"的诗句,实在只能读出"哀怨之情",而得不出柳亚子所赞许的"与其奴隶而生,无宁自由而死,此扬州、嘉定外一大纪念也"的结论。倒是师南《明季气节列传》②的引录更得体。赵女绝命诗共三首,最末一首作:

> 惊传县吏点名频,一一分明汉语真。
> 世上无如男子好,看他髭发也骄人。

述宋蕙湘事迹,也突出"虏酋欲犯之","湘大骂曰:'吾良家子也,安屑蒙面荐汝丑类枕?杀则杀耳,何逼为?'虏酋闻之大怒,挥其旗下卒斩之"。这应当也是秋瑾取义注目之处。

刘淑英与杨娥则属于"出师未捷身先死"一类。刘于清朝建都北京后,"自矢报国,集家僮百人,捐赀召募一旅";却因拒绝湖南将领张先璧的婚娶,而为张解散部众,"忿恨得疾,临终犹大呼杀贼"。杨痛恨吴三桂之倾覆明室,杀害南明永历帝,于是卖酒于吴所居平西王府之西,伺机行刺。当吴三桂欲纳娶,时机已近成熟时,杨娥忽病亟,去世前,仍以"不幸疾死,此天不欲我为国家报仇也"而抱恨无穷,"一恸而绝,犹握匕首东指云"。二人或"能自树一帜,尽力祖国",或"独以奇谋秘计,欲为汉族复仇",事虽不成,在柳亚子眼中,却均为"皇汉末日一奇女子也"。

---

① 亚卢《女雄谈屑》,《女子世界》9—10期,1904年9月、12(?)月。
② 《复报》7期,1906年12月。

至于白莲教领袖齐王氏,更是直接举兵反抗清朝,"亲指挥三军,勇往莫能敌",势力及于数省,"前后纵横三年",后虽战败陨崖而死,已使得"清廷震恐"。柳亚子因誉为:"大业未成,身先流血;然夺满珠之魄,振女界之钟,在此人矣。"

反观《精卫石》,秋瑾用以描述这些中国女性救世者们的词语,诸如"尽是忠魂毅魄魁"、"女的是、生前未展胸中志,此去好、各继前心世界间"①,对于上举几位明清妇女,倒是更能得其神韵。可见写作之日,秋瑾心中眼底对明季以来的女子本有特别的关怀,因为其不仅有助于显扬秋本人民族革命与女界革命并举的理想,而且,仍然生活在这段延续的历史中,也使她对上述人物更具亲近感。

晚清激进文人对明季义烈女子的重新发现,其实也得力于西方女权思想的映照。秋瑾在《精卫石》卷首写的一篇《改造汉宫春》②,下阕即清楚地勾勒出此中关联:

> 可怜女界无光彩,祇悢悢待毙,恨海愁城。湮没木兰壮胆,红玉雄心。蓦地驰来,欧风美雨返精魂。脱范围奋然自拔,都成女杰雌英。飞上舞台新世界,天教红粉定神京。

本来是死气沉沉、绝无希望的女界,受"欧风美雨"的启示,梁红玉、花木兰等历史杰出女性的精魂才得以复现人间,成为激励女性自振以作英雌的典范,中国女性的生活亦从此开一新天地。

除借助历史人物以彰扬女性的光荣,这种推崇女子的叙述方式也延至晚清,进入当代史。高燮在《女中华歌》的后半篇,言及在西方帝

---

① 《精卫石》第一回,《秋瑾史迹》50—51 页。
② 《秋瑾史迹》158 页。

国主义的侵逼下,清政府"方针一转为媚外,现诸丑态向人夸"。1900年八国联军入京时,才会出现"顺民之旗德政伞,咄咄怪事可三叹"的场面。与由男性构成的官府、绅商的无耻适成对照,高燮笔下的女子则是大义凛然:

> 莫谓巾帼无完人,未能忍耻工效颦。前死后继抗不屈,依然自主高尚身。亡国之痛向谁语,誓掷微躯争气数。胭脂染为历史光,自此须眉不名誉。①

也就是说,从明季到晚清,在高燮心目中,女性始终保持了高尚的节操,为民族与国家抗争不屈。

而在《精卫石》中,我们可以发现,秋瑾也具有与高燮同样的想法。弹词小说的女主人公黄鞠瑞(后改名黄汉雄)有一段历史演述,更是骂尽天下男子,令女性扬眉吐气:

> 见那般缩头无耻诸男子,反不及昂昂女子焉。如古来奇才勇女无其数,红玉、荀㜑[灌]与木兰,明末云英、秦良玉,百战军前法律严。虏盗闻名皆丧胆,毅力忠肝独占先。投降献地都是男儿做,羞煞须眉作汉奸。如斯比譬男和女,无耻无羞最是男。②

历来被排斥于社会主导地位之外,倒也成就了女性史的清白。由此构造的"男降女不降"历史想象,因着眼于未来,便有意无意忽略了其中

---

① 吹万《女中华歌》,《女子世界》4期,1904年4月。
② 《精卫石》第二回《恨海迷津黄鞠瑞出世　香闺绣阁梁小玉含悲》,《秋瑾史迹》78—79页。

的成因。"女权革命"的倡导者们因而可以指认,没有污浊记录的女性比男子更高尚,所谓"人死心不死,男降女不降,我们女人,原是贵重的"①。而秋瑾的追问"女子应居优等位,何苦的、甘为婢膝与奴颜",也是承接以上思路,而要求女子理直气壮地为应得的地位与权利而斗争。

在关于"女中华"命题的构建中,"男降女不降"也与"女尊男卑"的崭新表述相沟通,对女性的赞颂至此达到了顶点。"女中华"之说初见于1902年。创办于上海的《选报》有一则报道称,一名自署"裙钗真仆"的广东志士正在撰写《女中华》一书,并摘录其自序中言:

> 今中华之男子皆须眉而巾帼矣,中华巾帼且耻须眉而不为乎?吾知今后中华非须眉之中华,而巾帼之中华也。中华舍二百兆之巾帼,其谁归乎?吾爱须眉,吾尤爱新造中华资格之巾帼。

这自然是理想之言,但也表达了作者对女子寄予厚望,即将创造新中华的任务托付给纯洁无瑕的女性。金一在1903年刊印的《女界钟》中曾转引此说②,使其义流布更广。

紧接着,1904年1月创刊的《女子世界》,在第1期便发出《女学悬赏征文》的启事,题目中首列《女中华》,文体方面则说明"不拘论说、白话、传奇体例"。同期,为杂志撰写发刊词的金一也发表了《女学生入学歌》,其中已率先使用了"新世界,女中华"(其四)的说法,为此一集体想象定下基调。第4期登载了高燮的《女中华歌》,第5期续刊高增的《女中华传奇》与松江女士莫虎飞的《女中华》论说文,有关"女中

---

① 挽澜(俞天愤)《同情梦传奇·行梦》,《女子世界》8期,1904年8月。
② 《志女中华》,《选报》31期,1902年10月;金一《女界钟》(1903年初版,1904年再版)48页引录。

华"的征文已是各体齐备。

诸位作者均按照各自的理想,对新女子创建新中国的"女中华"前景加以描摹。高增的传奇为一"辫发西装"女子的独角戏。这位取名黄英雌的时装少女所吟四句上场诗可谓铿锵有力:

> 忍令江山踞虎狼,裙钗队里暗无光。
> 从今磨洗刀和剑,大唱"男降女不降"。

中间畅言"中流砥柱,端推巾帼","荆榛斩尽开雄抱,鞑靼推翻赖女曹,旧河山,从新造"。最后所唱的"尾声"也情调激昂:"磨刀须把奇雠报,活婵娟、激起神州革命潮,看他年铜像儿巍巍云表。"①黄英雌其人显然便是"女中华"的代表。

高燮的《女中华歌》也延续"男降女否"的诗思,对女界光明灿烂的前途充满信心:

> 方今二十世纪女同胞,热心救国宗旨高。女学既兴女权盛,雌风吹动革命潮。吾华男子太无状,献谀屈膝穷俯仰。多少兰闺姊妹花,相将携手舞台上。

这一女性将在 20 世纪的舞台上扮演主角的构想,在莫虎飞的论说中得到了更充分的阐释。莫氏亦断言:"今日之世界,女子之世界也;今日之中华,女子之中华也。"原因在于:"盖二十世纪之中华,有一轰天烈地之怪物焉。斯物既出,而我中华之二万万同胞姊妹,遂跃出苦海,共

---

① 大雄《女中华传奇》,《女子世界》5 期,1904 年 5 月。

登灿烂华严之世界。"此物即为"女子之革命军"。挟"女权膨胀之风潮"而来的女子革命军既"以女权为目的,以女学为义务",造就出众多女国民,"则他日以纤纤之手,整顿中华者,舍放足读书之女士,其谁与归"！至此,作者关于"二十世纪之中华,其女子雄飞之时代哉"①的预言,便具有了合理性。

借助基于女权思想的"女中华"言说,经过全面开发的"男降女不降"也获得了重新阐释。这一流传民间的历史记忆在成为新世纪革命文人的口头禅时,于推动政治革命(含民族革命)与社会革命(含女界革命)的实践中,亦发挥了启蒙大众的功效。

---

① 莫虎飞《女中华》,《女子世界》5期,1904年5月。

中篇　女性典范

第五章　晚清的古典新义
——以班昭与《女诫》为中心

在中国思想史上,晚清可谓对经典的解说自由度最大的时代。我们现在阅读当时的文献,常会感觉其说法的五花八门、光怪陆离,惊异联想通道可以如此任意而行、畅通无阻。这自然得益于晚清作为过渡时代的得天独厚处。旧纲维的日趋解体,新秩序的尚未确立,给思想界留下了空前广大的言说空间。不过,此处所谓"经典",既包括历史上被尊为权威的著作,也含指历代被奉为典范的人物。二者对中国人精神维度与行为方式的构建及引导,有至关重要的意义。晚清人正是借助对经典迥异于常的解释,推进了现代思想在中国的展开。

第一节　"文饰政论"与"新眼读书"

中国古代学者对经书的解说态度,大抵可分为"我注六经"与"六经注我"两类。"我注六经"是以"六经"为主体,"我"的任务只是千方百计准确解释经典的本意,而不允许偏离或附会。致力于训诂字义名物、诠释典章制度的古文经学为此派代表。"六经注我"则是以"我"为主体,"六经"不过是"我"在阐发自己的思想时作为注脚使用的经典,而不在乎本文的原义何在。讲究微言大义的今文经学为此派代表。中国经学史上,古文经派长期占据正统地位,今文经派除在西汉大行其道,多半处于潜流状态,这已是众所周知的事实。

进入晚清,经学界的格局再度大变。今文经学自庄存与、刘逢禄发端,经由龚自珍、魏源的推衍,至康有为终于异军突起,蔚为大观。康氏的《新学伪经考》《孔子改制考》《春秋董氏学》,以强悍的笔力宣布古文经为"伪经",大加讨伐,有力地为今文经张了目。再加上康氏开堂讲学,弟子众多,出书刊报,流布甚广,遂使其学说传播众口,影响一世。

应该说,康有为真正继承了汉代董仲舒、何休等今文学大家的政治关怀,因而通经并非其最终目的,在对经义的阐释中,实际贯注了变革现实社会的政治思考。康氏著作的一破一立,恰如其得力门生梁启超所概括,"《伪经考》既以诸经中一大部分为刘歆所伪造,《改制考》复以真经之全部分为孔子托古之作"①。判明真伪、清理地基后,康有为也全力以"孔子托古改制"为中心,大张旗鼓地倡导"维新变法"。其说曰:

> 孔子所以为圣人,以其改制而曲成万物,范围万世也。……苟能明孔子改制之微言大义,则周、秦诸子谈道之是非出入,秦、汉以来二千年之义理制度所本,从违之得失,以及外夷之治乱强弱,天人之故,皆能别白而昭晰之。振其纲而求其条目,循其干而理其枝叶,其道至约,而其功至宏矣。②

"改制"既为孔子称圣的唯一原因,从此入手,不只可通古,亦可明今,

---

① 《清代学术概论》二十三节,上海:商务印书馆,1921年;录自夏晓虹编校《中国现代学术经典·梁启超卷》190页,石家庄:河北教育出版社,1996年。
② 康有为《桂学答问》,《长兴学记 桂学答问 万木草堂口说》30页,北京:中华书局,1988年。

后者所谓"外夷"显然已包容西方与日本在内。而秉承"孔子改制之微言大义",效法西方、日本强盛之道,"变法维新"的结论于是顺理成章推导出来。

用梁启超堪称经典的说法,康有为一派的经义解释,实为"借经术以文饰其政论"①。这在晚清,原属改革者共同的发明。孟子既然留下"孔子,圣之时者也"(《孟子·万章下》)一句话,因而,其形象便可与时俱进。提倡西法者可以想象:"诚使孔子生于今日,其于西国舟车、枪炮、机器之制,亦必有所取焉。"②推崇女权者也不妨畅言:"孔子而生于今日中国,有提出男女平等之问题者,孔子必与于名誉赞成员之列,而不否决之也。"③这不过是"六经注我"的新版本。而"圣人有言"加"古已有之",确实可为新思想、新事物在近代中国的推行提供便利,起码,其说可以部分地缓解与旧势力的正面冲突。由此亦可明了,晚清新学家为何喜欢标榜"西学源出中国""礼失求诸野"一类本人也未必深信不疑的曲说,其间本有苦衷在。

大体说来,"借经术以文饰其政论"往往运用于新学说初起时;而一旦观念转变后,则"六经注我"也可从有意为之转为无意得之。此即晚清学人孙宝瑄所领悟的境界:

> 以新眼读旧书,旧书皆新书也;以旧眼读新书,新书亦旧书也。④

---

① 《清代学术概论》二节;录自《中国现代学术经典·梁启超卷》130 页。
② 王韬《〈易言〉跋》,郑观应《易言》,香港:中华印务总局,1880 年;录自《郑观应集》上册 167 页,上海:上海人民出版社,1982 年。
③ 楚北英雌《支那女权愤言》,《湖北学生界》2 期,1903 年 2 月。
④ 光绪二十八年(1902 年)四月二十八日日记,《忘山庐日记》526 页,上海:上海古籍出版社,1983 年。

古代经典在新思想的映照下,也会脱离原有的语义环境,而呈现出与新说某种程度的契合。晚清大量今日看来不可思议的比拟,便颇多新眼光阅读的结果。

南社发起人高旭1902年作《题所爱诵之书五首》,分咏《史记》《墨子》《庄子》《仁学》及《明夷待访录》五书,可举首尾二首为例。其一作:

> 放出毫端五色霞,国民主义始萌芽。
> 史公岂仅文章祖,政治家兼哲学家。

其五作:

> 民权发达最高潮,难得黎洲识相超。
> 试读中华《民约论》,东方原亦有卢骚。①

后说并非高氏的独见,更像是梁启超在《〈黄梨洲〉绪论》②中称黄为"中国之卢梭"的应和。此时,不仅"新小说宜作史读""宜作子读""宜作志读",同时"宜作经读";连被斥为"诲淫"的古典小说《红楼梦》,也有人独具只眼,许以"可谓之政治小说,可谓之伦理小说,可谓之社会

---

① 初以"剑公"之名刊于1902年10月《选报》33期,无总题,分署《读〈史记〉》等;但《读〈明夷待访录〉》诗与以上录自高旭《天梅遗集》(万梅花庵藏板,1934年)卷一《题所爱诵之书五首》者不同:"眼大如箕罩古初,把将谬种尽芟锄。君臣原得根株出,或者前身是子舆。"又《读〈史记〉》一首末句作"政事家兼哲学家"。
② 见忧患余生生(韩文举)《扪虱谈虎录·黄梨洲》,《新民丛报》14号,1902年8月。

小说,可谓之哲学小说、道德小说"①。这些不在"六经"之内的著述,反而被赋予经典的意义,且冠以最新、作者以为最高级的学术术语,一方面显示了经典的泛化,消解了以"四书五经"为中心的儒家经典体系的权威性,另一方面也证实了论者确实别有心得,而非穿凿附会,意在言外。

而无论初心如何,"文饰政论"与"新眼读书"都是对传统经典本文的超越,其共同指向,正如梁启超所说,"数千年来共认为神圣不可侵犯之经典,根本发生疑问,引起学者怀疑批评的态度"②。这在因观念更新而获致的批判眼光方面,表现尤为明显。只有将此阅读经验纳入"新眼读书",方足以完整体现晚清人对经典的认识。同时,也只有将班昭与《女诫》放置在上述背景中,晚清人歧义纷纭的解说才可以获得理解。

第二节　史书中的班昭与《女诫》

班昭在中国历史上,已算极为少见的知名度极高的女性。史书中对班昭的记载,以《后汉书·列女传》所述最权威,晚清对于其人其事的演义,大抵原本于此。传文不长,班昭的主要事迹可节引如下:

> 扶风曹世叔妻者,同郡班彪之女也,名昭,字惠班,一名姬。博学高才。世叔早卒,有节行法度。兄固著《汉书》,其八表及《天文志》未及竟而卒,和帝诏昭就东观臧书阁踵而成之。帝数召入宫,

---

① 《读新小说法》,《新世界小说社报》6、7期,1906—1907年;《小说丛话》中侠人语,《新小说》12号,1904年12月。
② 《清代学术概论》二十三节;录自《中国现代学术经典·梁启超卷》190页。

令皇后诸贵人师事焉,号曰大家。每有贡献异物,辄诏大家作赋颂。及邓太后临朝,与闻政事。以出入之勤,特封子成关内侯,官至齐相。时《汉书》始出,多未能通者,同郡马融伏于阁下,从昭受读,后又诏融兄续继昭成之。……作《女诫》七篇,有助内训。……昭年七十余卒,皇太后素服举哀,使者监护丧事。所著赋、颂、铭、诔、问、注、哀辞、书、论、上疏、遗令,凡十六篇。子妇丁氏为撰集之,又作《大家赞》焉。①

在多半两三百字便道尽生平的《列女传》中,录入《女诫》七篇的《曹世叔妻传》,已属格外显眼。

而本传之中,《女诫》所占篇幅又三倍于叙述生平。若无此一篇传世之文,班昭与入传的其他女子原可做等量观。因此,虽谓《女诫》为班昭撑起了门面,亦非过甚其辞。后人视著《女诫》为班昭平生最大的关目,溯源即在于此。《女诫》除序外,七篇的目次如下:卑弱第一,夫妇第二,敬慎第三,妇行第四,专心第五,曲从第六,和叔妹第七。只看标目,即可知其说以"妇德"为本,在人伦关系上,要求女子处处和顺。所谓"成也萧何,败也萧何","知我《春秋》,罪我《春秋》",班昭在古代与近代社会中天差地别的升降、褒贬,于是都与《女诫》相关。

此外,在《后汉书·班超传》中也述及,班昭曾因其兄久戍西域,年近七十,尚不得归,而上书汉和帝。"书奏,帝感其言,乃征超还。"②这篇文字后人题作《为兄超求代书》。梁启超撰《(通俗精神教育新剧本)班定远平西域》时,第四幕《上书》即据以成文。不过,为横滨大同学校学生演出的方便,梁将上书人易名班惠(据其字而来),性别由女变男,

---

① 《列女传·曹世叔妻》,《后汉书》第10册2784—2792页,北京:中华书局,1982年。
② 《班梁列传·班超》,《后汉书》第6册1583—1585页。

第五章　晚清的古典新义　183

班昭画像(1909 年版《祖国女界文豪谱》)

身份由妹变弟。在剧本《例言》中,他又特意声明:"若普通剧场用之,则宜直还其真,以旦扮曹大家,趣味尤厚矣。"①

综上而言,班昭之得以青史留名,全离不开文才。其一生大事为后人最津津乐道者,概括有三,即续《汉书》、教授后妃与撰《女诫》。在价值观开始转变的晚清,其是非功过的评说皆由此引发。而时人新编的传记本文,却仍与《后汉书》同出一辙。如许定一1906年作为"女子高等小学及中学教科"用书刊印的《祖国女界伟人传》,叙述班昭历史的文字,仅节略《后汉书·列女传》而成。三年后出版的许氏《祖国女界文豪谱》②,有关班昭的一节,虽由先前的《曹大家、曹丰、丁氏》三人合传单析出《曹昭》一家,且配以图画,内容却仍不脱范晔所言。这种传记与评价的一因仍旧贯、一新意迭出的对照,恰表明经典不变,而解说者的用心与眼光已自不同。

第三节 女子教育的楷模

对班昭与《女诫》的重新阐释,肇端于女子教育开始在中国创兴之时。1897年11月,上海的维新人士正式集议筹备女学堂。次年5月底,国人自办的第一所影响广远的女子学校——中国女学堂在上海诞生。同年7月24日,由中国女学堂的女教员与女董事创办的《女学报》第1期出刊。该报的特异处,在"主笔人等皆以女士为之",故舆论界

---

① 曼殊室主人《(通俗精神教育新剧本)班定远平西域》,《新小说》19号,1905年8月。
② 咀雪庐主人《祖国女界伟人传》,日本横滨:新民社,1906年;咀雪子《祖国女界文豪谱》,北京:京华印书局,1909年。

称其"实开古今风气之先焉"①。而《女学报》登报公聘的主笔中,高居榜首的乃是"晋安薛绍徽女史"与"金匮裘梅侣女史"②。薛氏为女学堂发起人陈季同之弟妇,裘毓芳其时正襄助叔父裘廷梁开办《无锡白话报》(后更名《中国官音白话报》)。二人对班昭与《女诫》不约而同的关注均出现于此时,当非偶然。

梁启超草拟的《女学堂试办略章》(一名《上海新设中国女学堂章程》)在1897年11月18日的《新闻报》首刊后,薛绍徽当即应陈季同之请,参与讨论,"择女教所宜者凡若干条著为议"。其《创设女学堂条议》③首先对《女学堂试办略章》第一条表示异议。原章文曰:"学堂之设,悉遵吾儒圣教,堂中亦供奉至圣先师神位。"薛氏以为此举不妥,虽曲谅其心,谓之"原议堂中崇祀孔圣,是为道统计",却还是婉转批评:"然孔圣之道,譬如日星在上,虽愚夫愚妇,莫不瞻敬。祀与不祀,孔道之尊严自在。"并以各省书院"多半但祀程朱",而愈显孔道之尊贵为证,表明祀孔未必是学堂唯一最佳的选择。

薛绍徽其实别有思虑,为彰显女子学校的特色,她提议以班昭代替孔子,理由是:

> 溯女教之始,实由于文王后妃,次即孟母。然有辅圣诞贤之德,实无专书以贻后学。惟汉之曹大家续成《汉书》,教授六宫,其德其学,足为千古表率;又有《女诫》、《女训》(引者按:《女训》非班昭所作),上继《内则》,古今贤媛,无出其右。祀于堂中,以为妇

---

① 《女学开报》,《新闻报》,1898年7月30日。另,关于中国女学堂的研究,可参见本书第一章。
② 见《女学报》第一期报头"本报主笔"18人名单。《女学报》有关情况,可参看笔者《晚清文人妇女观》(北京:作家出版社,1995年)中《女报》(29—42页)一节。
③ 薛绍徽《创设女学堂条议并叙》,《求是报》9—10册,1897年12月。

女模楷,犹之书院但祀程朱,隐寓尊孔之义。

不必说,女性先贤对于女学生自然更具亲和力。而薛氏择定班昭供奉女学堂,显然是看中了其不仅有德、而且有学的特长。学校虽设伦理道德课,总以文字为知识的根本传授途径。续《汉书》、作《女诫》流传后世的班昭,于是比只立德不立言的周文王后妃、"亚圣"孟子之母,更有资格作为女学生的榜样。此说一出,实为晚清对于班昭形象正面意义的阐发定下基调。

不只以崇祀的形式期望女学生自觉以班昭为"模楷",在《创设女学堂条议》中,薛绍徽也直接建议将《女诫》列为中文课程的必修教材:

> 惟为中国妇女计,所学良非一端。四子六经,乃相夫课子张本,已属不得不学。此外若班氏之《女诫》、《女训》,刘更生之《列女传》,蓝鹿洲之《女学》,皆为妇女启蒙入门,庶可毕生率循妇道,无忝妇功也。

嗣后,中国女学堂的课程中保留了教读《女四书》(含《女诫》《女训》《女论语》与《女范捷录》)①,也可以说是接受了薛氏的意见。

第一所国人自办的新式女学堂仍然采用传统的妇德教育读本,未免令人失望。不过,倘若教学者能如裘毓芳一般,从旧典中翻出新义,倒也可收釜底抽薪之效。

1898 年 5 月,乘维新思潮在全国蓬勃发展之势,裘廷梁率先于家乡创办了《无锡白话报》,以白话为利器"开通民智"。而自第 3 期起,

---

① 《上海创设中国女学堂记》称:"考其华文功课,如《女孝经》《女四书》《幼学须知句解》《内则衍义》《十三经》、唐诗、古文之类,皆有用之书也。"(《万国公报》125 册,1899 年 6 月)

裘毓芳的《〈女诫〉注释》便以连载的方式面世。《无锡白话报》现存24期,《〈女诫〉注释》刊至17、18期合册,俨然为该编最重要的一部分。1901年,裘廷梁编辑《白话丛书》第一集时,又将《无锡白话报》中的核心文章辑录在内,列于首位的恰是《〈女诫〉注释》,足见其在裘氏叔侄心目中的分量之重。裘毓芳因感染时疫,英年早逝,高旭作诗哀悼,尚述及:"女士曾著《〈女诫〉注释》一书,风行海内。"诗云:

> 表章《女诫》逆风呼,红袖雕轮只手扶。
> 曹大姑即裘梅侣,裘梅侣即曹大姑。①

除参与办报外,注释《女诫》确可算是裘毓芳生平最大的著述事业了。

为裘毓芳带来声誉的《〈女诫〉注释》,其释义已与旧注本全然两样,这也是高旭谓之"逆风呼"的原因。表面看来,为《女诫》作注(而非批《女诫》)很容易被视为守旧举动。读其女友吴芙为裘书所作《序》的开头几句话,也可能生此误会:

> 从古以来,女人有名气的极多,要算曹大家第一。曹大家是女人当中的孔夫子,《女诫》是女人最要紧念的书,真正一字值千金,要一句句想想,个个字味味。依了《女诫》的说话,方才成个女人。

这岂不是传统说法的白话译文?然而,下面的话却是要女同胞立志自强:"我也是一个女人,难道我就只好做木头、石头、翠绿鸟、养胖狗,就算一世完结?我想想也不愿意,总要自家挣口气才好。"虽然"挣气"的

---

① 天梅《吊裘女士梅侣三首》其一,《政艺通报》2年2号,1903年2月;录自《国民日日报汇编》第三集,上海:东大陆图书译印局,1904年。两次刊载文字略有不同。

办法是"快些先拿《女诫》,念得透熟,然后慢慢里学像曹大家,也不至白活一世";而"拿曹大家做个榜样",强调的也是"日日要好,处处贤慧,知书达礼,博古通今"①,但后面的说法其实更值得重视。要求中国女性识字读书,不只知道古代的事情,而且明了当今国内外大势,这一对女学内容的设定,已超出经书以"妇德、妇言、妇容、妇功"教女子的"妇学"(《周礼·天官·九嫔》)范围,而接近梁启超在《变法通议·论女学》中所设计的"知有万古,有五洲,与夫生人所以相处之道,万国所以弱强之理"②的女子教育目标。

此意在裘毓芳的解说中更加显豁。虽然她也像吴芙一样,说些"《女诫》是教女人的第一部好书"一类让旧学之士听了也觉顺耳的话,但其对《女诫》的注释,却都围绕为女性争教育权的现实话题展开,实质上与反对开办女学堂的顽固守旧派水火不相容。在对《女诫》序的疏解中,裘毓芳即大加发挥道:

> 不知那个胡涂不通人,说什么"女子无才便是德",这句话害得天下女子不轻。弄到如今的女子,非但不知什么是学问,什么是有才料,竟一字不识的也有几万几千人。若曹大家也依着这"无才便是德"的话,《汉书》也续不成了,七篇《女诫》也做不成了,到如今也没人知道什么曹大家了,那能人人佩服他,个个敬重他?可见得做了女子,学问不可没有的。

这一段与《女诫》原文无关的题外话,却是裘注的大关节。追究后人对

---

① 吴芙《班昭〈女诫〉注释序》,原刊《无锡白话报》3 期,1898 年 5 月;录自《白话丛书》第一集,1901 年。以下所引《女诫》注释,均出自此书。
② 《论学校六(变法通议三之六):女学》,《时务报》23 册,1897 年 4 月。

班昭的推崇,落脚处原本在班氏的有才学,无此即无班昭的声名。此说与历来只注重《女诫》本文的妇德说教,因而称扬班昭的德行,出发点截然不同,即一偏重学,一偏重德。而且,在裘毓芳眼中,学显然还是德之本。无学写不出妇德教科书《女诫》是一例;批评作媳妇、当嫂子的女子不能如《女诫》所要求的顺公婆、和叔妹,根本都在"不读书不明理的缘故",是又一例。结论是:"若要做四行齐全的贤惠好女子,只有读书一法。这曹大家的七篇《女诫》,是第一种要读的书。"《女诫》既然是"教教女子做人的道理"①,"做了女子"最先要懂得的道理,也就是裘毓芳所发明的女子必须读书有学问。

于是,从《女诫》引出新生事物"女学堂"的话头,便也不足为怪。裘毓芳的做法是,选择有利于己的只言片语大加发挥,而漠视与新观念相冲突的主体意识。对于《女诫·夫妇第二》的释义即是好例。"夫不御妇,则威仪废缺;妇不事夫,则义理堕阙",本是班昭反复申说的核心思想,裘毓芳却弃之不顾,倒在《敬慎第三篇》借用史传的"互见法",提出"夫妻与朋友一样"的观点;而班昭为使妇女明义,依据"八岁始教之书,十五而至于学矣"的经训,要求对女子亦"依此以为则",反对"但教男而不教女",却被裘氏放过前提,抓住后面的说法尽情推衍:

> 中国三代以前,有道理有学问的女人极多。女子从小就有姆教,姆就是女先生,想古时也有女学堂的。后来重男轻女的风俗,一日胜一日,世界上一切道理,一切学问,都不叫女人知道,把天下的女人,当做化外人一样。这病根都从看轻女子起。其实女子不懂学问,不知道理,满天下的男子,就受累不浅。若女子个个会教

---

① 《〈女诫〉注释》之《曲从第六》《和叔妹第七》。

到有学问,懂道理,真是与国与家,都大有益处的。所以女学堂是必不可少的。①

"国"在《女诫》中本无地位,裘毓芳的解释是,《女诫》只是教女子做人,"不比'四书五经'说的道理,极精深博大,凡天下修身齐家治国平天下的道理,没一样不包括在里头"②;实则,儒家经典本称说"女不言外",将女性限定在家庭中。因此,裘毓芳的引申义,已突破《礼记·内则》所制定的妇女规范。对女学堂的言说更着眼于时事,在此,《女诫》已反转来成为注释者思想的注脚。

无独有偶,1906年,四川女学堂在北京开办,于开学典礼上演讲的该校十七岁女教员刘漱蓉,也正采用同样的手法剪裁班昭与《女诫》。新闻报道中称,其"登台演说,痛陈我国时局的危急,历述我国女界的腐败,并驳斥'女子无才便是德'七字的谬谈,又详论秦女少保(引者按:指明代女将军秦良玉)的事迹,和古代班昭诸女伟人,及东西各国女界伟人的历史,侃侃而谈,滔滔不绝,四座都为之动容"③,效果极佳。而其演说辞一方面夸说"中国女学之发达,为全球之祖国",古代女界如何人才辈出,"如伏生之女,孟坚(引者按:班固字)之妹,类能通晓微言,指陈大义,女学赖以不绝,其有功于经史,不其伟乎";一方面则痛心于"自兹以后,古义浸衰",女学废堕,直至今日,"强邻眈眈日轰于耳",女子仍"不知虑此,犹梦然膜然,若无闻然"。演说至此,刘氏也适时征引《女诫》之言,"此惠班所谓'教男而不教女,不亦蔽于彼此之数

---

① 《〈女诫〉注释》之《夫妇第二篇》。
② 《〈女诫〉注释》之序。
③ 《参观四川女学堂举行开学礼式》,《顺天时报》,1906年5月2日;录自李又宁、张玉法主编《近代中国女权运动史料》下册1110—1111页,台北:传记文学社,1975年。

乎'",以证实中日"强弱乃相反",即是因日本女子教育发达,而我国无之,"虽有四万万之众,只用其半"①,焉能不弱？女学关乎国运这样极具近代色彩的话题,也能从《女诫》中引出,实在只能说是论者的附加义。

与班昭信服的"男尊女卑"观念相反,生活在晚清的裘毓芳与刘漱蓉推许的是"男女平等",对"看轻女子"的陋习自然力加批驳。考察裘氏如何解说置于《女诫》之首的《卑弱》一节文字,将反面文章正面作,会使我们对晚清人解释经典的技巧深有体悟。

为方便对比,先抄录《卑弱第一》原文前半如下：

> 古者生女三日,卧之床下,弄之瓦砖,而斋告焉。卧之床下,明其卑弱,主下人也。弄之瓦砖,明其习劳,主执勤也。斋告先君,明当主继祭祀也。三者盖女人之常道,礼法之典教矣。谦让恭敬,先人后己,有善莫名,有恶莫辞,忍辱含垢,常若畏惧,是谓卑弱下人也。②

以下又对"执勤"与"继祭祀"的内涵加以界定,肯定三者具备为妇女的立身之本。面对如此确凿的贬抑女性之辞,裘毓芳偏有本事"化腐朽为神奇"。她先是用"《卑弱》这篇书,不过是说做了女子,要处处谦让,并不是说女子应该看轻的",将班昭之说轻轻收束；随即话锋一转,便以"四两拨千斤之力",掉头批判起"男尊女卑"的顽习来：

---

① 《四川女学堂开学之演说》,《顺天时报》,1906年5月10日；录自《近代中国女权运动史料》上册619页。
② 《列女传·曹世叔妻》,《后汉书》2787页。

不料如今世界上做男人的，没一个不看轻女人。说起一切学问来，就说这都是男人的事，女子何必叫她知道呢？说起古往今来的道理来，又说都是男人的事，女子何必叫他知道呢？那些女子，被男人看轻惯了，非但不觉着是被男人看轻，反以为应该如此。就有人要教他学问道理，他反说这都是男人的事，怎么来教起我们女人呢？这是自轻自贱，并不是曹大家说的卑弱。①

班昭虽然主张女子读书，却是以服从丈夫为目的，仍属于"夫为妻纲"即男为女主的伦常体系。裘氏置此立论根本于不顾，将"卑弱"的概念偷换成"谦让"，班昭便与尊男贱女之说分离，而可以任意为其所用。在裘毓芳手中，以"男女平等"为新女学底蕴的现代意识，便是这样巧妙嫁接到《女诫》陈腐的躯体上。因而，肯定《〈女诫〉注释》对《女诫》本文有解构之功效，也并非过甚其词。

不只是薛绍徽、裘毓芳两位中国女学堂的支持者喜欢从阐扬女子教育的角度表彰班昭，这也是晚清学界共同的取向。许定一 1906 年在日本出版《祖国女界伟人传》，在体现作者评价的"咀雪子曰"中，推举"大家，实祖国空前绝后之一伟人"，乃"女界之至圣"，赞誉之高无以复加，根据也在其人"教育家、文学家之资格，兼而有之"。② 与薛、裘二女士微有不同，许氏的新见表现在对班昭之为"教育家"身份的直接认定上。女性文学家在中国历史上倒不乏其人，虽然能如班昭一般续《汉书》者也很罕见。最难得的还是女子而为教育家。班昭得此称号，并不在著《女诫》，许定一更看重的是其教授六宫，使"汉代名儒"马融甘

---

① 《〈女诫〉注释》之《卑弱第一篇》。
② 咀雪庐主人《曹大家、曹丰、丁氏》，《祖国女界伟人传》9 页，日本横滨：新民社，1906 年。

拜下风,从之受读,并影响及于子妇丁氏,一门女子尽风雅。如此,无论是从家庭教育还是女师职分上,班昭都可以算作女子教育的先驱。这一揭示也使得班昭与新式女学堂的关系又近了一层。

从女学生的表率,到女教习的典范,晚清人对班昭作为经典意义的正面阐释可谓淋漓尽致。不过,上举议论多半发生在戊戌变法前,此时,男女平等的思想在中国刚刚萌芽。言说者受大环境牵制,往往不能畅所欲言,以经典为护符的做法于是甚为流行。从裘毓芳注释《女诫》的煞费苦心,分明可见其弥合古典与新义的委曲成说。但突破旧观念的革命意识,却也孕育于此中。

第四节 男尊女卑的祸首

自男女平等的现代立场而言,其与班昭《女诫》的训诲只有对立,而无调和的可能性。裘毓芳《〈女诫〉注释》因而只能取"六经注我"的策略,曲为之说,而无法与本文严丝合缝。到了20世纪初,伴随着"女权"概念输入中国,女性独立的呼声陡然高涨[①]。对班昭与《女诫》的阐论也不必再如前此一般,或奉若神明,或阳奉阴违,而可以用更公正的态度,直言不讳地评说功过。

1905年留学日本的女学生燕斌所述其与同辈对《女诫》的读解经历,最足以展示西方思潮在晚清人新观念确立中所起的作用。出生于1870年的燕斌有一年长其三岁的总角交,名罗瑛。十余岁时,二人同窗课读——

---

① 参见笔者《晚清文人妇女观》中《男女平等与女权意识》(56—79页)一节,作家出版社,1995年。

> 每披阅史鉴,同慨人事之不平。读大家《女诫》,尤窃相议之,以为女子亦人类,何卑弱乃尔,无或谬乎?

但二人对经典的存疑立即遭到罗父的呵责,"谓小女子竟敢诽谤古人",两人"遂不敢明言"。假如没有戊戌前后从男女平等到女权意识的传播,可想而知,燕斌与罗瑛对《女诫》的异议多半无法表见,而将沉埋死寂。幸而二人生逢其时,早年的一粒种子才能够发芽、抽穗,燕斌并可以自豪地回顾前尘,称说:"他年提倡学说,扶植女权,为女同胞谋幸福之心,自此已盘结于脑际矣。"①1907 年 2 月,在自任主编的《中国新女界杂志》创刊号上,燕斌发表了《女权平议》一文,开篇即针对《女诫》第一篇《卑弱》而作驳论:

> 自人道主义之说兴,女权之论,日以昌炽。浅见者必惊其奇辟,目为邪说,从而力驳之,以为乾刚坤柔,男尊女卑,乃不易之定理。女子以卑弱为主,何权之有?噫!为此说者,所谓"夏虫不可语冰",井蛙之见,不足以知天之大。②

《中国新女界杂志》因而以"发明关于女界最新学说"③为首要宗旨,尽力鼓吹女权;燕斌对《女诫》的质疑,也至此才得以公布天下。

进入 20 世纪,班昭虽仍不失为经典,却已从不得随意批评的"女圣",还原为可以褒贬的历史人物。亚华作《读史咏女士》六首,其五《班昭》即从此立意:

---

① 炼石《罗瑛女士传》,《中国新女界杂志》5 期,1907 年 6 月。
② 炼石《女权平议》,《中国新女界杂志》1 期,1907 年 2 月。
③ 炼石(燕斌)《本报五大主义演说》,《中国新女界杂志》2 期,1907 年 3 月。

> 《汉书》表续兰台令,绝域疏还定远侯。
> 可惜家庭垂《女诫》,首将卑弱误千秋。①

述班昭一生事迹功罪分明,表扬其才学,而严斥《女诫》对妇女两千年来的毒害与压制。后者也成为此期班昭与《女诫》批判的重点。

对班昭一分为二的言说姿态已为更多学者所取。金一(松岑)既作《女学生入学歌》,夸奖"缇萦、木兰真可儿,班昭我所师"②,要求女学生将班昭与西方女杰罗兰、若安与批茶合并,作为效法的榜样;而在为其赢得"中国女界之卢骚"③声名的妇女论专著《女界钟》中,却又在多处批斥《女诫》。第二节《女子之道德》批评《女诫·妇行第四》中"夫云妇德,不必才明绝异也","清闲贞静,守节整齐,行己有耻,动静有法"的戒律,称:"此言也,吾何以非之哉?夫世界文明进步,则女子之教育,亦将随男子而异。读书入学交友游历,皆女子所以长知识增道德之具也。道德、知识,乃天赋此身以俱来,无男女一也。"第四节《女子之能力》批驳《女诫·卑弱第一》关于古者生女卧之床下、弄瓦,明其卑弱、习劳的笺释,然后加以发挥:"天下事之最可嫉恶而为野蛮之极点者,莫如以古人习惯之一言而尊之为训诰。"并引证最新学理:"能力者,智慧之果也;智慧者,脑之花也。据生理学而验脑力之优劣,以判人种之贵贱高下,此欧洲至精之学说也。今女子体量之硕大,或者不如男人;至于脑力,程度直无差异,或更有优焉,此世界所公认也。"④主旨在强调,"天赋人权",男女平等,时代进步,女性亦应与男子同样求学、游

---

① 亚华《读史咏女士》其五,《中国新女界杂志》1期,1907年2月。
② 金一《女学生入学歌》其三,《女子世界》1期,1904年1月。
③ 林宗素《〈女界钟〉叙》,《江苏》5期,1903年8月。
④ 爱自由者金一《女界钟》15—16、33—34页,1903年初版,1904年再版。

历,家庭已不能成为女子的牢笼。而其时金一及其友人柳亚子、高燮、高增等人正倡言"尊女卑男"的新见解①,西方的科学研究也成为其立说的依据。女子智力既经科学验证与男子无差别,或更胜于男子,则女性亦应在社会变革中大有作为。对传统经典的态度,金一也以迷信为"野蛮"而深恶痛绝,批评的自由度因而大增。

虽然还是承认《女诫》长期以来为中国女子教科书的事实,20世纪初年先进之士对其性质的判定,却已和戊戌时期不同。上海爱国女学校伦理教习叶瀚(浩吾)的讲义最有说服力。他在课堂上向学生宣讲的是:

> ……中国之《女诫》、《女四书》,即教成女子倚赖幼稚、卑屈之男子之法之教科书也。对幼稚之人而更自屈于幼稚,对卑屈之人而更自守其卑屈,则中国女子之人格甚可想见矣。②

这与裘毓芳所言"《女诫》是教女人的第一部好书"已有天壤之别。不必说,《女诫》在爱国女学校也全然丧失了列入教材的资格,只能提供批判的价值。

不过,在当时,对《女诫》持论最严厉的还是女性。1907年,在日本创办"女子复权会"、刊行《天义》杂志以宣扬无政府主义的何震,发表了长篇论文《女子复仇论》。文中使用了极为激烈的言辞抨击班昭与《女诫》,直呼其为"班贼""昭贼",对《女诫》的攻击火力之猛,一时无两。何震虽也肯定"班昭之学,冠绝古今",但其关心之处不在此,故下

---

① 参见笔者《晚清文人妇女观》中《男女平等与女权意识》相关段落(76—77页)以及本书第四章第四节。

② 叶浩吾《问中国女子人格宜用何种养成之法方可完全》,《警钟日报》,1904年4月21日。

第五章　晚清的古典新义　197

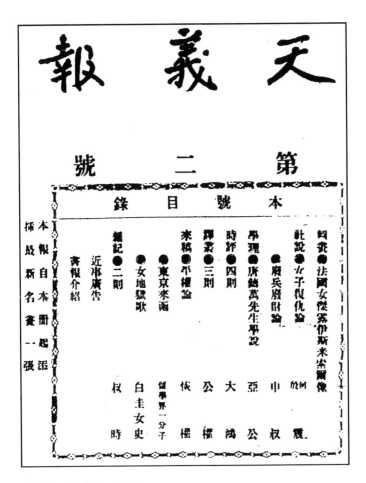

《天义报》第2号封面(1907)

文立即转入"而所倡之说,尤为荒谬"的驳论。文中援引《女诫》"首崇卑弱"各语,以及《夫妇》章以"事夫"为"义理",《敬慎》章"阴以柔为用,女以弱为美,以侮夫为大戒",《妇行》章"以贞静为德容"等言,而痛斥:

> 呜呼！此说一昌，而为女子者，遂以受制于男为定分。名曰礼教，实则羞辱而已；名曰义理，实则无耻而已。此非所谓"妾妇之道"耶？夫班贼身为女子，竟惑于儒家之邪说，自戕同类，以贻女界之羞，作男子之奴隶，为女子之大贼。女界而有此人，盖不啻汉人中之有曾国藩也。

接下来，何震又转入对《女诫·专心》章的讨伐："昭贼又言夫有再娶之义，妇无二适之文，以夫为天，为天不可逃，即夫不可离。呜呼！吾诚不意此言竟出于女子之口也，吾尤不意此言竟为后世传诵也。"总而言之，何震认为：

> 夫后世女权之不伸，由于为女子者，悉诵班贼之书，以先入之言为主。①

班昭也因此成为以女性身份而倡导"男尊女卑"论的女界之蟊贼、祸首。

何震对班昭虽则痛恨，却多半是"恨铁不成钢"，以其身为女子，而充当了"儒家之邪说"的帮凶。并且，《女子复仇论》是以男子为女性复仇的对象，追根溯源，压制女子数千年的主动力毕竟还是男子。所以，何震也很明白，班昭的《女诫》之说尽管可恨，害人者仍是受害者：

> 而班贼之为此言，又由于笃守儒书，以先入之言为主，则班贼之罪，又儒家有以启之也。故儒家既倡此说，非惟为男子所乐从，

---

① 何殷震（何震）《女子复仇论》，《天义》3卷，1907年7月。

亦且为女子所笃信。①

代表男性统治者利益的儒家经说,实在应该为"男尊女卑"论的流毒千古负主要责任。有鉴于此,对班昭与《女诫》的批判也会扩展到儒家经典。

何况,那是一个开始怀疑经典权威性的时代,即便是孔圣人,也面临着挑战。苏州景海女塾十四岁学生写作的《遣愤三首》,第一件令其愤慨的事,即《论语·阳货》中"惟女子与小人为难养也"之言,故直斥孔说为谬论。诗云:

> 谬哉尼父亦狂颠,漫鼓簧言纵毒传。
> 女子小人终古恨,可怜孔母亦含冤。②

甚至在天子脚下的北京,也有化名"糊涂女子"的女性跟孔圣人抬杠:"你是圣人,要这么看不起女人,为什么上天降生女人,你不跟老天爷作反对呢?固然是十个手指不能一般齐,女人里头,不争气的太多,那总怨你老人家,当时不提倡女学的坏处。若是一概而论,跟小人比在一块儿,从我说起,我就不能跟你善罢甘休。"③可见这"糊涂女子",其实是已经觉悟的新女性。

既然在"尊男抑女"的罪案中"圣人"该负首责,晚清的文学作品里,便往往将班昭塑造为可以教育好的古人。悲秋《谁之罪戏曲》④即

---

① 《女子复仇论》,《天义》3 卷。
② 竞群《遣愤三首》其一,《中国新女界杂志》2 期,1907 年 3 月。
③ 糊涂女子《跟老圣人抬抬杠》,《北京女报》,1909 年 1 月 12 日。
④ 《江西》2、3 号合刊,1908 年 12 月。

假借秋瑾被杀后,在天界作了蓉城仙子,主持审判班昭的情节,令其改过自新。

剧中人物秋瑾本以"生当专制之秋,大倡平权之说"自期,做了神仙,依然惦念人间苦难,上场开口所唱前四句词正是:

> 遍地阴霾扫不开,沉沉女界合当灾。推原祸始谁之罪,班氏真为作俑才。

而提审班昭时,则向其宣布:"你虽为专制之恶魔,俺这里仍用文明之法律。"于是,先提出起诉,并允许班昭自我辩护:

> 班氏,你既系出名门,略通书史,偶遇好名之后,俨为王者之师。你就该大倡平权,光明女界,为什么流传谬说,陷害同胞?二千年被你沉沦,十八层难逃禁锢。闻你咨嗟地府,尚有天良,可将你著书原因,自表一番,或者可以开脱罪名,补偿前失。你且从直道来!

班昭以唱作复的答词也颇有趣:"念班昭本是名门后,熟读诗书解自由。为只为汉朝宦戚专横久,他痛恶平权抑女流。见班昭才学非凡偶,他就教妻妾门墙把贽投。还有那元妃贵嫔天潢后,我只好绛帐春风一律收。倘然是触他忌讳多开口,恐把我锦绣前程一笔勾。因此上甘言卑弱居人后,才博得富贵荣华到白头。"唱词最后,班昭也表示了重新做人的愿望:"喜今日啊,曙光新放文明后,望上仙是拯拔我黑暗沉沦一女囚。"

秋瑾听罢陈述,知道班昭"只因糊口之私,便肆违心之论"。而"世界上的专制男儿,正乐得这荒唐的议论,所以流传至于后代,尚当作圣经贤传",极力表彰。班昭既因此被贬入地狱,"解铃还须系铃人",其被释放的条件便是洗清前罪,于是由秋瑾宣读的判词仍然网开一面:

> 今者钦承玉旨,道你本具辩才,尚知悔悟,命你托生下界,振起女权。你慎毋自昧前因,重生恶果。待到女权发达,世运昌明,你罪既消,余心亦慰。好生去吧!

班昭也发誓:"此一番我只得拼着了死和生去讲文明。"至于其此后如何"振起女权""讲文明"的故事,则有娲魂(疑为燕斌笔名)所编小说《补天石》①代述。

可以作为《谁之罪》续篇阅读的《补天石》,发表时间其实更早一年,又非出于同一作者,情节自然不可能完全连贯。小说中,被补天府主女娲派去拯救、感化众女子的班昭,先已在天界执掌典籍司。所去之处,也是由历代被认作坏女人的妹喜、妲己、褒姒等在阴山后建立的会芳洞。只因其"恶习传染下界",女娲才派遣班昭等二人前往救治。班昭等果然不负使命,劝说得一班恶女改邪归正。

其中,修改会芳洞原定条教是大关目。妹喜等所订"才""能""智""雄""谋""善"各章节虽也有带个人色彩的邪僻处,但依据《女诫》的训导、历来被视为美德的品行也包含在内,同样需要修正。如第一章"才"共分三节,"通经史""工诗赋""善书画",经班昭等改正为"穷经史奥旨""通科学妙义""富著作精神",还只算是发明新义。而第三章"智",会芳洞原作:

---

① 娲魂《补天石》楔子《慨同胞补天驰使辙 猛回头祸水渡慈航》,《中国新女界杂志》2—3 期,1907 年 3—4 月。

第一节　揣摩舅姑
第二节　笼络妯娌
第三节　逢迎男子
第四节　离间姬妾

多半可谓《女诫》中《曲从》《和叔妹》《敬慎》等章之主意,不过改以"戏说"的口吻出之。班昭等的更正极见功力:

第一节　默化顽固之旧习
第二节　潜输文明之进步
第三节　隐消反抗之阻力

着眼点都在观念、习俗的除旧立新。而"雄"与"谋"的新章更是直接吐露新女子的远大志向:"雄"谓"施展救时之方略","提倡军国之精神","造就伟大之国民","操纵全球之形势";"谋"指"兴教育以拯同胞","结团体以御外侮","倡宗教以遏异端"。其宗旨之光明正大,亦使会芳洞主为之折服,而预言:"将来世上妇女,如果能照这条教做起来,真要造成个五千年未有的新女界了。"

而女娲选定班昭,委以重任,虽说是因其"博通今古,善于应对",但应该还有其他考虑。班氏此行,确大展其辩说长才。说辞中既有"大才智的人,何怕堕落?一旦回头,立登彼岸"的教导,要洞中首领于有人托生下界时,"陶熔教化,使他们改变气质,投生之后,能匡扶女界";又现身说法,以自己的悔悟为例,更增强说服感染力:

昔日我在生时,虽然略知礼教,终因无超拔的学识,为社会所拘,以为女子是应该服从的。所以《女诫》七章,虽为世人所遵,自今思之,却自悔孟浪,遗误后人,弥觉汗颜了。自从侥幸得随侍补天府主以后,朝夕恭聆圣训,开拓智识,又熟闻府主当年伟烈的历史,方才爽然醒悟。原来女子与男子,同是一个国民,皆负有相当的义务,即皆应享有同等的权利。男既不当服从于女,自然女也不应服从于男。这世界上的社会,原是男子与女子共同造出来的。一有所偏,即非人道所当然。

戏曲《谁之罪》里,秋瑾即在数落班昭:"到如今呵,自由花虽尽力的栽培,尚抵不过你恶荆棘依然的当道。"小说《补天石》所设计的由班昭自我忏悔,自然更有利于肃清流毒。连提倡者本人都早已认《女诫》的"卑弱"之说为谬误,改奉"男女平等平权"为真理,盲从者更没有道理执迷不悟。这也是晚清作者一再要班昭自表悔悟的真正原因。

从1898年吴芙赞誉"曹大家是女人当中的孔夫子",到1907年何震贬斥班昭为"女子之大贼",犹如汉人中为异族效力的汉奸曾国藩,云泥霄壤,唯一的依据都是传统女德经典《女诫》。而十年间,对其人其书评价的大起大落,却恰好印证了时代思潮演进的疾速。

第五节　旧经典与新思想的离合

尽管20世纪初,对班昭与《女诫》已有严厉的批判,但说到中国历史上可资为典范的女性,却总少不了班氏的大名。证据之多,不胜枚举。单以持论反对者(或为时人据其观点而拟想的反对者)的褒扬为例。

《谁之罪戏曲》曾虚拟秋瑾之言,述其"生前在上海倡办《女报》,痛班昭之曲学,恨《女诫》之荒唐",嘱同志编写《谁之罪》剧本,因其遇难未成稿①。而秋瑾本人确实留下了一部未完成的弹词作品《精卫石》。第一回《睡国昏昏妇女痛埋黑暗狱　觉天炯炯英雌齐下白云乡》,演述的是西王母因世间女界黑暗,汉族衰微,"宣召诸男女仙童,下界作过英雄事业及有名者",令其降生人间,扶弱救亡,"务使男女平权,一洗旧恨"。所开列的一大篇女仙名单,几将中国历史上的有名女子一网打尽。而在四十余人的行列里,也有"班姬、伏女一同排"②。这一回,班昭确实是下凡普救女界众生来了,可惜因作品未完稿,我们无法知道其究竟托生为篇中哪一位英雌。但从班昭所负伟大使命,也可知秋瑾仍然以之为女杰。

作《女界钟》倡言女性新德行的金一,也在该书第四节《女子之能力》中大谈中国女界史上未尝无人。其说云:

> 以无教育之恶名誉闻于世界者,中国女子其一也。然吾观旧史氏之所掌,妇人集之所收,经史则有伏女、大家之伦,文章则有班妤、左嫔、谢女、鲍妹之亚,书法则有卫恒(引者按:此人非女性)、卫铄、吴彩鸾之俦;绘事则有薛媛、管夫人之辈;音乐则有韩娥、霍里妻、蔡琰、卢女之侪;美术则有若兰、灵芸之族。③

以下还有尽人皆知的缇萦、木兰、梁红玉等一众,而班昭之名也被最先提及。

即使是痛骂班昭的何震,既于《女子复仇论》承认"班昭之学,冠绝古今",又在给留日女学生的信中,以"班昭续史,木兰从军,梁夫人援

---

① 悲秋《谁之罪》,《江西》2、3号合刊,1908年12月。
② 汉侠女儿《精卫石》第一回,《秋瑾史迹》49—50页,北京:中华书局,1958年。
③ 金一《女界钟》37页,1903年初版,1904年再版。

桴击鼓,卫夫人以书法著名",而推其人为"四贤"。尽管如此,何氏还是认为:"此四贤者,才非不著,名非不闻,身非不正,惜其理不明耳。"①即是说,四人作为今人之楷模,犹有欠缺。而她之所以痛驳《女诫》谬说,未尝没有取法得其正的用心。

实在说来,晚清人表彰班昭,常会落入颇为尴尬的两难之境。既需利用其才学,鼓舞女性普遍接受新式教育;又须厘清《女诫》之毒素,斥责"男尊女卑"为无道。设想略过班昭不提,古史上之女学者本寥寥无几,班昭有续修《汉书》的伟业,无论如何,在其中总该拔头筹。但最根本的缺憾还不在典范的缺乏,而是如何震与金一所感觉到的,中国旧史上有名的女子,作为晚清女性的表率,总有不合格处。金一即表示:"若拯救法国的'圣女'贞德、俄国之虚无党女杰苏菲亚、救拔黑人脱离奴隶境地的美国女士批茶诸人,其地位远在班昭、庞娥、缇萦、木兰、冯嫽等中国女杰之上②。"这也是晚清文人谈论女性人格理想时,更喜欢标榜外国女杰的缘故,以其与新思想更贴近。

正因班昭可以借题发挥的方面有限,除学问外,传诵千年的经典《女诫》与平等平权的新思潮格格不入,肃清流毒反是当务之急,比较其他古人,班昭显然更有争议。因此,在女学以及证明女子的能力并不亚于男子③的话题外,班昭便丧失了其典范资格。即使从反驳"女子无才便是德"的角度,强调知识与道德两不相碍,金一曾举"道德品性之优者,伏女、班昭授经读史,交换智识,酬应无怍,未见其有害也"④为

---

① 何殷震《女子复仇论》,《天义》3卷,1907年7月;《震致留日女学生书》,《天义》1卷,1907年6月。

② 第一节《绪论》,《女界钟》14页。

③ 如沈仪彬(震懦)《读〈新女杂志〉书后兼赠炼石女士》其五所咏:"兰台班史木兰骖,巾帼何曾尽亚男。"(《中国新女界杂志》4期,1907年5月)

④ 第三节《女子之品性》,《女界钟》31页。

证;而一旦论及具有现代品格的新女性所应取法的先进,班昭又被排除在外。《女界钟》第九节《结论》正是如此做法。金一希望世人急起直追,"爱自由,尊平权,男女共和,以制造新国民为起点,以组织新政府为终局"。因此呼吁:

> 善女子,誓为缇萦,誓为木兰,誓为聂姊、庞娥,誓为海曲吕母,誓为冯嫽,誓为荀瑾[灌]、虞母、梁夫人、秦良玉,誓为越女、红线、聂隐娘。善女子,誓为批茶,誓为娜丁格尔,誓为傅萼纱德夫人,苏秦流夫人,誓为马尼他、玛利侬、贞德、韦露、苏菲亚。此皆我女子之师也。①

金一著《女界钟》初版书影(1903年)

在这一堪为晚清女子师的中外二十二人名单中,既以"自由""平权"为新女性必备的品格,班昭自不得入内。这等于说,对于新国民的精神铸造,班昭已全然丧失了价值。

---

① 《女界钟》93页。

从别出新解到抉摘批判,班昭与《女诫》在晚清的解读过程,典型地反映了传统经典在社会变革时期的命运。而由于新旧时代的密接,无论对之持何种态度,言说者均无法绕过经典,漠然置之。其诠释的艰难,驳斥的激愤,都反证出经典在人们精神生活与社会交往中的潜在制约力。而如何面对经典,仍然是历史留给今人的课题。

第六章　误译误读与正解正果
——批茶女士与斯托夫人

关于晚清翻译界的状况,梁启超的一段话常被人征引:"壬寅癸卯间,译述之业特盛;定期出版之杂志不下数十种,日本每一新书出,译者动数家;新思想之输入,如火如荼矣。然皆所谓'梁启超式'的输入,无组织,无选择,本末不具,派别不明,惟以多为贵。而社会亦欢迎之;盖如久处灾区之民,草根木皮,冻雀腐鼠,罔不甘之,朵颐大嚼;其能消化与否不问,能无召病与否更不问也。"①而译者的争先恐后与读者的竞相传说,热心程度实不相上下。不言而喻,这种为满足患有新学饥渴症的知识界所提供的"食粮",以其贪多求快,译述中往往夹杂着错误。趋新的读者不及辨析,于是,古语所谓"承讹踵伪,不知底止"的现象,在晚清便蔚为奇观。批茶女士与《五月花》正是最典型的一例。

第一节　《五月花》与《批茶女士传》

不妨先从秋瑾的一首诗说起。由秋氏本人主编的《中国女报》,于1907年3月出版的第二年第一号上,曾刊出《感时》二章,其二全文如下:

---

① 梁启超《清代学术概论》第二十九节,上海:商务印书馆,1921年;录自夏晓虹编校《中国现代学术经典·梁启超卷》205页,石家庄:河北教育出版社,1996年。

第六章　误译误读与正解正果　209

炼石无方乞女娲,白驹过隙感韶华。
瓜分惨祸依眉睫,呼告徒劳费齿牙。
祖国陆沉人有责,天涯飘泊我无家。
一腔热血愁回首,肠断难为五月花。

此诗除末句外,均不难解。而"肠断"句的关键在"五月花"。郭延礼先生注《秋瑾诗文选》时,已注意到"五月花"与美国的关联,释文指明其"本是一只船的名字",又由1620年英国一批清教徒为反对英国国教乘"五月花"号去美国,而谈及这批移民共同签订的《五月花契约》,其中规定:"上岸后大家保证互相团结,结成一个人民的政治团体,建立独立、自由的新社会。"因此肯定秋诗用此典,"意为大家团结起来,投

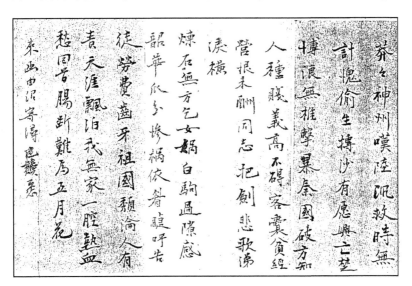

秋瑾《感时》诗手迹

身于争取民族独立、解放的斗争"。进而推测"秋瑾亦可能有志建立一个团结留日革命志士、共同反清的政治团体,而苦于难以做到"。① 这样解释也可算圆通,只是未免过于曲折。

如果与1909年4月陈以益主编的《女报》第一卷第三号登载的王绍钦《题词》诗相对照,"五月花"的词义指向便可比较明确:

> 女子慈心未有涯,共和祖国早萌芽。
> 放奴义务高千古,收效原从五月花。②

"五月花"之典与"放奴"相关,应无疑问。但二者之间是如何沟通的,由王诗并不能求解。平权阁主人为1911年刊行的《二十世纪女界文明灯弹词》所作的题诗,倒包含了进一步的提示:

> 忍令幽囚蹈覆车,无端摧折尽萌芽。
> 放奴特写批茶笔,此是当今五月花。③

至此,我们得到的信息是:"五月花"不仅事涉放奴,而且典出批茶。实际上,前引三诗中的"五月花"都应加书名号。

批茶者,何人也?现在肯定少有人知,而在晚清,其名即使不说是如雷贯耳,也该算作众口争传。金一的《女学生入学歌》中,一口气提

---

① 郭延礼选注《秋瑾诗文选》83页,北京:人民文学出版社,1982年。
② 录自刘巨才《女报》,《辛亥革命时期期刊介绍》第三集503页,北京:人民出版社,1983年。
③ 平权阁主人《题心青〈女界文明灯弹词〉》其二,心青《二十世纪女界文明灯弹词》,上海:明明学社刊本,1911年;录自阿英编《晚清文学丛钞》(说唱文学卷)上册174页,北京:中华书局,1960年。

出六名"东西女杰",标为取法的楷模,所谓"缇萦、木兰真可儿,班昭我所师。罗兰、若安梦见之,批茶相与期"①,与法国的罗兰夫人(Mme Roland,1754—1793)及贞德(Jeanne d'Arc,1412—1431)比肩而立的,便是批茶。广东移风女学校创办人杜清持女士亦有诗曰:"玛利、批茶著美欧,立身当与彼为俦。"②批茶仍与罗兰夫人并列,为杜所仰慕。高旭则更强调其救世情怀:"若论世界女菩萨,贞德、批茶是一流。"③甚至高增撰《女英雄传奇》,述宋代女将梁红玉击鼓助战退金兵,红玉上场,自报家门,竟也声称"人疑是木兰后身,我道是批茶再世"④,令人不辨东西。而这位晚清女性衷心敬佩的女杰,说出来也许不足为奇,她就是美国女作家斯托夫人(Harriet Beecher Stowe,1811—1896)。很显然,批茶是其父姓Beecher的音译。

斯托夫人像

而引发众人对批茶的交口称誉,应归功于蒋智由(观云)主编的《选报》刊载的一篇不足千字的译介文章《批茶女士传》⑤。译作者方面只注明为"友人译寄,观云润稿",原出何种文字则

---

① 金一《女学生入学歌》其三,《女子世界》1 期,1904 年 1 月。
② 杜清池《赠吴、庄、周三女史》其四,《女报》(《女学报》)9 期,1902 年 12 月。
③ 迦现(高旭)《〈桃溪雪〉题词》其二,《政艺通报》3 年 5 号,1904 年 4 月。
④ 觉佛(高增)《女英雄传奇》,《觉民》1—5 期合本,1904 年 7 月。
⑤ 《选报》18 期,1902 年 6 月。

未提及。而根据其时大量译文取材日本的事实，可以推定此文的蓝本应来自东洋。笔者所见不广，仅知在德富芦花所编《(世界古今)名妇鉴》中，有一副题注明为"斯托夫人"的日文传记，但尚不敢断定此篇即为《批茶女士传》的原文底本。由于译者的日文水平显然不高，再经节略与他人润色，译文中包含的明显错误自然未必应归诸底本。不过，值得注意的是，《名妇鉴》中的斯托传标题为《一枝笔》①，文中也突出渲染了斯托夫人以一枝文学彩笔最终改变了美国黑奴的命运，这倒与《批茶女士传》的关注点相合。

《批茶女士传》开篇那段动人的赞美辞，无疑给读者留下了极其深刻的印象：

> 当十九世纪，美洲有名女子，以一枝纤弱之笔力，拔无数沉沦苦海之黑奴，使复返于人类，至今欧美人啧啧称之为女圣者，则批茶女士是也。

传记叙述了批茶女士的生平，特别突出她因信仰基督教，而"益发慈悲，慨然有普渡众生之志"。着手处便在关注黑奴的命运，且深知废除奴隶制难度极大："其时美洲黑奴问题，无人道及。批茶独居深念，若有所触，以为此乃人间之至苦者，必思所以救之；既又思眇然一弱女子，岂能挽百余年来大政治家、大哲学家，所未及经营之事而身任之？"幸好她找到了志同道合的嘉鲁伊恩结为伴侣，婚后，二人反复探讨救助黑奴之道。批茶于是"变售家产，与其夫别，携资斧，独居深山中，著书一卷，发明世界公理，无富贵贫贱皆平等，断无可侪人类于马牛之理"。

---

① 《一枝の筆》(スタゥ夫人)，蘆花生編《(世界古今)名婦鑑》，東京：民友社，1898年。

如此深山得道、潜心撰写的著作自然非同凡响,"其书出,美人始恍然于役使黑奴为不合人理,犹拨数十重阴翳之云雾,而复见天日焉"。最妙的是,这本改变了黑奴命运的"千古不刊之作",原题作《五月花》。传文对此书名的释义是:

> 取其幼时在校中得闻此事于某年之五月,而心花由此怒发之意焉。

不管这种望文生义的说法如何不着边际,文中所描述的《五月花》的巨大影响以及译作者的深切期待终究令人神往。据说此书曾"译成九国文字,遍布各处,未一年,销流至百余万部,装至二十一种之多,欧美大剧场,靡不奉此为脚本,而演之为戏,黑奴卒以禁用"。很可能是译者化名的扶弱子,在文末也借"五月花"之题名慨然向中国女性陈言:"我愿二万万女子以批茶之事,为五月之花,而发生其热心也!"《五月花》因此成为美国废奴成功具有决定意义的一本书。文中反复赞叹"批茶之功为何如也"、"若批茶者,诚女子中之人杰哉",对晚清怀抱理想的有志女性,自会产生巨大的感召力。

《批茶女士传》发表之日,正是梁启超谓之"译述之业特盛"的壬寅年,即公元1902年。此文一经问世,便被多次转载,广为流传。今所见者,有同在1902年7月出刊的上海《女报》(《女学报》)3期与日本横滨的《新民丛报》12号。两报均有相当可观的读者群,《女报》在新女界尤具影响。此例不仅是晚清新学传播方式最生动具体的展现,而且传媒的不断重复,也无形中强化了该文的重要性。

其中,1904年杨千里编写的《女子新读本》理应受到格外重视。《批茶女士传》在此书中被缩写成如下文字:

当百年前,美洲卖买黑奴,以供役使,生为牛马,死无葬处。同为人类,独受残酷,大不合于公理。而百余年来,美洲慈善家,及大政治家,大哲学家,凡几百辈,无有发明。女士批茶者,适生于其际,以三寸之舌,七寸之管,灵心敏腕,遂得建千古不刊之论,为数万黑奴之救主,称美洲唯一之女圣,至今啧啧道之不衰也。

　　批茶有姊,曾设学校一所。女士年十五,即在此学校卒业。而入肄大学校中,喜研仁慈学,慨然有悲世悯人之念。独居深思,若有所触,以为黑奴乃人间世之极苦者,必有以救之。既又思眇然一身,岂能挽百余年圣贤豪杰未及经营之积习而身任之? 隐物色人材于风尘中,期年而不可得。

　　校中教师名嘉鲁音,日夕讲救世之事。女士以为此人也,是余之同志也,即以身许之。完婚之夕,谓其夫曰:"余悯黑奴之苦久矣,思著书以救之。惜学力不足,欲求汝为助,是以适汝。"其夫允之,变家产,独居深山中。著书一卷,发时世界公理,无富贵贫贱皆平等,断无可侪人类于马牛之理。

　　书出,美人始恍然于役使黑奴为不合人理,犹拨数十重云雾而复睹天日。其书名之曰《五月花》。诸大学家,遂崇拜倾倒,称为千古不刊之作。译成九国文字,销流至百余万部,装至二十一种之多,欧美大剧场,演之为戏。未一年,黑奴卒以禁用。数百万之牛马,以一手拔于沉沦苦海之中,使复返于人类,皆批茶之功也。①

此文所有材料均取自《批茶女士传》,而笔墨更集中于《五月花》之撰

---

① 课十七、十八《批茶》,杨千里《女子新读本》,上海:文明书局,1904年初版,1906年七版。原文未分段。

著,因此予人印象尤深。作为晚清女学堂的教材,《女子新读本》在传播新知识、新思想方面也得天独厚,其在两年间重印七版的骄人业绩,正是批茶形象深入女学生群体的最好说明。

既然批茶传记拥有如此广泛的读者大众,其时不少文人学者,也自然地以谈论批茶为显示新思想的一项标志,由此便铸造了批茶在晚清新学界极高的知名度。

第二节　美国废奴先驱的形象放大

批茶故事的广泛传衍,也与晚清中国的国情大有关系。奴隶问题作为当时舆论界的热门话题,具有几层含义:从外国势力的入侵着眼,亡国奴的威胁迫在眉睫;由反抗满清统治的民族革命意识出发,"双料奴隶"的说法流行一时;向往于西方的自由精神,有对中国历史数千年来"奴性"传统的清算;具体到国内沿袭已久的奴婢制度,也发生了反对"虐婢"与要求"放奴"的呼声。而所有的讨论,都以人类平等为底蕴。这就使批茶女士超越了美国废奴主义者的形象囿限,为敏感的中国先进人士随处征引,普遍使用。

秋瑾在为"瓜分惨祸"与"祖国陆沉"的现实而悲愤的《感时》诗中,于是会援引"五月花"一典,痛心自己不具备如批茶女士救拔黑奴出苦海一般的伟力,立时拯救国家于危难之中。《二十世纪女界文明灯弹词》的作者,更沿用中国传统叙事文学中常见的"天界因缘"套式,演述第一出《立教》时,即以"美洲自由国批茶女士精魂",取代了旧时人们所熟悉的各路神仙,成为总括全书的预言性人物。批茶灵魂的自西徂东,只为要解放中国妇女。有其上场词《西江月》一首为证:

推倒东西世界,划开南北花旗。一枝秃笔写新词,组出放奴历史。 好把文明美果,种来震旦新枝。精灵不泯苦支持,只为同胞女子。

而为物色中国同道,批茶一径来寻孔子之母颜氏,演出了一幕"美洲女弟子批茶进见,愿圣母万岁!中国万岁!女学万岁!"的喜剧。颜氏却已先期部署,所采之方亦是模仿批茶的著书立说,派遣修文使者颜回,"前往感动那记者文心,特撰《女界文明灯弹词》,专为改良女子社会起见",期望此书能生奇效,如"法鼓海螺,发人猛醒","挽回大局,扭转乾坤"。下文种种美举,放足、办游艺会进行女子体育竞赛、破除神佛迷信、释放童养媳、召开茶会使男女自由交际、号召女界参与抵制美货的拒约运动,都从此一"改良女子社会"的著述宗旨生发出来。批茶则以"自由之种,文明之母"(颜氏语)的身份,意欲帮助中国建立女教。故而书中为批茶规定的角色是"世界争推慈善家"①,无论在西方救助黑奴还是在东方解放女性,对慈善家本都是义不容辞。这一对批茶形象的放大,使其可以在各种苦难的场合出现,一如昔日的观世音,可见高旭的"女菩萨"之誉原非空穴来风。

不过,晚清人士更看重的是批茶能将理想付诸实践的能力。发愿而卒致成功,使得"女菩萨"也具有了"女英雄"的资格。从蒋智由推许批茶为"英雄豪杰"一类的人物②开始,后来者也多在"女英雄"的意义上肯定批茶。杜清持见贤思齐,即称说"救亡事业无男女,几辈英雄亦我流"③;高旭也歌颂"批茶女""彼何人,树奇功",而悲愁中国"谁为女

---

① 心青《二十世纪女界文明灯弹词》,阿英编《晚清文学丛钞》(说唱文学卷)174—201页。
② 《批茶女士传》末之蒋智由语,《选报》18期,1902年6月。
③ 杜清池《赠吴、庄、周三女史》其四,《女报》(《女学报》)9期,1902年12月。

英雄,我泪欲红"①;心青更直接赞叹"好一个英雄性质美批茶"②。批茶于是成为解放黑奴的英勇斗士,为其时的中国女性增添了巨大的勇气。

晚清的学习批茶便不乏具体的表见。广东香山女学校制订的学约中,专列"戒陋习"一类,而"虐待奴婢,为女子之陋习,不可不戒"一条,开头先讲述"天地生人,本属平等"的大道理,末后即举示批茶事例,以鼓舞同志:

> 美国放奴,批茶之力。我辈女流,曷不瞻仰?③

因而要求每个学生从个人做起,平等地对待家中奴婢。无独有偶,1908年2月,高旭在家乡江苏金山县张堰镇创办钦明女学校并自任校长,开学典礼上,由高妻何昭演奏的校歌中,开头也高唱:"光明开朗,女权一线有希望。批茶释奴,罗兰救国,取看好模样。"④立为取法典范的批茶形象,同样落实在其基于人权平等的解放黑奴的实绩上。"早岁受文明教育"的云南女子张雄西则气魄更大,有意建立团体,以便合众人之力,援救为贫困所迫而被鬻卖的女性。张氏在关于《创立女界自立会之规则》的缘起说明中,也揭示了其举动渊源有自:

> 夫批茶者,不过美洲一女子耳,目睹黑奴惨状,且思有以救之。自《五月花》一书出,未一年而数千百万黑奴,竟能脱离苦海,复返

---

① 天梅(高旭)《女子唱歌》其二,《觉民》1—5期合本,1904年7月。
② 心青《二十世纪女界文明灯弹词》第一出《立教》,《晚清文学丛钞》(说唱文学卷)175页。
③ 《香山女学校学约》,《女子世界》7期,1904年7月。
④ 《张堰女学萌芽》,《北京女报》,1908年3月22日。

人类,诚千古未有之盛事也。且黑奴与美人,并不同种,而批茶尚能苦口热心,挽回数百余年圣贤豪杰未及挽回之积习。某睹今日女界之状况,其出于种种下等不堪之事者,又皆我同种也,能不慷慨悲愤泣下沾襟乎?①

由批茶的救异种而发愿救同种,此一"女界自立会"的发起,全然是受了批茶事迹的感召,已是明显的事实。《香山女学校学约》与张雄西的创议,证明批茶的影响已远轶出文学圈,作为抱持自由平等观念与慈悲救世情怀的女英雄,在晚清中国的社会中发生了更大效应。

上述言行也可以看作是对蒋智由借《批茶女士传》而寄语中国女性之言的一种回应:"彼批茶者,亦自发其心力已耳。天下多女子,胡独使批茶者,得专美于前也?"②不过,为传文润色的蒋氏,对批茶精神还有更深刻的理解,因而解救本国女同胞,在他看来仍应属于浅层次的效仿。即使是替父从军的木兰与拯救法国的贞德,二人的功业在世人眼中已足够辉煌,不过,蒋智由却把最高的崇敬留给了批茶。因为他比较三人,认为木兰只知有家庭,贞德仅止救法国,作为"身家主义之代表人"与"国家主义之代表人",均有其局限;批茶则不同,她著书反对奴隶制,使"黑奴卒以禁用,得脱羁绊而为自由之民",实为"世界主义之代表人"。理由是:

夫批茶之与黑人,不同种也,一白人而一则黑人也;不同国也,一美洲而一则非洲也。而批茶一视同仁,不分畛域,此可谓知有世界主义者矣。

---

① 张雄西《创立女界自立会之规则》,《云南》1 号,1906 年 10 月。
② 《批茶女士传》末之蒋智由语。

假如考虑到蒋氏以为"若中国者,知有身家主义之国;若欧美者,知有国家主义之国;至夫世界主义,则当世之人,犹未足以语此也",那么,批茶行事之难能可贵不言自明。虽然蒋智由以"世界主义"为"未来之时代",而"国家主义者,则为现在所当努力之时代也",然而从教育应"取法乎上"的观念出发,要实现"使女子为英雄豪杰之女子"的女学宗旨,取法的典范便须从木兰而上达于批茶:

> 木兰能为之,吾何不能为之?贞德能为之,吾何不能为之?批茶能为之,吾又何不能为之?若木兰者,吾行且驾而上之;贞德者,吾将与之比烈;而批茶者,吾将与之相颉颃矣。①

这不只是对女学生的期望与要求,而更具有普泛的意义。在批茶身上,其实倾注与寄托了晚清志士最高的女性理想,这是我们从蒋智由的话中可以得到的信息。

第三节 光荣属于谁

在批茶的事迹中,对中国读者最具魅力的关目是《五月花》。既然"美洲一至惨酷至不仁之黑奴大问题,发其覆者,乃在一弱女子,苦心数载,成人著作,为人类造平等之福"②,《五月花》便成为扭乾转坤的救世之作,引人神往,且生出效法之心。

而在《批茶女士传》的各种翻版中,《新民丛报》的编入《海外奇谭》总题,并易名为《五月花》,显然因适应了读者的好奇口味,更突出

---

① 蒋智由《爱国女学校开校演说》,《女报》(《女学报》)9期,1902年12月。
② 《批茶女士传》末之扶弱子语,《选报》18期,1902年6月。

了批茶所著之书,因而为《五月花》的迅速成名起了推波助澜的作用。《二十世纪女界文明灯弹词》的作者,述说批茶的历史,也以神乎其神的笔调夸赞《五月花》:

> 自由平等是虚谈,贵族强权太不堪。驱使黑奴如犬马,毫无怜惜在心端。是俺一时不惯投身入,绝大盘涡转一盘。班管常开花五色,彩毫放出一声雷。因此上惊醒国民齐猛醒,造成那花旗大战北与南。到今日美洲全世界都查遍,不自由的人儿那里来。

《五月花》俨然作为美国南北战争的起因与全美废除奴隶制的动力而被谈论。

如果仔细考察一下,便会发现晚清所有关于《五月花》内容的演绎,全不脱《批茶女士传》提供的情节。必须佩服这些复述既充满想象力,又能不逾出划定的范围。甚至这本"言人类平等,而诋役使黑奴为非理"①的著作,究竟是文学作品抑或为理论著述,因传文未明言,论说者也都含糊其辞。最令现代人觉得不可思议的,还是至今为止,《五月花》并未出版过中译本(起码在大陆如此),那些热烈谈论批茶的晚清人士,不消说,实际根本没有读过《五月花》。虽然并不真正了解,不知所云,仍然众口宣传,照说不误,这种现象只能以对新思想及新知识的如饥似渴来解释。

但是,现代的读者即使对美国文学缺乏深入了解,也知道批茶女士,或者更顺口一些,称之为斯托夫人,其关于奴隶制问题最有名的著作,是1852年出版的长篇小说《汤姆叔叔的小屋》(Uncle Tom's Cabin)。

---

① 蒋智由《爱国女学校开校演说》。

林肯所谓"你就是那位引发了这场战争的小夫人吧"一语,正是对此书的最高褒奖。殊不料在晚清中国,由于译者的错误,这部小说的光荣全被作者不甚出名的另一作品《五月花》冒领了。《五月花》(*The May Flower*)本为斯托夫人于1843年刊行的第一部著作,内中收集了她对新英格兰生活的片段描绘。像它的另一名称 Sketches of Scenes and Characters among the Descendants of the Pilgrims 所显示的,本书是以随笔的方式,记述了若干有关英国移民后裔的生活场景及人物性格。因此,《五月花》无论如何也称不上是废奴运动中的重要文献。而《批茶女士传》中对

林纾译《黑奴吁天录》初版书影(1899年)

《五月花》的诸般介绍——译成多种文字,搬上舞台演出——移用于《汤姆叔叔的小屋》倒正合适。之所以发生讹误,原因现在尚难判明,或许是原本先已出错,或许是译者偏爱《五月花》这一书名的意象。但无论如何,《五月花》确比《汤姆叔叔的小屋》更给人灵感(一个旁证,林纾即"恶其名不典",而易后书之题为《黑奴吁天录》①)。

---

① 林纾《〈黑奴吁天录〉序》,《黑奴吁天录》,武林魏氏藏板,1901年。

并非《汤姆叔叔的小屋》在晚清无人知晓,恰恰在《批茶女士传》发表的前一年,此书的中文译本,由魏易口述、林纾笔记的《黑奴吁天录》便已面世。金一(天羽)、高旭读后,都有诗记其事;顾景渊也撰写了《读〈黑奴吁天录〉》一文,极力向大众推介此书。诸人的心事与译者相同,均在"为奴之势逼及吾种,不能不为大众一号"①。金一歆羡美国的解放黑奴战争告捷,而悲愁国事:

  花旗南北战云收,十万奴军唱自由。
  轮到黄人今第二,鸡栏豚栅也低头。(其六)②

高旭也关合其时的反美华工禁约时事,为国人痛哭:

  厉禁华工施木栅,国权削尽种堪哀。
  黑奴可作前车鉴,特为黄人一哭来。③

顾景渊更因此书的警世效果而要求家置一编,由悲他而自拯:

  我读《吁天录》,以哭黑人之泪,哭我黄人;以黑人已往之境,哭我黄人之现在。我欲黄人家家置一《吁天录》,愿读《吁天录》

---

① 林纾《〈黑奴吁天录〉跋》,《黑奴吁天录》。
② 金一《读〈黑奴吁天录〉》,《醒狮》1期,1905年9月;录自金天羽《天放楼诗集》谷音集卷下,上海:有正书局,1922年。
③ 慧云(高旭)《读〈黑奴吁天录〉》,《国民日日报汇编》第四集,上海:东大陆图书译印局,1904年。按:原未署名,据阿英编《晚清文学丛钞》(小说戏曲研究卷)591页(北京:中华书局,1960年)题署。

者,人人发儿女之悲啼,洒英雄之热泪。①

不过,就译者与读者的观感而言,仍是将《黑奴吁天录》本身作为同情黑人的作品接受的。所谓"累述黑奴惨状""叙黑人之苦况"②,实为对此书内容最准确的概括。

应该说明的是,《批荼女士传》仅译出了传主的父姓,即批荼;《黑奴吁天录》则只标出了其夫姓,即斯土活。未尝接触原文的晚清国人,自然无法将二者胶合还原为一体。于是,讲说批荼的人,只联想到《五月花》;谈论斯土活的人,只知其为《黑奴吁天录》的作者。喜欢表彰批荼的金一与高旭,在《读〈黑奴吁天录〉》的诗作中,因而不会提及其心目中的"女杰"或"女菩萨"的姓名。批荼与斯托(斯土活)在晚清便具有了截然不同的形象意义:前者为废除奴隶制的勇士,后者则仅能笔述黑奴惨状。这种形象的分离,在东亚女子醉荼写作的《虐婢论》中体现尤为明显:

> 予读《黑奴吁天录》终篇,掩卷而叹,泪涔涔湿襟袖,咽不成声而言曰:嗟彼黑奴,何生不辰,遭此毒螫,天道无一知哉! 吾恨不生其时,手拯此数百万囚奴桎梏之身于水火之中。既诵批荼历史,《五月花》出现,时则虐奴之风绝,云开见日,万象回春,九渊之囚,顿升腾于九天之上,不复受野蛮之压制,欣喜之情,飞扬眉睫。十九、二十世纪之世界,胜于前代者,此亦一大纪念碑也。③

斯托(斯土活)与批荼被作者分置在两个不同的时代,阅读《黑奴吁天

---

① 灵石(顾景渊)《读〈黑奴吁天录〉》,《觉民》7期,1904年6月。
② 林纾《〈黑奴吁天录〉序》,《黑奴吁天录》;灵石《读〈黑奴吁天录〉》。
③ 东亚女子醉荼《虐婢论》,《女子世界》2年1期,1905年。

录》与想象《五月花》,便予人一喜一悲两种全然相反的感受。而这正是对于"斯土活—批茶"富有典型意味的晚清时代的解读。

不能说其时没有出现过正确的介绍。起码 1905 年,丁祖荫(初我)即在其主编的《女子世界》上发表了《女文豪海丽爱德斐曲士传》,指明成就传主"世界之爱花""自由之女神""文坛革命军之先驱队"荣名的,正是《安克尔德姆木屋》(即《汤姆叔叔的小屋》)。述其创作缘起则为:

> 一日女史与于教会之晚餐式,聆安克尔德姆木屋之话,大有所感触,遂草成寓言一短篇,附载之于《华盛顿新闻》中。发行中将全书续成,即名之为《安克尔德姆木屋》。①

但因此传通篇未提及《五月花》,也很难肯定丁氏即以"斐曲士"与"批茶"为同一人。

另由陈寿彭译、薛绍徽编的《外国列女传》,因译自英文,对于斯托夫人的历史更有确凿的记述。文章开篇采用了正规的传记体格式,详细写明了其人的中英文全称:"斯多 Stowe,名婢栖 Harriet Elizabeth Beecher。"除了译名用字不同,其夫姓与父姓总算同时报出。与丁初我相同,陈、薛夫妇也明确将斯托视为作家,故归入《文苑列传》,传文主体也放在其作品情况的历数缕叙上。关于《五月花》与《黑奴吁天录》的一段是这样记写的:

> (一千八百)三十六年归专门师(引者按:即牧师)斯多,得其陶

---

① 初我《女文豪海丽爱德斐曲士传》,《女子世界》2 年 1 号,1905 年。

铸,文彩乃昭。刊故事记一卷,曰《五月花》,足资少年人学堂课本也。于是斯多之文名著于新英兰(英属地在墨洲者)全部矣。五十一年,……又著一说部,曰《叔父舱房》,五十二年刊于博斯唐 Boston,人心大悦,翻本四次,售至四十万部。英国亦翻印五十万部,欧亚各埠又各以其语译之,至有演于梨园、加以注解者。五十三年之欧洲,又刊《叔父舱房解钥说》,品望于是益隆。①

原文截止于"八十一年刊"之处,其所据英文底本当为 19 世纪 80 年代的出版物,在晚清已可算作最近时期的第一手资料。其中《五月花》的刊行年代虽未标明,该书的性质、在作者创作生涯中的地位以及与《黑奴吁天录》前后关系,却是说得明明白白。

尽管这篇《斯多传》是有关批茶—斯土活最准确的叙述,然而在晚清,其文连同丁初我的《女文豪海丽爱德斐曲士传》均未引起新学界应有的关注。1906 年,《外国列女传》问世之后,人们对批茶与《五月花》的兴趣仍是不减分毫。同年张雄西及 1911 年心青的畅说批茶,一如既往地依据与信赖《批茶女士传》。

真实的史实被湮没在流传的"谬种"中,对于斯托夫人未必不是幸事,何况其中尚显示出时代意识顽强、自觉的选择。因误译而造成的误读,得到的却是正解与正果。借助批茶女士与《五月花》的意象,晚清新学之士充分表达了其慷慨悲壮的救国意志、对自由平等的热切渴望以及心目中的女性人格理想。

---

① 息庵主人陈寿彭译,侯官女士薛绍徽编《外国列女传》卷四《文苑列传·斯多》,南京:江楚编译官书总局,1906 年。

第七章　接受过程中的演绎
——罗兰夫人在中国

在近代中国知识群体中，罗兰夫人（Jeanne Marie de la Platiere，一般称作 Mme Roland，1754—1793）知名度极高。凡是稍稍浏览过新书新报或自命开通的人，未有不知罗兰夫人者。由于译音、译法的不同，其名曾以朗兰夫人、乌（毋）露兰、玛利、玛利侬等行世。而译名的纷杂，也是其人被多次介绍于国人留下的遗痕。

第一节　罗兰夫人何人也

不难想象，罗兰夫人能博得晚清知识者的众口交誉，必定是有丰功伟业或奇行异事为人所仰慕。不过，若仅仅读过陈寿彭与薛绍徽夫妇译述的《外国列女传》，肯定会大失所望。据编译者自言：其书乃"取英文各史传以及谱录之类采摘成之"①。因系杂收众书，集中关于罗兰夫人一篇取材何处，目前尚无法考知。但其所择底本陋劣，读译文已可断言，尽管在所有的译介中，唯独它注出了人物、地点的英文原名。其文不算很长，录以为例：

---

① 陈寿彭《译例》，陈寿彭译、薛绍徽编《外国列女传》，南京：江楚编译官书总局，1906年。

第七章　接受过程中的演绎　227

乌露兰 Roland，雕刻匠符力旁 Phlipon 女，一千七百五十四年三月十七生于巴黎。幼聪颖善悟，四岁即嗜读，七岁读报纸，能背诵。八岁即挟巴拉他次 Pla[u]tarch（希腊史学家）集入教堂，悉去小儿痴想。十一岁至汕马西 Faubourg Saint-Marcel 女教会，得两少女，曰衡利得 Henriette，曰坚尼 Sophie Cannet，与坚尼尤亲。两年后归家。七十三年，其母卒，父绌于治生，遂大窘。时乌露兰已二十五岁，仍复退至女教会。乌当时在会，为时无多，既散归，不免多所遗忘，以故转落同辈后，郁郁不得志。七十五年，于坚尼家遇其夫乌露兰。夫慕其才貌，与周旋者四年，八十年二月四日始合卺。自是遭际稍舒，因夫适为法廷清要耳。八十九年，变革乱作，同党皆迁避。九十一年，夫为利恩 Lyon（邑名）举送入国会，与乌同返巴黎。九十三年五月三十一，巴黎大乱，诸党相攻，夫走避。是夕，乌被擒，囚于亚婢 Abbaye（地名）。六月二十四释放，似可自由矣。而营官复执之，监于皮拉齐 Pelagie。乌在监仍为学，演《政策记》，未成。十一月初，付之于乱党。刑官断以死罪，九日杀焉。乌之死，既无告案，又无与于党会事，只以匪徒逞一时病狂之势，欲杀竟杀矣。乌既至行刑架上，容色不变，呼纸笔至，将欲书遗嘱，而匪徒已吆喝动刑。……①

读此文，罗兰夫人未见出色，不过是妻以夫贵，嗜学而已。其政治才干既无表现，被杀自然只能处理为冤案。唯一足以支持译者将其人置于卷五"义烈列传"中的描写，也只是在断头台上的"容色不变"，这当然也很难得。

---

① 《义烈列传·毋露兰》，《外国列女传》卷五。

罗兰夫人像(1906年《新民丛报》第74号)

薛绍徽所撰《外国列女传·叙》虽成于1903年,而全书印行已在三年后,其介绍罗兰夫人在此书或不可缺,对读书界却并无新意,因早有更详细的读本流传。诸本之中,又以梁启超的《(近世第一女杰)罗兰夫人传》影响最大。

戊戌政变后流亡日本的梁启超,其在国内的身份尽管还是被通缉的国事犯,而他刊布于东邻的著述却是无远弗届。发表梁文的《清议报》《新民丛报》固然也遭查禁,然而屡禁不绝,翻印、转载乃常有事。于是,梁启超不仅未因居日而减弱了对国内的影响,相反,亲受明治文化洗礼的特殊机遇,倒成就了他开晚清学界风气的功业。

梁启超的《罗兰夫人传》刊登在1902年10月出版的《新民丛报》17—18号,使用了在国内尚属新体的评传形式。梁氏以他那"笔锋常带情感"①的报章文体风格,将罗兰夫人的一生事迹娓娓道来,令人耳目一新,大受感动,阅读后会留下深刻印象。其开篇一段文字,即以飞

---

① 梁启超《清代学术概论》二十五节,上海:商务印书馆,1921年;录自夏晓虹编校《中国现代学术经典·梁启超卷》195页,石家庄:河北教育出版社,1996年。

动的笔墨引人入胜:

> 罗兰夫人何人也?彼生于自由,死于自由。罗兰夫人何人也?自由由彼而生,彼由自由而死。罗兰夫人何人也?彼拿破仑之母也,彼梅特涅之母也,彼玛志尼、噶苏士、俾士麦、加富尔之母也。质而言之,则十九世纪欧洲大陆一切之人物,不可不母罗兰夫人;十九世纪欧洲大陆一切之文明,不可不母罗兰夫人。何以故?法国大革命,为欧洲十九世纪之母故;罗兰夫人,为法国大革命之母故。

文章以一万字的长篇,叙述了罗兰夫人自出生到致死的人生之路。由于利用生动的细节描写,凸显人物杰出品格的形成过程,使得罗兰夫人最后的英勇就义成为水到渠成。《外国列女传》中语焉不详的读希腊史学家著作情景,在梁文中已有更周到的描述,称其"每好读耶稣使徒为道流血之传记","而尤爱者,为布尔特奇之《英雄传》"。梁氏还以其传布新知的热心,加注说明:《英雄传》"传凡五十人,皆希腊、罗马之大军人、大政治家、大立法家,而以一希腊人一罗马人两两比较,故共得二十五卷","实传记中第一杰作也"。对陈、薛译著中有关罗兰夫人在女教会成绩不佳的记述,也有着眼点迥异的另样笔录,认为是其"常有一种自由独立、不傍门户、不拾唾余之气概"的表征。因而,"彼于《新旧约》所传摩西、耶稣奇迹,首致诘难,以为是诞妄不经之说",以所读怀疑论哲学破之,"当十六七岁顷,终一扫宗教迷信之妄想;但不欲伤慈母之意,故犹循形式,旅进旅退于教会"。这样的解说自然更有利于理解人物。

本着"时势"与"英雄"相缘而生的认识,梁启超的《罗兰夫人传》尤注重传主在法国大革命中的政治作为,这部分夹叙夹议的文字,即占据全文四分之三以上的篇幅。就此而言,在晚清所有关于罗兰夫人的著译中,梁作的重点最为突出,"近世第一女杰"的内蕴被发挥得淋漓尽致。文章写出了罗兰夫人如何从一个幸福的家庭主妇变为活跃的吉伦特党精神领袖,彰显了罗兰夫人因醉心共和主义,以为1789年爆发的大革命是实现其平生理想的最佳时机,因而现身政治舞台。

其时的梁启超虽在现实政治的刺激下,痛恨清政府的杀害维新志士、顽固守旧,而提倡"破坏"论,但其根深蒂固的改良主义立场,仍使他对"破坏"的后果有所顾忌。与坚决的革命论者不同,梁氏更强调,"夫破坏者,仁人君子不得已之所为也";"非有不忍破坏之仁贤者,不可以言破坏之言;非有能回破坏之手段者,不可以事破坏之事。"尽管在这篇著名的《论进步》一文中,梁启超还在痛苦地阐述"盖当夫破坏之运之相迫也,破坏亦破坏,不破坏亦破坏;破坏既终不可免,早一日则受一日之福,迟一日则重一日之害",赞颂"法国大革命以来绵亘七八十年空前绝后之大破坏",带来了欧洲大陆各国自1870年以后几十年的安定①;不过,写作《罗兰夫人传》的情感体验,显然使梁氏对三四个月以前的上述表态开始反省。传文中的如下一段文字,应能显示梁启超对罗兰夫人与法国大革命的关系已别有体会:

> 河出伏流,一泻千里,宁复人力所能捍御!罗兰夫人既已开柙而放出革命之猛兽,猛兽噬王,王毙;噬贵族,贵族毙;今也将张牙舞爪以向于司柙之人。夫人向欲以人民之势力动议会;今握议会实权者,人民也,饮革命之醉药而发狂之人民也。夫人夙昔所怀抱,在先以破坏,次以建设,一倒专制,而急开秩序的之新天地。虽

---

① 中国之新民《新民说·论进步》,《新民丛报》11号,1902年7月。

然,彼高掌远蹠之革命巨灵,一步复一步,增加其速力,益咆哮驰突,以蹂躏蹴踏真正共和主义之立脚地。

罗兰夫人因此最终站到了"革命"的对立面,被更激进的先前的同志送上了断头台。而对罗兰夫人的历史总结,无疑也给了梁启超以启示,在梁氏由鼓吹流血的革命到退回温和的改良的思想转变过程中,《罗兰夫人传》的写作可以视为一个转捩点。

虽然对罗兰夫人推动革命招致的严重后果有所批评,梁启超在传文中还是承认时势不可抗拒,尤其突出了罗兰夫人人格的高尚。在罗兰夫人看来,"今日之法国已死,至死而之生之,舍革命末由"。因此,"夫人非爱革命,然以爱法国故,不得不爱革命"。她最后的与巴黎民众为敌,既是出于保持革命的纯洁,更是为了挽救法国,其言曰:

> 我等今日既不能自救,虽然,一息尚存,我等不可以不救我国。①

为达此目的,罗兰夫人毅然决然地走上了断头台。在梁启超笔下,罗兰夫人以她的鲜血与生命,完成了一幕感天动地的爱国悲剧。这也为其后晚清国人对于罗兰夫人的评价定下了基调。

梁启超的《罗兰夫人传》一经刊出,便不胫而走,上海的《女报》(《女学报》)立即转载②,使其在女界更广为人知。次年又出现《女豪杰》一书,不仅如《女报》的隐去作者名,而且改变题目,令人莫知其来

---

① 中国之新民《(近世第一女杰)罗兰夫人传》,《新民丛报》17—18号,1902年10月。
② 见《女报》(《女学报》)8—9期,1902年11、12月。

历,实则仍为梁氏传记的翻录本①。如此迅速的扩散,自会激起热烈的反响。先有广东移风女学校创办人杜清持女士作诗称赞:"玛利(按:《罗兰夫人传》译罗兰夫人之本名为'玛利侬')、批茶著美欧,立身当与彼为俦。"②随后,金一(天翮)撰写《女界钟》,即引罗兰夫人"救国"之言,而呼吁中国的"善女子""誓为马尼他、玛利侬、贞德"等女杰,因"此皆我女子之师也"。③ 从时间及译名考虑,可以认定罗兰夫人的感召力确自梁文发生。而当时出现的一则笑话,也足以证实此传记的流布之广。1902 年,清廷迫于压力,不得不将科举考试的科目由八股改为策论,学堂的功课也相应调整,试题中开始增加时事的内容。于是产生如下一段笑谈:

> 有某学堂,近日初创立,招考生徒,先试以一论,论题为:"泰西最近世史,每称拿破仑时代,梅特涅时代,能言其故欤?"有一生交卷,卷中有数语云:"拿破仑与梅特涅,一母所生,而一则为民权之先导,一则为民权之蟊贼"云云。阅卷者大诧异,告以拿、梅二人,不同时,不同国,安得同母? 某生抗辩不服,因出所夹带之《新民丛报》第十七号第三十五叶《罗兰夫人传》发端处,指以示阅者曰:"这不是明说着'罗兰夫人何人也? 彼拿破仑之母也,彼梅特涅之母也'吗?"阅者只得蘬然一笑置之。④

---

① 《女豪杰》,武林印刷所,1903 年。此书误为小说,收入《中国通俗小说总目提要》(北京:中国文联出版公司,1990 年)。
② 杜清池《赠吴、庄、周三女史》,《女报》(《女学报》)9 期,1902 年 12 月。
③ 第一节《绪论》、第九节《结论》,爱自由者金一《女界钟》14、93 页,1903 年 9 月初版,1904 年 6 月再版。
④ 《考试新笑话·拿破仑与梅特涅同母》,《新小说》1 号,1902 年 11 月。

尽管这位学生知识贫乏，生吞活剥，为人取笑，但我们仍然能够从中得到罗兰夫人的大名因梁启超之作而在晚清社会广泛传扬的确凿信息，虽然其中包含了误读。

第二节　女杰本自东瀛来

既然梁启超是在日本写成《罗兰夫人传》，其撰稿时，必定参考了日文的有关著述。现在根据日本学者松尾洋二的考证，我们已可知道，梁作除上引开头的一段文字以及结论部分的"新史氏曰"为自撰，主体则是译自德富芦花所编《（世界古今）名妇鉴》第一篇，原题为《法国革命之花》。梁启超在翻译时当然也有改动，主要有二：一是将无关大局的生活琐事删去，一是对有关罗兰夫人初期激进言行的叙述有所缓和。后一点牵涉到梁氏的思想转变。因此，尽管关于"革命猛兽"的一段话原出自德富芦花，但"在他来说只是一种瞬间的感应，他并没有由此全面展开他的思想。而接受了他的影响的梁启超却完成了这个任务"，将其改造为通篇传记的核心思想①。而将原文的副题移作正题，在梁启超应该也有回避对"革命"的歌颂之意②。

此外，其时尚有多种日人有关罗兰夫人与法国大革命的著作译介到中国。就介绍的集中而言，1903 年堪称"罗兰夫人年"。仅据笔者所见，正月，赵必振译、岩崎徂堂与三上寄凤合著的《世界十二女杰》由广智书局发行；三月和四月，涩江保所著《法国革命战史》的两个中译本

---

① 松尾洋二《梁启超与史传》，狭间直树编《梁启超·明治日本·西方》265—274 页，北京：社会科学文献出版社，2001 年。
② 见《佛國革命の花》（ローラン夫人の传），蘆花生編《（世界古今）名婦鑑》，東京：民友社，1898 年。

接踵问世,商务印书馆推出的一种,署为"中国国民丛书社译","人演译社社员"翻译、该译社出版的另一版本,书名直接承袭了日文本,题为《佛国革命战史》。所有各书都专门为罗兰夫人立了传。后二书虽均沿用了梁氏"罗兰夫人"的译法,却以人演译社之本与梁作关系最密切,除书中全部译名照抄梁传外(唯"玛利侬"改作"马利侬"),更将梁启超引在传首的罗兰夫人临终之言略加减省,移录文中,使其成为一时流行的名言:

呜呼!自由自由,天下几多罪恶,假汝之名以行。①

不过,由于涩江保之作乃以法国大革命为叙述对象,罗兰夫人传只是夹杂在有关吉伦特党内阁的行文中,因此篇幅不长。《世界十二女杰》中的《朗兰夫人传》则采取单独列传的方式,记述自更详细。即使如此,关于罗兰夫人政治活动的篇章,在后者分列的八节中,也只有"夫人与橄榄达党""夫人囚""夫人就刑于断头台"三目,远不及梁氏传文之用力。

但如此密集的宣说,必然会强化罗兰夫人在国人心目中的世界女杰形象。其中《世界十二女杰》一书,更直接呼应了梁启超以"近世第一女杰"推许罗兰夫人的定位。该书之流行,也使得罗兰夫人成为女杰排行榜上不可或缺的人物,加固了晚清先进女性对其人的钦敬。此后,广东香山女学校制定学约,期望学生"尔当勉为世界之女豪",举为典范的正是"罗兰夫人,若安少女"②,二人传记均见于《世界十二女

---

① 第五编《立法议会》第一章《狄郎的士党内阁》,涩江保著,人演译社社员译《佛国革命战史》125页,上海:人演译社,1903年。
② 《香山女学校学约》,《女子世界》7期,1904年7月。

杰》中。江天铎(竞厂)作《咏世界十二女杰》,也正是依据原书次序逐一题诗,咏赞"罗兰夫人"的一首为:

> 绿窗少女鬟慵梳,惯读英雄奇遇书。
> 绝世才夸橄托达,断头台上志难舒。①

"橄托达"与"橄落达"同,两见于原书,今通译为"吉伦特"。作者选取了罗兰夫人一生中两个最精华的片段,即少年时代的耽读《英雄传》与大革命时期以吉伦特派之实际领袖而遇害,这也是梁启超的传文反复渲染的情节。而江氏弃原译本之"朗兰夫人"不用,却采纳梁氏的译名,无疑是因为梁作已有先入为主的号召力,并最终作为通行的译法固定下来。

通过这些翻译与准翻译文本,我们可以发现,日人对法国大革命历史的评价,确实予梁启超等先进之士以深刻影响。这种超越党派的一致认同,也是罗兰夫人之所以在晚清备受推崇的重要原因。

由于明治维新采取了自上而下的改革方式,没有经过长期的内乱、流血,日本学者以己度人,便对法国大革命中的激进派颇多贬词,述及路易十六世在断头台被斩之后的历史,几异口同声斥为"暴政"。处于对立面的罗兰夫人,自然而然获得同情,其逆潮流而动的勇气,更以"挽狂澜于既倒"的悲壮,容易赢得读史者的尊敬。《佛国革命战史》正是这样述说罗兰夫人的遭遇:

> 当是时人心骚然,激烈派徒暴戾非常,不问其敌与否,辄杀之

---

① 竞厂《咏世界十二女杰》,《国民日日报汇编》第三集,上海:东大陆图书译印局,1904年。此作亦刊于《女子世界》3期(1904年3月)。

以为快;即政友之间,亦意见各异,猜疑倾轧,习以为常。于是夫人为所捕,下于狱。①

由此形成势难两全的言说方式:站在雅各宾派激进革命的立场,罗兰夫人便无足取;若肯定罗兰夫人的为国献身,激烈派实行的人民专政、革命法庭即应当被否定。在日本学者的著作中,我们看到了这种叙述的一致性,作者与罗兰夫人的视角因而是重合的。

接受日本学者的出发点与结论,对于身为改良派舆论家的梁启超可谓顺理成章;而因此左右了呼唤暴力革命的晚清斗士之法国革命观,则实为历史的误会。1906年,康有为发表《法国革命史论》,以法为诫,反对中国的流血革命,认为:"革命之举,必假借于暴民乱人之力","救国而国将毙,救民而民殆屠尽";厉斥:"法国以革命故,流血断头,殃及善良,祸贻古物,穷天地古今之凶残,未有比之。"②康有为的论调立刻招致革命派的反击,汪东撰文痛加驳斥,在肯定"革命之必要"的同时,却也回护吉伦特派,而指责罗伯斯比尔、马拉、丹东等人,"以其悉出于民党,性皆悍鸷,互相争权,流血遍地,以是酿成恐怖之世";虽归结为"天赋其性,慓悍不仁"③,乃个人品质而非革命本身之过错,毕竟缺乏说服力,且与康有为对其人的评价毫无二致,也不利于革命的宣传。这就使当时不少的革命者左右为难:

呜呼!我欲不革命,民气日折磨;我欲说革命,忍看血成河?④

---

① 涩江保著,人演译社社员译《佛国革命战史》125页。
② 明夷《法国革命史论》,《新民丛报》85、87号,1906年8、9月。
③ 寄生《正明夷〈法国革命史论〉》,《民报》11号,1907年1月。
④ 秦风(高旭)《读〈法兰西革命史〉作革命歌》,《国民日日报汇编》第三集。

革命必不可免地和暴力、流血结合在一起,关键是审度何种方式为救国良策。

而为了坚持革命的主张,拥护法国大革命的激烈手段实为题中应有之义。即使这将令中国的革命论者在面对罗兰夫人时处于两难之境,我们仍发现矛盾的双方可以相提并论,获得同样热烈的赞颂。这当然与罗兰夫人先期登陆、已得人和不无关系。其中金一的态度最具代表性。他以激昂的语调鼓吹革命,认定:"共和主义、革命主义、流血主义、暗杀主义,非有游侠主义,不能担负之。"不仅赞美"非法兰西人之侠心,不能倒君权而演革命之剧",更格外称颂"丹顿、罗伯斯比"为"尤侠"者。① 金一当时正虔信革命、崇拜暗杀,所著《自由血》一书,即是颂扬俄国虚无党的力作。他表彰虚无党为"自由之神也,革命之急先锋也,专制政体之敌也",视暴力为倾覆满清政府最有效的手段。而一旦以文人革命的浪漫笔调数及法国历史上的杰出女性,革命的牺牲品罗兰夫人也一视同仁地被称道:

> 余读法兰西史而心醉焉,以其拿龙掷虎之活剧,而每间嗔莺叱燕之风流;拼如蠖之首于战争之潮,掷惊鸿之身于革命之火。值血雨刀霜之夕,美人虹来;正铜围铁马之秋,胭脂虎啸。余尝得三人焉:一曰爱国女子贞德,二曰革命党女杰罗兰夫人,三曰无政府党女将军路易·美世儿。②

金氏所取三人,亦一并见诸《世界十二女杰》,该书作为流行读本的影响力自不可低估。

---

① 壮游《国民新灵魂》,《江苏》5 期,1903 年 8 月。
② 《绪言》、第七章《虚无党之女杰》,金一《自由血》2、124 页,上海:镜今书局,1904 年。

于是，从赞成使用暴力手段实现政治革命的角度，金一更推许丹东和罗伯斯比尔；一旦以"女权革命"的倡导者身份出现，罗兰夫人便成为典范人物中的首选。《自由血》在列举三人名号后，引发的议论正是"女权革命之一粒种，将随政治革命而复抽其芽，扬其葩"①。写作《女学生入学歌》时，金一也如此标举：

> 缇萦、木兰真可儿，班昭我所师；
> 罗兰、若安梦见之，批茶相与期。
> 东西女杰并驾驰，愿巾帼，凌须眉。②

与金一同里且同志的柳亚子，更明确地在"民权革命"与"女权革命"的双重意义上表彰罗兰夫人。所撰《松陵新女儿传奇》，假其乡受过文明教育的新女性谢平权之口，吐露的正是一己之心声：

> 侬家平日所最崇拜的法朗西罗兰夫人、俄罗斯苏菲亚两先辈，不就是世界女杰的代表人么？

最崇拜的理由，就政治功业而言，柳亚子尊罗兰夫人为"文明革命军先导"，因其"素手纤纤推倒独夫朝"；若论及女子解放，则其人又堪作男女平权的表率："亚细亚人也是个人，欧罗巴人也是个人，为什么咱们偌大中华，女权蹂躏，女界沉沦，愈趋愈下？偏是那白皙人种，平权制度一定，便有一班女豪杰出来，为历史上添些光辉。"③如此理解罗兰夫

---

① 金一《自由血》124页。
② 金一《女学生入学歌》其三，《女子世界》1期，1904年1月。
③ 安如《松陵新女儿传奇》，《女子世界》2期，1904年2月。

人,自然和谐圆满,适应面更广。难怪罗兰夫人被树立为享有"国民之母"光荣称号的晚清女性普遍的榜样,在其时几乎所有谈论妇女解放的文本中出现。

第三节 中西合璧的启蒙角色

罗兰夫人在晚清文人圈中的显赫名声,固然依靠众多传记的反复叙说;而若要使其人成为社会各界共同奉仰的楷模,则有赖于各种文学样式"众声喧哗"的渲染,以普及人物事迹,增强感化力。诗歌自是中国文人驾轻就熟的创作手段,前举各诗已见一斑。但如想细说其人,影响大众,却非兼采长于叙事的通俗文艺形式不可。晚清具有启蒙意识的知识者,往往借助编写小说、戏曲与弹词以开通民智,讲说罗兰夫人故事的最佳体裁,因此非此莫属。不过,至今为止,以罗兰夫人为主角的小说尚未发现,可以谈论的于是只有戏曲与弹词。并且,在如此陈旧俚俗的形式中,注入这般先进高雅的意识,两者之间的巨大张力,反而能够生出奇妙的效果。

在梁启超的《罗兰夫人传》①刊出,未及四月,《新民丛报》即接力登载了麦仲华编撰的《血海花传奇》②。此剧虽只得一出,便匆遽收场,却开启了改编传记为通俗文体的先河。

仅有第一出《嚼雪》的传奇《血海花》,主要故事自无从展开。而作者独具只眼,不从头说起,单取罗兰夫人结婚后,与丈夫同居亚绵士为开端,刻意表彰其政治抱负与救国决心。人物上场念诵的一阕《鹧鸪

---

① 中国之新民《(近世第一女杰)罗兰夫人传》,《新民丛报》17—18号,1902年10月。
② 玉瑟斋主人《血海花传奇》,《新民丛报》25号,1903年2月。

天》,便专在"奇情磊落与人殊"上做文章,而落实为:"女儿与有兴亡责,不信须眉始丈夫。""自报家门"的一段说白,也是依据梁启超的传文,套用传统戏曲语汇写成:

> 侬家玛利侬,姓菲立般,法兰西巴黎市人也。系出清门,幼娴姆教;虽非名族,颇诵清芬。自及学龄,早受教育;喜读英雄之传记,心醉政治之共和;虽无咏絮之清才,却抱孤芳而自赏。二十五岁,与罗兰郎君结婚。晨看并蒂之花,夕绾同心之缕;自喜英雄儿女,人夸名士美人。有志澄清,闻鸡声而对舞;分灯夜读,比鸳翼以双栖。结此琴瑟古欢,也算家庭一乐。只恨我法国自路易十四以来,政府专横,国事日坏。专制的君权,已膨胀到极点;平民的自由,直褫剥到尽头。……我玛利侬虽是女儿,亦有国民责任,难道跟着他们醉生梦死,偷息在这黑暗世界不成?

自从梁启超作《新罗马传奇》,"以中国戏演外国事","熔铸西史,捉紫髯碧眼儿,被以优孟衣冠"①,这类中西合璧的戏曲便因别具一格,而赢得启蒙者的青睐。麦仲华与梁氏本为万木草堂的同学,学步更得其神韵。戏中每牵引中国典故,状写异国情调,因而"感时泪向花间溅"的抒怀者并非忧君情切的中国诗圣杜甫,而是充满牺牲精神的西方女杰罗兰夫人:

> 我看今日情形,我国民不流些颈血,断不能把这污浊世界,洗得干净。

---

① 扪虱谈虎客(韩文举)《新罗马传奇·楔子一出》批语,《新民丛报》10号,1902年6月。

有这番铺垫,此本若得以完稿,剧情当以法国大革命时代罗兰夫人在政治舞台上的表演为主线,似无疑问。

传奇只成片段的遗憾,幸而由全本流传的《法国女英雄弹词》①做了弥补。作者俞天愤开宗明义即道出以弹词唤醒中国女界、取法西方女杰的苦心。而在他看来,"各国贞奇烈义的女人,络绎不绝",其中"最有本事,最有名,人人晓得,各国称赞的一个女人",却是罗兰夫人(第一回)。分为十回的弹词于是从"法兰西奇女出世",直说到"鸳鸯同命流血为民",罗兰夫人的一生行事,便借用弹词这一中国传统女性最喜爱的文体敷衍成篇。

对应着罗兰夫人的救国情怀,俞天愤有意将笔名取为"挽澜词人"。其强烈的现实感并未挤落了历史感,相反,罗兰夫人奇情壮采的生平,即便如实道来,已足引人入胜。为此,俞天愤特意声明:

> 但是做书的旧套,一桩事体到手,总要添上几句话头,以为好看个地步。在下做这弹词,却没有一章虚设,处处照着外国史记上编成的,不过辞气之间,略为润色罢了。(第一回)

但排比复勘材料来源,这所谓"外国史记",除了《世界十二女杰》中的《朗兰夫人传》,最主要的仍是梁启超之作。其结构安排也一如《罗兰夫人传》,自第三回"赋敛烦苛狱破波士　共和实践会集同胞"以下,即转入罗兰夫人在法国大革命中的叙述。即是说,其最后四年的政治活

---

① 挽澜词人《法国女英雄弹词》,上海:小说林社,1904年;收入阿英编《晚清文学丛钞》(说唱文学卷)上册202—222页,北京:中华书局,1960年。据徐天啸《俞天愤》云:"其所著单行本小说,最初为小说林出版之《法国女英雄弹词》。"(原载1923年1月31日《小说日报》,录自芮和师等编《鸳鸯蝴蝶派文学资料》上册353页,福州:福建人民出版社,1984年)可知"挽澜词人"为俞天愤之笔名。

动,占全书五分之四的篇幅。在当时流行的中文传记里,只有梁作于此描述周详。《法国女英雄弹词》作者既"一心想把中原救"(第一回),其笔墨集中在时危节见的大革命时代,因而更多依赖梁氏传文,正有不得不然的道理。

不妨举几个例子,示范弹词如何取材于《罗兰夫人传》,而出之以通俗化的语体。传记尝述及:

> 时有一老练之外交家焦摩力者,引其友以见夫人。既退,夫人语人曰:"彼辈诸好男儿,面有爱国之容,口多爱国之语。以吾观之,彼等非不爱国也;虽然,爱国不如其爱身。吾不愿我国中有此等人。"

此言移植为弹词体,便成如下一段妙文:

> 这天有个焦摩力,引个良朋做一淘。玛利侬即便来相见,说话完时向内跑。罗兰便问如何样,玛利侬却一团怒气上眉梢。说"这些男子真无赖,把那爱国真心在口上描。究竟爱身先爱国,我不愿国中生下这脓包"。

此节出自第五回,而回目中的"佩金印宰相红颜"一句,也沿用了传记的说法。1792 年,罗兰出任内务大臣,梁作传文评以:"法国内务大臣之金印,佩之者虽罗兰,然其大权实在此红颜宰相之掌握中矣。"此意在涩江保的《佛国革命战史》中说得更明白:"然则罗兰虽任内务大臣,其实权与名誉,皆在夫人也。"[①]这已是史学界的公论。

[①] 第五编《立法议会》第一章《狄郎的士党内阁》,涩江保著,人演译社社员译《佛国革命战史》121 页。

弹词有关法庭审判、决处死刑的陈述,同样以《罗兰夫人传》为范本:"这天审判完功日,这罗兰夫人玛利侬是,雪白长衣上法庭。碧眼盈盈双蕲水,宛如二十妙龄人。"被梁启超推许为"实法兰西革命史中最悲壮之文也"的罗兰夫人法庭答辩辞,也改写成十字句,读来朗朗上口:

> 我则晓、大人物、迥与人异,去情爱、献身体、待报千春。
> 愿诸公、无迟疑、速行宣告,我这里、无所悔、一死身轻。
> 虽则是、我今朝、身首异处,究竟是、生死事、志士仁人。
> 览吾邦、人血界、惨无天日,余亦愿、快脱离、留恋何因。
> 余所祝、我国民、速行自立,愿苍天、眷下顾、法国人民。
> 　　　　　　　　　　　　　　　　　　　(第九回)

节奏铿锵有力,情感激越动人,这段通俗的韵语自比传记文字容易记诵,而罗兰夫人之为爱国女杰的形象,也深刻地植入读者心中。

出于急切的觉世欲望,晚清大量的启蒙文学读物不免因仓促成篇而多粗疏之病。《法国女英雄弹词》也不例外,在其标榜的"处处照着外国史记上编成"的作品中,却不难发现误读史传、产生讹谬的关目。如西方冗长的人名,对于刚刚打破闭关锁国状态的晚清文人,实属拗口难记。翻译已很勉强,再移入原应通俗易懂的弹词文体,其扞格不适亦在情理中。俞天愤因而也会发生此类错误,其称罗兰夫人婚前有三位"旧日良朋":"一个是、沙赴伊加真密友,一个是、伊兹托氏更缠绵;这阿美阿君尤热爱,比那两人情好更加添。"(第二回)而对勘《朗兰夫人传》原文:罗兰夫人"访其昔日寺院之女友,如沙赴伊、加伊兹托等,……女友中有阿美阿者,夙识朗兰氏,愿为绍介。朗兰氏者,……一日以事偶至巴黎尼寺,加伊兹托遂为之绍介焉"(第五节)。这段文字虽然缠绕,又经过日语转译,发音相距更远,且并列的人名之间原无标点,但仔细读来,文中的意思尚可明白。即如陈寿彭、薛绍徽夫妇所言,罗兰夫人于女教会所得之友实为二人。所谓"加伊兹托",按文义应是认识罗兰的阿美阿,两位朋友的名字也不能点断为"沙赴伊加"与"伊兹托"。另一处人名误会出现在第七回,开头部分提到罗兰夫人为女儿取名"由托拉"。若复按《朗兰夫人传》,文中的说法是,结婚后,传主"遂为朗兰之夫人,又更名为由托拉;产一女,后称为兹耶姆扑诺,其血统也"(同上);则"由托拉"应为罗兰夫人而非其女之名。

这些尚属小节,更有一处谬误与史实有重大出入,也因未细审原文造成。梁启超的《罗兰夫人传》记 1791 年罗兰夫妇的活动,二人在巴黎滞留七个月,又同归里昂:"夫妻归里昂之月杪,解散国会,而别开所谓立法议会者,以七百四十五名之新议员组织而成。"由于文言写作常省略主语,此段文字竟被弹词作者误解为:

> 一到家中无别事,别开议会集同人。取名立法罗兰定,会员七百有余零。

这全国性的议会居然由罗兰夫妇在里昂一隅私自成立,若稍有关于西方政治制度的常识,也不会犯此错误。只因俞天愤误将罗兰夫妻当作"解散国会"诸行为的主动者,又未留心上下文,才导致前后叙述乖张。既然作者认定罗兰夫妇为立法议会的缔造者,后面讲到"那法国国王政府的大权,却渐渐在罗兰夫妇立法议会的手里了",却又说"那会中党派又三分:铮铮山岳多奇士,第二平原也有名;其次狄郎的士派,罗兰夫妇主其盟"(第四回),二人又只不过是立法议会中吉伦特派的领袖。党派的情形系依照《罗兰夫人传》铺排,并无差错,问题只出在前文。

尽管解读有误,上述事例仍属力求有所根据。但文学家的想象力,总会引诱作者超越史料提供的边界,在空白处填入自以为情有必至、理有固然的情节,以使叙述更曲折感人。即如罗兰夫人被捕时的言行,《世界十二女杰》忽略未记,《罗兰夫人传》也只有"以温辞慰谕爱女及婢仆"一语;写到弹词中,俞天愤不由大加发挥,用第七回的一半篇幅,虚构了一出母女对话。母亲说:

> 我娘只为爱国心儿在,到今日啊、跳不出山岳党人一网中。……我娘胆有身来大,至死方休万不容。一任你、刚刀过颈飞风快,我可也、横览河山一笑中。

女儿回答道:

> 母亲为国捐躯日,那受死时光儿愿从。也博得万年标历史,望母亲许我要相容。

揆之常情,母女分离时必有一番交代。作者没有其他闲言语,而编造出这一段慷慨激昂的抒情,以相互激励的方式,愈显出罗兰夫人一心为国、无所畏惧的高尚人格。

这类由作者揣摩其心思、代为立言的写法,稍有不慎,即可能谬以千里。譬如俞天愤以己度人,忽略了吉伦特派政治家的稳健风格,才会让罗兰夫人充满复仇意识,既叮嘱女儿将来"报仇"(第七回),又在法庭上说出如下出人意表的言词:

> 恨则恨、恨当年、胸无主见,不曾将、诸贼党、飞骨扬尘。
> 到今朝、施毒计、欺凌同党,反把我、诬大罪、杀戮君臣。
>
> (第九回)

为贤者复仇应该只是后人的愿望,而如此描写罗兰夫人,不免有违其为国献身、留楷模于后世的本意,损害了人物形象。更严重的差池,则是弹词作者为了强调罗兰夫人的爱国情操,便无中生有地编派出与之对立的山岳党人卖国的情节,称其人与普奥诸国联军勾结,把杀死路易十六世的罪名强加在罗兰身上,"许他捉住来加杀,便合全国人民来效诚"(第六回);罗兰夫人入狱后,他们"一面派人告诉联军,一面派人搜捕罗兰"(第七回)。如此歪曲历史,显然是出于一种简单化的理解:正邪不两立。在这样二元对立的模式中,罗兰夫人既为爱国女杰,其政治对手便只好被派定作卖国奸贼了。

好在当时的读者并不苛求,戏曲、弹词一类俗文学也原本以写意而非工笔见长,因此并不影响《法国女英雄弹词》的流布功效。无论其中有多少差错,此本毕竟以夸赞的笔调,成功地塑造出一位为拯救国家而流血牺牲的女性典范。作为普及读物,它不仅使罗兰夫人的事迹为更多国人所知晓,并足以引发女界先进效法外国前贤的意念,从而真正复活并延续其精神。

第四节 意蕴丰富的形象符号

"救亡图存"既为晚清社会从上到下的共同呼声,于是,罗兰夫人顺理成章获得了普遍的尊敬。尤其因其女性身份,在当时妇女独立意识开始萌发的语境中,对女界更具有号召力。而经过不断地叙说、征引与诠释,"罗兰夫人"已俨然成为一个形象符号,集聚了丰富的意蕴,可以在众多场合作为权威与榜样出现。在激进的民主主义者眼中,关注的是其在法国大革命中风云际会、影响政局的表现,因而称之为"革命党女杰"(如金一);而主张渐进改良的君主立宪论者,则更能体会罗兰夫人从暴力专政下解救祖国的良苦用心,故而突出表扬其爱国热忱

（如梁启超）。对于争取男女平权的女国民来说，罗兰夫人又昭示着女性的自立与解放："天赋之权利,尔当享之；人类之义务,尔当尽之。"①不过,有一点很清楚,在所有赞语中,罗兰夫人"女杰"身份的得以确立,都基于其救国业绩这一关节点。杜清持吟诵效法罗兰夫人与批茶女士的诗句,所要表达的正是"救亡事业无男女,几辈英雄亦我流"②的心事。黄藻呼唤中国少年登场,立为模范的除了"英国的克林威尔,意国的马志尼,日本国的西乡隆盛"等"少年队里铮铮的铁汉",也有"法国的妇人罗兰夫人",推举其事业、名声为"完全家国,绝代人豪"③,二者合一,正可谓之"救国英雄（雌）"。

由于梁启超在最高的意义上,赞誉罗兰夫人为19世纪欧洲大陆一切文明之母,各种对于罗兰夫人的释义,便都具备了合理性。其作为启蒙者的形象,也出入书里书外,既感化读者,也启悟文本中的主人公。这种共谋的方式,无疑强化了其影响力。而小说《黄绣球》正提供了最佳的解读范例。

如同晚清诸多喜欢采用寓言体开篇的小说,1905年开始刊载的《黄绣球》④,也将主人公黄绣球派住在亚洲东半部号称"自由村"的黄

---

① 《香山女学校学约》"明公理"一条云："男女平等,乃世界之公理,不可不知;同具神经,同负肢体;神明之裔,国民之母。天赋之权利,尔当享之；人类之义务,尔当尽之。尔当勉为世界之女杰,尔毋复作人间之奴隶。罗兰夫人,若安少女,有为若是,何多让焉?"（《女子世界》7期,1904年7月）

② 杜清池《赠吴、庄、周三女史》,《女报》(《女学报》)9期,1902年12月。

③ 《少年登场》,黄帝子孙之一个人（黄藻）编《黄帝魂》305页,上海：东大陆图书译印局,1903年。此剧收入《黄》书时,并未署名,据章士钊《疏〈黄帝魂〉》（《辛亥革命回忆录》第一集302页,北京：中华书局,1961年）一文,知为黄藻所作。

④ 颐琐（汤宝荣）《黄绣球》,《新小说》15—24号,1905年4月—1906年1月,未完;全本由上海新小说社1907年刊行;收入阿英编《晚清文学丛钞》（小说一卷）167—389页,北京：中华书局,1960年。

姓人家。"黄"姓代表黄帝子孙,即汉族,是当时通用的说法,小说中亦以之代表黄种人;"自由村"喻指将来独立自治的中国。黄绣球原是个庸庸碌碌的家庭主妇,忽一日,心灵开窍,发愿要从改良自由村做起,"日后地球上各处的地方,都要来学我的锦绣花样,我就把各式花样给与他们,绣成一个全地球",因此废旧名,改称"绣球"(第二回)。后来果真做成轰轰烈烈的事业,不但自由村繁荣富强,争得了主权独立,而且引得外村也来学样。而在人物开蒙的过程中,恰是罗兰夫人扮演了指点迷津的角色。

传统套路"做梦"在这里又派上了用场。"天将降大任于是人也",由凡人骤变为英豪,旧小说之类叙事文学给出的契机往往是仙人指路、传授天书。但仙凡隔绝,最合适的约会场地只好安排在半虚半实的梦境。《水浒传》中宋江得九天玄女梦授天书,才成就了梁山泊英雄事业。黄绣球也因有"梦中授读《英雄传》"(第三回)的奇遇,方能脱凡入圣,成为自由村新国家的实际领袖。而其梦中相会的引路人,正是罗兰夫人。

小说写黄绣球"朦胧间走到不知什么所在,抬头看见一所高大牌坊,牌坊顶上站着一位女子,身上穿的衣服,像戏上扮的杨贵妃,一派古装,却纯是雪雪白的,裙子拖得甚长,脸也不像是本地方人,且又不像是如今世上的人"。罗兰夫人穿着在法庭慷慨陈词时的白色衣裙登场,自我介绍说,"名字叫做玛利侬,姓的是非立般"。黄绣球从未听说过六七个字的名姓,自是不能理会,于是动问:"你奶奶是从何方来的?"此女子只说是"白家的人",便从身边取出几册洋文小书并一本汉字书来,送与黄绣球。那小册子是其生前所作,中文书却是布尔特奇《英雄传》的译本。罗兰夫人向黄绣球讲解《英雄传》的一番说辞,以及十岁喜读此书的自述,都套用了梁启超《罗兰夫人传》的文字。至于梁氏未做说明的夫人自撰的法文书,黄绣球虽是"不觉的十分解悟","一目十

行而下,不多几刻,便把两种书中的大概都记着了",我们仍不知其详。最要紧的是罗兰夫人教导黄绣球的这几句话:

> 历来的人,都把男子比作雄,女子比作雌,说是女子只可雌伏,男子才可雄飞。这句话我却不信,人那能比得禽鸟?男人女人,又都一样的有四肢五官,一样的是穿衣吃饭,一样是国家百姓,何处有个偏枯?

经此一梦,黄绣球顿时"开了思路,得着头绪,真如经过仙佛点化似的,豁然贯通",讲起学问、道理,竟是侃侃而谈,淋漓透彻。难怪其丈夫黄通理心生疑惑:"但是大凡的女豪杰、女志士,总读过书,有点实在学问,游历些文明之地,才能做得到。如今他却像是别有天授的,便这般开通发达,真令人莫测。"

至于为何由罗兰夫人担任启悟者的角色,黄通理到底比黄绣球多读过一些西学书,推详缘由也说得明白:

> 但是这罗兰夫人,生平最爱讲平等、自由的道理,故此游行到我们自由村,恰遇着你一时发的理想,感动他的爱情,遂将他生平的宗旨、学问,在梦中指授了你。(第三回)

此语也有梁启超《罗兰夫人传》做过铺垫,其述罗兰夫人因读《英雄传》,"而心醉希腊、罗马之共和政治,又窃睨大西洋彼岸模仿英国宪法新造之美国,而惊其发达进步之速,于是爱平等、爱自由、爱正义、爱简易之一念,渐如然如沸";又具爱心,传中多次提及"其多情其慈爱",因同赴刑场一男子战栗恐惧,面无人色,遂发怜悯心,要求颠倒先女后男的行刑次序:"请君先就义,勿见余流血之状以苦君。"具此"爱人义侠"①的心肠,对"黄种的微弱女子"自当施以援手。

黄绣球也果然不负所望,在功成名就之后,再做一梦,仿佛又在舞台上见到罗兰夫人。戏台两边的对联也气概非凡:"男豪女杰,上了这座大舞台,都要有声有色;古往今来,演出几场活惨剧,无非可泣可歌。"只是黄绣球早已今非昔比,这位被小说家塑造为中国女界先觉、用来开启民智的主人公,倒要叫当年的启蒙人当一回观众:

> 我黄绣球如今是已经上了舞台,脚色又极其齐备,一定打一出好戏,请罗兰夫人看呢。将来好把罗兰夫人给我的那本《英雄传》上,附上一笔,叫二十世纪的女豪杰黄绣球在某年某日出现了。(第三十回)

表演与观看可用来指涉觉人与被觉,由罗兰夫人发蒙的黄绣球,竟然把夫人从舞台上请到观众席,还要在其心爱的启蒙读物《英雄传》中充当一个角色。如此天翻地覆的变化,自然象征着罗兰夫人启悟者使命的完成与中国女性的独立成熟。那虽然只是晚清小说家美好的想象,但也表现出先觉者脱离附庸地位、超越西方女性的心愿。

第五节 化出罗兰劫后身

黄绣球虽然表演出色,毕竟只是小说虚构的人物,若论及罗兰夫人的现实影响,终觉隔了一层。而经过多人反复的言说,不仅丰富了罗兰

---

① 中国之新民《(近世第一女杰)罗兰夫人传》,《新民丛报》17—18号,1902年10月。

夫人形象的含义,而且将其人其事深印在受众的脑海里,切实激起效法的强烈冲动。这种追摹的欲望,又由于对典范的多重释义而可高成低就,一如黄绣球的"不必处那罗兰夫人的境地,不必学那夫人的激烈",而照样成绩"非同小可"(《黄绣球》第三回)。

有救国心,抱革命志,做女界先导,具慈爱心肠,这些虽也不易办到,究竟平常人亦可努力。但人生只有一死,能够为理想、信念从容赴死,甚至死于如断头台一类残忍的方式而面无惧色,便非尽人可为,而须要超常的勇气。黄通理所说"不必处那罗兰夫人的境地",未必不包含其死法,则黄绣球或许也自觉做不到罗兰夫人的视死如归。勇于流血牺牲,因此成为仿效的最高境界,以其难于达致而更受尊崇。一首咏赞罗兰夫人的诗,也在这一点上做文章:

巴黎狮吼女罗兰,卷地风潮宝袂寒。
我爱英雄尤爱色,红颜要带血光看。①

女子而能为国家抛头颅、洒鲜血,比其呼唤、掀动革命风潮尤为难能可贵。晚清女性虽已有争取平权、忧心国事甚至向往革命者,真正以死相搏的却很少见。因而,追踪罗兰夫人在近代中国的精神传人,秋瑾便以其自我期许与处死手法,成为最合格的人选。

罗兰夫人既是晚清志士众口争说的西方女杰,秋瑾往来南北、东游日本,自然会熟谙其事迹,生心取法,也在意料中。1904年2月即与秋瑾在北京结拜为姊妹的吴芝瑛,应最知其心事。其撰于秋瑾被难后不久的《秋女士传》②已明言:

---

① 么凤《咏史八首》其七,《中国新女界杂志》3期,1907年4月。
② 《时报》,1907年7月21日。原未署名。

> 甚或举俄之苏菲亚、法之罗兰夫人以相儗,女士亦漫应之,自号曰鉴湖女侠云。

此语给人印象深刻,既有小说《六月霜》①将其录入,又得《谁之罪戏曲》捏合三人,假苏菲亚之口,约秋瑾同赴罗兰夫人之邀:

> 昨日罗兰夫人有书到来,他在法国巴黎,开一个平权大会,凡在世界女仙,宗旨相同,概行招请。贵国古今上下,恰只有贤妹一人,嘱愚姐代为劝驾,我们还是前去走一遭。②

安排秋瑾死后,仍能与其敬慕的先贤相会,以了其心愿,作者思虑周密,用心可嘉。而吴芝瑛的记述与戏剧家的想象并非毫无来由,秋瑾身后遗留的弹词《精卫石》,其《序》中恰有可资佐证的作者自白:

> 余日顶香拜祝女子之脱离奴隶之范围,作自由舞台之女杰、女英雄、女豪杰,其速继罗兰、马尼他、苏菲亚、批茶、如安而兴起焉。③

在包括法、意、俄、美诸国的女杰系列中,罗兰夫人引人注目地排在首位。综合各种渠道信息而列出的秋瑾心目中堪为典范的人物,自当经过精心挑选。当年没有机会看到此作的吴芝瑛等人,偏能分毫不差地

---

① 静观子《六月霜》,上海:改良小说社,1911年。
② 悲秋《谁之罪戏曲》,《江西》2、3号合刊本,1908年12月。
③ 汉侠女儿《〈精卫石〉序》,《秋瑾史迹》157页,上海:中华书局上海编辑所,1958年。

摹写其心思，必有所依据。

吴芝瑛尚可直接听到秋瑾的表白，然而，无论相识与不识者，在秋瑾遇难后，竟异口同声以罗兰夫人比拟秋瑾，最关键的出典还应在秋瑾被杀的惨烈方式。按照本地人的说法：清代绍兴有两个刑场，水澄巷小教场专处决女犯，用绞刑；轩亭口则是杀江洋大盗的所在，执行的是斩刑。女子犯罪而在处死男犯的法场被杀头，秋瑾之死可谓史无前例①。而在清廷宣布开始预备立宪不久，就以这样残酷的方法杀死一位新学界知名的女性，报刊言论反应之强烈自为前此所无。在一片悲愤、谴责、抗议的呼声中，以合法手段抗争的舆论界也聚焦于秋瑾的惨死，痛骂官吏的残忍，使秋瑾作为一名无辜冤死的女子形象，迅速博得社会各界的巨大同情：

君之死，天下冤之，莫不切齿痛心于官吏之残暴也。

呜呼！女士何罪而遭此奇冤奇惨之狱耶？彼苍者天，又何故施与女士如是暴虐酷毒耶？

中国党祸多矣，官场拘捕似是而非之革命党亦多矣，然未有惨酷悖谬，假公报私，如近日绍兴冤狱之甚者也。②

这类随处可见的激愤言词，表明对秋瑾施以惨刑，是舆论最不能容忍的

---

① 见王鹤照述、周芾棠记《"秋小姐"》，《秋瑾史料》，长沙：湖南人民出版社，1981年。
② 吴芝瑛《祭秋女士瑾文》，《申报》，1907年8月11日；寄尘（徐自华）《祭秋女士文》（并序），《神州女报》1卷1号，1907年12月；陈《论绍兴冤狱》，《申报》，1907年7月23日。

一端。于是,从诗文中屡加指斥的"女郎也上断头台,时事如斯大可哀"①一转手,单凭与罗兰夫人死法相似,为秋瑾抱不平者即可由此及彼,将二人勾连:

> 断头台,猛忆罗兰前史。②

而无论是痛惜流血还是讨伐元凶,"惨流一点腥红血,化出罗兰劫后身","一刀梅特(按:即梅特涅)为戎首,千古罗兰此替身"③,诗人们都不约而同地把秋瑾比作罗兰夫人的后世化身。两部创作于秋瑾遇难当年、演绎其事迹的传奇,更利用叙事文学的特长,将此意想坐实到具体情节:《六月霜传奇》直呼秋瑾为"东亚罗兰,支那玛丽"(《前提》),《轩亭冤传奇》则于开场戏编纂出秋瑾爱赏以罗兰夫人命名的玛利侬自由花(第一出《赏花》),又在第七出《喋血》安排秋瑾被杀前叹息"枉有那罗兰奇气"④,从他人的比拟直转为秋瑾的自许,罗兰夫人与秋瑾已完全合为一体。

以此前对于罗兰夫人的介绍而言,大多记其死事为冤杀。译本《法国革命战史》还大发感慨:"噫! 以无罪之身,受杀头之苦,白刃红颜,黄尘玉骨,可胜慨哉!"⑤《罗兰夫人传》则尚欲在悲剧的场面中揭示

---

① 楚北一鹤《痛秋女士》其二,毕志杜编《徐锡麟》223 页,上海:新小说社,1907 年。
② 《哭秋瑾词》(调寄满江红),《徐锡麟》230 页。
③ 阙名《挽秋女士四绝用"秋雨秋风愁煞人"句作辘轳体》其一、南徐遁园《挽秋女士七律二首》其一,分见《神州女报》1 卷 1 号、《徐锡麟》226 页。
④ 古越嬴宗季女《六月霜传奇》,上海:改良小说会社,1907 年;萧山湘灵子(韩茂棠)《轩亭冤传奇》,《国魂报》,1908 年。二书均引自阿英编《晚清文学丛钞》(传奇杂剧卷)上册 150、110—111、136 页,北京:中华书局,1962 年。
⑤ 第五编《立法议会》第一章《芝仑多党内阁》,涩江保著,中国国民丛书社译《法国革命战史》58 页,上海:商务印书馆,1903 年。

第七章 接受过程中的演绎 255

秋瑾遗容及就义图(1929年版《秋瑾女侠遗集》)

英杰本色,故用"如电之刀一挥,断送四十一年壮快义烈之生涯"①,描状罗兰夫人之死,但前文既称法庭审判时,"法官以种种之伪证,欲诬陷夫人",是已明指其定罪为冤案。《轩亭冤传奇》据此发挥,剧中人才有如下评述:

> 我想玛利侬一纤弱女子,做此惊天动地之事,名震全球,芳流后世,那是不容易的。后来政府逮捕下狱,法官以种种伪证诬陷夫人,而夫人含冤不白,卒至断头台上断送四十一年壮快义烈之生涯。(第一出《赏花》)②

除年龄需加修正,作者在此实为一语双关,借评说罗兰夫人而带出其意中的秋瑾行状。

秋瑾虽也为一纤弱女子③,然熟人述其性格,无不冠以"慷慨""豪纵"。其一腔激情亦集注于救国心事,每假诗文尽情吐露之。诸如"存亡家国总关情""我欲只手援祖国""救时无计愧偷生""此身拼为同胞死"④一类诗句,在秋瑾后期诗中触目皆是,爱国感情之激切,牺牲决心之坚定,在女性诗歌中一时无两。报章评介其人,亦许为"痛心国难,每于新报新书中,见外侮浸迫则横涕不可仰,大有'四十万人齐解甲,

---

① 中国之新民《(近世第一女杰)罗兰夫人传》,《新民丛报》18号,1902年10月。罗兰夫人生于1754年,死于1793年,实龄39岁。梁启超按中国旧式算法,所说"四十一年"为虚岁。

② 《晚清文学丛钞》(传奇杂剧卷)上册111页。

③ 秋瑾对吴芝瑛言:"吾以弱女子,只身走万里求学"(吴芝瑛《纪秋女士遗事》,《新闻报》,1907年7月24日)。

④ 《柬某君诗》其二、《宝刀歌》《感愤》《赠徐小淑》其二,分见《徐锡麟》183页、《秋瑾集》82页(上海:上海古籍出版社,1979年)、《中国女报》2年1号(1907年3月)、《小说林》5期(1907年8月)。

并无一个是男儿'之感"①。为极表其情,自撰诗词中,"热血"与"头颅"这两个触目惊心的意象于是络绎不绝:"拼将十万头颅血,须把乾坤力挽回","赤铁主义当今日,百万头颅等一毛"。② 而在众多流血者中,秋瑾自是当仁不让,殉国前五日寄给女弟子徐小淑的绝命词,实为其献身精神的集中写照:

> 虽死犹生,牺牲尽我责任;即此永别,风潮取彼头颅。③

有此言行,已足可比美爱国女杰罗兰夫人。挚友徐自华的概括因而十分得体:

> 其爱国爱同胞之热忱,溢于言表。虽俄之苏菲亚,法之玛利侬,有过之无不及。④

以政治革命而论,秋瑾重复参加"同盟会""光复会"等激进组织,期望用激烈手段推翻专制政体,歌颂刺杀秦王的荆轲"殿前一击虽不中,已夺专制魔王魄"⑤,意在象征自己的革命志向,也合乎金一、柳亚子推罗兰夫人为"革命党女杰"的别样解读。若数及女权革命,秋瑾更

---

① 《秋瑾之演说》编者按,《申报》,1907 年 7 月 22 日。
② 《题江山万里图应日人之索》,《小说林》5 期,1907 年 8 月;《宝刀歌》,《秋瑾集》82 页。
③ 《致徐小淑绝命词》(原题《秋侠遗诗》,列入"补遗"),王灿芝编《秋瑾女侠遗集》,上海:中华书局,1929 年。
④ 徐寄尘《秋女士历史》,《小说林》6 期,1907 年 11 月。
⑤ 《宝刀歌》。

是急先锋。尝作歌曲《勉女权》①,激励女子争取独立与自由:

> 我辈爱自由,勉励自由一杯酒。男女平权天赋就,岂甘居牛后?……

其《敬告中国二万万女同胞》《中国女报发刊辞》《敬告姊妹们》、弹词《精卫石》,一再向身处沉沉黑狱中的女同胞披肝沥胆,大声呼号:

> 速振!速振!!女界其速振!!!

期望中国妇女借"蓦地驰来"之"欧风美雨返精魂",在罗兰夫人、加里波的夫人马尼他、苏菲亚等西方女杰的招引下,"脱范围奋然自拔,都成女杰雌英"②。

即使小而言之,其时流行的传记,对罗兰夫人的"学识雄辩"③均有记载,梁启超的《罗兰夫人传》更多处引用其精彩动人的演说辞,令人记忆尤深。秋瑾也具此风采,"雄辩高谈,听之忘倦,登坛演说,舌灿莲花"④。生前发表的少数文章,演说体竟占了一多半,足见其热心此道。难怪《轩亭冤传奇》要专设《演说》一出(第二出),让秋瑾现场说法。作者意犹未尽,又写诗赞曰:

> 登坛演说涕沾胸,仿佛欧洲玛利侬。

---

① 《中国女报》2年1号,1907年3月。
② 《〈精卫石〉序》《改造汉宫春》,《精卫石》,《秋瑾史迹》157—158页。
③ 《法国革命战史》第五编第一章,同书58页。
④ 徐寄尘《秋女士历史》,《小说林》6期。

题诗与戏中秋瑾的演词"要学那女豪杰罗兰本领"(第五出《创会》)①内外呼应,使秋瑾与罗兰夫人紧密绾合在一起,从细节处表现二人亦多类似。

自然,生死关头是最大的考验。秋瑾同样不负众望,行事举措一如罗兰夫人。梁启超的《罗兰夫人传》还只以客观的语调,记"罗兰闻变脱逃,而夫人遂被逮",末后又述及:"夫人殉国后数日,由巴黎至卢安之大道旁,有以剑贯胸而死者,则罗兰其人也。"罗兰留给读者的印象仍然美好。其他日人的传记便没有这般厚道,无不斥责其人之胆怯。轻言者谓之:"及狄郎的士党败,将逃去。夫人不屑,止之不得。乃独自去巴黎,处尔安。寻闻夫人处死刑,遂自杀。"②态度严厉者则径语以"朗兰遂逃,夫人斥其卑怯"。《世界十二女杰》的作者犹以为不足,专门在序言中张大罗兰夫人的伟岸,相形之下,愈显其夫之卑小:

> 朗兰夫人者,诚一世之女杰也。其夫遁匿之时,热情壮志,大斥其卑怯,从容就缚,毫无惧容。囹圄之中,其自叙生平,自题为《悯然狱中之狂人》。预想断头台上之情景,奇思异论,溢于纸笔之间,刚情毅胆,划除世间庸俗之女性。狂陞之中,虽时痛哭,而其心思所在,必非畏死。所谓坚忍不拔之精神,惨憺苦心之结构,天下后世,谁能测其底里也!③

---

① 萧山湘灵子《丁未九月九日〈轩亭冤传奇〉告成,因题七绝八首于后》其二、第五出《创会》,《轩亭冤传奇》;录自《晚清文学丛钞》(传奇杂剧卷)上册142、124页。
② 第五编《立法议会》第一章《狄郎的士党内阁》,涩江保著、人演译社社员译《佛国革命战史》125—126页。
③ 《朗兰夫人传》第七节《夫人囚》、《〈世界十二女杰〉序》,岩崎徂堂、三上寄凤著,赵必振译《世界十二女杰》49页、序1—2页,上海:广智书局,1903年。

不但痛斥罗兰,从容被缚,一些传记更多出如下情节:

> 此时友人窃劝夫人逃走,夫人恐此等举动,为天下后世笑,决意不去,后遂罹祸。①

是罗兰夫人本有脱逃的机会,而其顾及身后名声,因而毅然就死。

反观秋瑾,其不肯避走的情形完全相同。因浙江武义、金华等地的起义先期失败,在安庆的徐锡麟提前行动,刺杀安徽巡抚恩铭后就义,作为浙江方面起义负责人的秋瑾身份已暴露。从7月9日得知徐锡麟死难,到7月13日秋瑾本人被捕,其间秋瑾有足够的时间可以逃走。而就其写给徐小淑的绝命词看,秋瑾已做出不成功便成仁的决定。或许出于当时的叙述者为其隐瞒革命动机的不得已,也或许是秋瑾对官府的凶残估计不足,更大的可能性则是秋瑾决心已定,却不愿同志为其担忧,因而现有最后接触秋瑾的人所留下的文字材料,均未明确言及其对牺牲有所考虑。

大通学堂一教员当年在《秋女士被害始末》中,曾详述7月13日秋瑾被捕前事:午前八时左右,大通学堂音乐教员某先生来报告,绍兴知府贵福从杭州调兵两队,已于今晨到绍,当至徐锡麟家搜捕,并即来搜查本校。十一时许,学堂厨役自外归来,告知秋瑾:"刻在茶肆闻说,贵府今欲捕汝,请速避去。"秋瑾答曰:

> 与我何干,真正胡说!况此校虽为徐锡麟所发起,不过旧职员之一分子,而学堂教员何得株连?我一清白女子,无纤毫之过犯,

---

① 《法国革命战史》第五编第一章,同书58页。

何必走避以启情虚回避之口实耶!

该教员正在旁边,因劝说:"君言诚是;然彼等酷吏,玩法邀功,在所不免。若不避去,恐将有所不利焉。"秋瑾以"天下宁无公理耶"一语反驳,其人答以:"对野蛮之官吏而欲与之讲公理,程度未到,未免太过。"秋瑾却坚持道:

虽野蛮,野蛮不至此。予无罪,何必走!君若恐怖,避之可也。

该教员因"见其志决,即置勿论"。午饭后,又有人来,"告以兵来搜枪,且有捕人之意",道路传言相同,建议"职员与学生,均早避为佳"。秋瑾仍不应,谓之:

此间之枪,系前熊太守批准照办,且亦为贵守所见惯,何待搜查?如彼过虑,听彼索还可也,何捕人之有!

时已至午后两点。不久,秋瑾弹琴,其人外出。归途即闻秋被逮。① 脱身更晚的革命同志王金发,也是起义的领导者之一,此时恰自嵊县来绍兴,与秋瑾商量军机。据友人谢震为其所撰行述:

绍兴郡守贵福,以浙省兵来围捕大通,又分一支袭嵊公局,盖恐金发或在此也。时金发适在校,欲谋抵敌,秋侠以已系女人,毫无证据,即被捕亦无妨,而催金发速行,与竺(引者按:指竺绍康,

---

① 佛奴《秋女士被害始末》,《神州女报》1卷1号,1907年12月;录自郭延礼编《秋瑾研究资料》73—74页,济南:山东教育出版社,1987年。

> 亦为起义领导)等为后图,金发不从,促之再四,声色俱厉,金发不得已,逾墙远遁。①

无论秋瑾所述理由本人相信与否,其拒绝出逃已是肯定无疑。我们自然无法猜测秋瑾此时是否有意取法罗兰夫人,但平日既熟知其事迹,人物形象早已深印脑际,又尝要人学法,一旦处于相同情境,不必自觉,行事即可与罗兰夫人一般无二。而参读罗兰夫人传记中的有关记述,秋瑾遇难前的心迹亦可得发明。

秋瑾与罗兰夫人一样,均被斩刑处死,虽属偶合,但其志节的承传多有相同点,终究令人难忘。在她被杀三月后完成的《轩亭冤传奇》,作者韩茂棠特意于剧名前冠以"中华第一女杰"之称,心目中自是以梁启超的《罗兰夫人传》题目标举"近世第一女杰"为样板。卷首《叙事》简述秋瑾生平,并自陈编剧缘由,不但点破秋瑾"尝以法国女豪玛利侬自比"的大关节,而且在开端处模仿梁氏"罗兰夫人何人也"那段著名的笔法与语意,径直曰:

> 秋瑾何为而生哉?彼生于自由也。秋瑾何为而死哉?彼死于自由也。自由为彼而生,彼为自由而死。秋瑾乎,秋瑾乎,中国规复女权第一女豪杰!②

虽然有浅之乎说秋瑾的不足,因其牺牲的意义并非全在争取女权,但推

---

① 谢震《王君季高行述》,1916 年刊本;录自《辛亥革命浙江史料选辑》469 页,杭州:浙江人民出版社,1981 年。
② 萧山湘灵子《叙事》,《(中华第一女杰)轩亭冤传奇》;录自《晚清文学丛钞》(传奇杂剧卷)上册 108 页。

重秋瑾为近世中国"第一女杰"的意思却甚好。更有人能于悼念"英雌",赞颂其"献身甘作苏菲亚,爱国群推玛利侬"之际,准确体贴先驱者心事,大胆预言秋瑾舍生取义的价值:

> 深山有虎称专制,天国无花不自由。
> 千百罗兰相继起,利刀能断几人头。①

得同志如此知心,秋瑾可瞑目而死、无所遗憾了。

而罗兰夫人能有秋瑾这样一位异国后学,将其精神发挥到极致,也可称荣耀已极,幸运之至。

以上对罗兰夫人接受史的考察,意在展示晚清社会思想的丰富内涵。不过,随着民国建立,时过境迁,罗兰夫人在晚清所具有的特殊魅力也渐渐消失,从而真正沉入历史,退出中国的现实舞台。

---

① 李铎《哭秋女士》其三、其六,《时报》,1907 年 8 月 19 日。

下篇　女性之死

第八章　晚清女学中的满汉矛盾
——惠兴自杀事件解读

1905年岁暮,中国相继有男、女两位志士在国内外自杀,事件震动全国,余波经久不息。先是陈天华为抗议日本文部省发布《清国留学生取缔规则》,以唤醒国人的救亡意识,12月8日愤而在东京蹈海;随后惠兴因办女学款绌,12月21日于杭州家中服毒,遗书当道请拨常年经费。表面看来,二人均系为教育问题殉身,实则与陈天华争国权背后的民族革命意识同出一源,惠兴的存女学也大有深意。

第一节　解不开的死结

自1644年清兵入关,建立全国性政权,满汉矛盾便成为纠缠清朝三百年历史的解不开的死结。以边地的少数民族统治中原占人口绝大多数的汉族,本就易遭遇儒家久已深入人心的"华夷之辨"思想的顽强抵抗;加之,满清权贵吸取了元朝灭亡的教训,从强迫汉人改变服制剃发留辫开始,刻意维护满人的民族特征与特权地位,更加深了民族对立情绪。迨至20世纪初,民族主义思潮自外而内,流衍全国,民族意识更与国家思想合为一体,成为革命派鼓动救亡的强力手段。同盟会"驱除鞑虏,恢复中华,建立民国,平均地权"的纲领,正是以民族革命推进政治革命的集中表述。

处此情势下,为维持统治权不致失落,满清王朝一方面不得不顺应潮流,谨慎地逐步开放体制改革的门户,给汉人官僚以更多的位置,努力消泯民族敌对情绪;另一方面,这种让步也更加深了满人自身的民族危机感。于是,从当时的报刊上,我们便可以读到立场迥异的言说。

1904年在《警钟日报》发表的《论中国民族主义》,可作为革命派"排满"主张的经典文献来阅读。此文开篇即断言:"今之世一民族竞争之天下也。"根据"舍民族则无国家"的道理,作者认为,处于今日"国族相结相排之时代","排满革命"必不可免:

> 民族国家者,以同一之种族,同一之言语,同一之习惯,同一之宗教,造成同一之性质,同一之理想,而集合其能力,以组织政体,而统治人民,以为生存之要具者也。是故以同族而排异族,以同国而排异国。排于外者不剧,则结于内者不牢;结于内者不牢,则排于外者不胜。

革命派之倡导民族主义,本是以"排满"为救国的"起死回生之绝妙药",最终目的仍在抵抗西方"新帝国主义"的殖民侵略。所谓"故今日而欲救中国,舍扩张吾民族主义,其道莫由"[1],也即是期望由民族的竞争达致国家的争胜。因此,孙中山领导的同盟会才会以"排满"(驱除鞑虏)作为政治革命与建立新民族国家的起点。

而在朝廷一方,所做出的最大让步当属允许满汉通婚,打破了为保持血统纯粹固守已二百余年的厉禁。1902年2月1日的"上谕"[2]无可奈何地宣布:

---

[1] 共和复汉生(疑为刘师培)《论中国民族主义》,《警钟日报》,1904年12月8、10日。
[2] 《京报》,1902年2月1日。

> 我朝深仁厚泽,沦浃寰区,满汉臣民,朝廷从无歧视。惟旧例不通婚姻,原因入关之初,风俗、语言或多未喻,是以著为禁令。今则风同道一,已历二百余年,自应俯顺人情,开除此禁。所有满汉官民人等,着准其彼此结婚,毋庸拘泥。

不过,这一"宽宏大量"的谕旨实不足以收买久失的人心。连主张"保皇"的梁启超也毫不领情,径称之为"一纸空文",因"满汉之沟绝数百年矣,其俗不相习,其性不相同",骤结婚姻实不可能。他于是直言相告:"政府若真欲除汉满之界也,则当自大本大原之地行之,以实利实益示之。"①

对于尚未与清廷离心离德的汉族官员来说,"实利实益"显然更实在,因而"满汉界限仍分晰太清"的抱怨也不断出现。具体而言:

> 民部奏补之内外厅丞,内城满籍,外城汉籍;所有以下之员,内城亦满人占居多数,外城亦汉人占多数。而礼部奏补之丞参,亦系两满两汉。其余外部、农工商部、民政部等侍郎之缺,亦皆一满一汉。②

也即是说,凡属重要位置,仍多用满员,由此表现出对汉人根深蒂固的不信任。而且,即使在满汉等额的情况下,按人口比例,汉人仍然吃亏。这还是1906年官制改革后的格局,如此结果,自然不能令汉族官绅满意。

发表上述消息的《盛京时报》,在此使用了一个颇为醒目的标

---

① 《似此遂足以破种界乎》,《新民丛报》2号,1902年2月22日。
② 《不融满汉何以策中国》,《盛京时报》,1907年3月7日。

题——《不融满汉何以策中国》。该报因由日人所办,与中国的民族矛盾无利害纠葛,且主持日常报务的中国文人多为开通之士,故持论力主调和满汉,甚至以为"平满汉之界"可以阻止革命的发生①。而"民族调和论"在晚清报界实占据主导地位,排除政治派别鲜明的报章不计,以《申报》《大公报》等中性报刊为代表的"公共空间",应该说是体现(或曰引导)形成了这样一种社会舆论与主流意识。《大公报》主人英华(敛之)虽为满人,但信奉天主教,而存一视同仁之心,且崇信变法改良,思想开明,因此也以融合满汉畛域为救国良策。

从1906年发表在《大公报》的《论建设学堂宜除满汉之名目》②,可以窥见英敛之的态度。此件虽为"来稿",却刊登在相当于社论的"言论"栏,起码表明其得到了报社主持者的赞同。文章主旨在于,"乘此建立学堂、推广教育之时际,大可利用其调和满汉之方针,而隐化其二百余年互相排抵攻击之旧习于文明进化之中,合满汉为一家人",以此反对"办理学堂者仍狃于满汉之成见"。其批评的对象也并非平分秋色,而是专注于满人一方。对"八旗高等学堂""八旗蒙小学堂"以至"八旗学务处"等名目,作者均大不以为然,甚至尖锐地指出:

> 如京师大学堂,如译学馆,如五城、实业各学堂,莫不有满人厕身其间,而八旗学堂则无汉人之足影。满人可以入汉人学校,而汉人不能入满人学校,则犹是满员可补汉缺、汉员不能补满缺之旧例也。

在论者看来,教育一体而仍区隔满汉,只徒然加深民族仇恨,使"人人

---

① 参看《盛京时报》1907年7月19日的"论说"《论平满汉之界以遏乱萌》。
② 《大公报》,1906年3月7日。

齿颊间有旗汉之异词，人人心目中有旗汉之异见"。其深忧大患正在，"以同为一国之人，而先自分支别派，不能融合而同流，遂令排满革命种种狂悖之谣传莫杀其势而息其波"。比起《盛京时报》的《论平满汉之界以遏乱萌》出言于徐锡麟刺杀安徽巡抚恩铭之后，此说可算得有先见之明。

不过，如英敛之一般主张的满族知识者毕竟为数不多，留学日本的满洲贵族少壮派且由于直接感受到革命派无所顾忌的激烈排拒，而生发出更为强烈的敌意。辛亥革命后组建"宗社党"的良弼，1904年留学日本时，即"以满汉界限，故与汉人留学者大相水火，即汉学生亦莫不反对之"，于是上书执政者，"请将汉人中有志之士尽中以法，为一网打尽之计"，并"请政府限制汉人入仕，阶级毋得过三品以上"。① 显而易见，此举不仅无助于满洲政权的自救，反会加速汉族官僚集团的离心，因此在满清上层虽可获同情，却未取得支持。

良弼以强硬姿态表现出的满人忧患意识并非特例，而在满族基层社会中实有根底。1906年12月13日，年仅十八岁的满洲正白旗普通旗人曾某，便以在辽阳家中自刎的极端方式，表达了其对满族前途的悲观绝望。遗言开篇便道明死因：

> 吾今之死非为他故，痛吾满族之将亡，欲救而无其力，兼境域、学问说，他年终不免为亡国之奴隶。吾寔耻之，不得不死。

遗书痛心疾首于满族的"祸悬眉睫"而不自知，追根溯源，直指汉人维新派的政治宣传为倾覆之祸胎：

---

① 《北京函述》，《警钟日报》，1904年5月30日。

汗族自康、梁跳梁,海外编书著报唤醒国魂以来,亦渐渐如日出海,如剑出匣,蓬蓬勃勃,有风云气矣,革命排满之风潮日高。而我满族醉生梦死于荆天棘地之中,雷霆击其顶,刀锯临其身,鬼蜮瞰其旁,虎狼踞其侧,而无所谓恐惧,无所事补救,惟抱其南非洲黑奴之人格,而待后日为他族之奴隶。

由此危言预断,"三十年后吾种族得为奴隶,百年后吾种族将至灭绝"。而曾氏所谓"亡国""他族之奴隶",所虑者乃在近不在远,用《盛京时报》编者的话说,即是"但忧满族而外视汉族"。于是,面对今日满族"酣居长梦,尸居余气,庸腐陋劣,顽固虚憍"的衰败情状,曾氏忍不住追忆起往昔祖先"龙飞虎挚,撑天立地,抚中原,平三藩"等种种丰功伟绩,以激励同族"共奋爱国爱种心"。

曾某之以"国家"与"种族"合一,恰与维新派、革命派的严别"朝廷"和"国家"针锋相对,全然出于卫护满族统治利益的考虑。但其人并非颟顸无知的顽固守旧者,从遗言中为满族设计的自救方案,即可见出曾氏实为维新改良之同道:

总而言之,我种族必当一刀两断,推翻数百年种种之劣根性,而吸纳新精神、新道德,重铸国体,使吾七千万人民皆有自立为国之人格,然后可以独立为国,亦可与汗族共立为国。若此大问题,除求新学而外,吾恐无特别妙法以筹之矣。

而其文风、用词,也明显打上了传播新学的梁启超"新文体"的印记。即使自述其有志难酬、以死明志的一段文字——"吾不得为俾士麦,吾不得为西乡隆盛,吾不得为梭伦,吾不得为噶苏士,甚至福泽谕吉、玛志尼、福禄特耳,吾亦不得为之。嗟嗟!心则如此,遇又如彼,乌得不死?"①——所列举之东西伟人,也无不常见于梁启超文中。

此一事例最好不过地揭示出,晚清深受民族主义思潮感染的不只是汉族革命家,也包括满族知识者,双方都以势不两立的姿态对待满汉矛盾。因而,温和派"民族调和"的声音虽更具优势,却无关大局。在实际的政治运作中,满汉之争既与国家权力的更迭不可分割,期望独揽大权的满族利益集团与已开始觉醒的汉民族之间的冲突于是无可避免。在双方的对峙、相争中,曾氏其实对满族的自新并不抱希望,他的选择自杀并焚毁精心撰写的《满族兴亡见微论》等著作,表明他对这一民族斗争的结局,即满族统治全国权力的丧失已了然于胸。终清之世,满汉矛盾到底难以弥合。

第二节 "旗女亦为彼族兴学乎"

假如在上述背景下阅读有关惠兴办学的资料,便可以有新发现。

惠兴1905年12月21日自杀后,《申报》于12月30日即刊出题为《惠兴女士为女学牺牲》的消息,详述其死情:

惠兴像

> 杭州惠兴女士为故协领崑璞之女,附生吉山之妻,十

---

① 《慷慨自尽》,《盛京时报》,1906年12月28日。其中明显误植之字已径改。以下凡此类情况不再注出。

九岁夫亡守节。因读南皮(引者按:即张之洞)《劝学篇》,大有感奋,遂以提倡女学自任。光绪三十年六月二十六日,延当地之有声望者多人,商论创办学校之事。是日,氏忽当众前袒一臂,用刀割肉一片,誓曰:"今日为杭州旗城女学校成立之日,我以此血为记念。如此校关闭,我必以身殉之。"遂于九月十六日开校。校中经费,虽杭州都统德捐洋四十元,又拨公款八十元,留东八旗同乡会会员捐洋百元,端午帅随员喜捐洋五十元,八旗众官捐洋十元八元,以及零星捐款,统计约得三百余元,卒以无长年的款,支持甚难。今秋复以款绌,致课期时有间断。氏以此校无起色,由于无长年的款,而请款颇费踌躇,郁郁者非一日。继期请款之必得,遂密缮函八封,藏于桌内,复缮禀一扣,开办女学四柱帐单一纸,预先服毒,欲乘舆赴两堂递禀。家中人见其神色有异,继而查得茶碗中有烟迹,遂大哗,唤同戚友竭力救治,已不及矣。氏临气绝时,开目尽力言曰:"此禀递上,有长年经费矣。"遂死。年三十五岁,时为光绪三十一年十一月二十五日。

这篇文字最感动世人之处,全在女士办学的不屈不挠,直至奉献生命。《申报》之以"为女学牺牲"、《东方杂志》之以"殉学记"表彰其事,着眼点均在惠兴创办女子教育的热忱血诚。后者更以记者评说明示此意:"吾国今日非兴学无以救亡,此其理人知之而能言之,顾求其热心兴学者,则凤毛麟角也。女士以巾帼弱质,矢志兴学,惨淡经营,卒底于成,其毅力已足多矣。及夫经费告尽,女学垂危,而乃以身殉之,冀动人怜,则其义侠之气为不可及已。"①于是,将其作为晚清民间女校办学艰难

---

① 《惠馨女士殉学记》,《东方杂志》3 年 5 期,1906 年 6 月。

之例证来引述，或推崇其人为女子教育的志士、先驱，均属题中应有之义。

不过，如此谈论惠兴自杀的意义仍不完全。被上海报界有意无意忽略的惠兴的身世，其实与惠氏以决绝的"不成功便成仁"的态度办学大有干系。《东方杂志》虽正确地报道了惠兴所办学校的名称——贞文女学校，却将其出身满人的社会关系剔除得干干净净，言其家世，也只有"早孀居"一句，反不及《申报》径书为"杭州旗城女学校"更得精髓。

各报语焉不详的惠兴姓氏，直到诸官请求朝廷旌表的奏折文稿发表，方才大白于天下。时任内阁中书的同氏族满人金梁，拟请代奏的折稿已记述为，"杭州驻防烈妇惠兴、瓜尔佳氏者，已故文生吉山之妻，八旗学生金贤之母也"①；杭州将军瑞兴、浙江巡抚张曾敭等联衔上奏的公文，更细陈其为杭州驻防"镶蓝旗满洲已故附生吉山之妻瓜尔佳氏"，至于"惠兴"之名，乃"该氏生前自号"②，故正式行文中仍专称其姓。如此，其办女学出资捐助者尽为八旗中人，也就毫不足怪了。

而令人感觉奇怪的倒是，该校的诞生似乎默默无闻，并未引起新闻界的关注。连专门设立"各省教育汇志"栏目、热心报道各地女学消息的《东方杂志》，也竟然遗漏了近在邻省的贞文女学校的动态。倒是将"本报十大特色"之第一条标榜为"为民族主义之倡导者"③的《警钟日报》，戏剧性地留下了些许蛛丝马迹。

《警钟日报》因大力鼓吹"排满革命"，以之为第一义，故虽热心提

---

① 《内阁中书金梁拟请代奏为惠兴女士请旌折稿》，《大公报》，1906年7月19日。
② 《杭州将军瑞、浙江巡抚张、杭都统德为惠兴女士奏请旌表折》(光绪三十二年三月)，《惠兴女学报》1期，1908年5月；参见《奏请旌表惠兴女士》，《大公报》，1906年7月13日。
③ 《本报十大特色》，《警钟日报》广告，1904年11月14日起登载。

倡女子教育,终究将其从属于"民族大义"。即如1904年,已故布政使衔、贵州候补道罗应旒之妻皮氏专程从四川来京,两次向学务处递禀,呈请代奏振兴女学及请派游学折稿,"学务大臣以此事有碍风化,未敢据情代奏,悉行批驳不准"①。《警钟日报》尽管全文登载了两篇奏稿,却又以传说其人出身满族,而在文前的"本社案"中,特意为读者准备了一副"民族主义"的有色眼镜:

> 东胡贱种,寥寥五百万人,蟠踞上国,践其土而食其毛,固已呿吁饱死,无男女而皆不知何者谓学也。乃豁然光明,发见高冈一凤。如此折稿,使我汉人读之,当若何惊心动魄者。急登之,以为二万万女同胞劝。②

持此立场,其报道满人兴办女学堂,自然亦纳入民族主义的叙述框架中。

该报1904年秋冬间,有两则短讯值得注意。10月22日的《女学激成》所述相当简单:

> 有旗营某某之女,前在杭州女学堂报名。校中见系旗人,命其约集女子筹款自办。其屋宇器具闻已备齐,定于本月内开课。惟教员及常年经费无从着落,将来恐成画饼。

---

① 《命妇请兴女学》,《顺天时报》,1904年12月17日。
② 《满妇奏兴女学折稿》,《警钟日报》,1904年12月1日。而据《女子世界》第2年第3期(1905年)《正误》,知皮氏乃湖北武昌府嘉鱼县人,"所云满妇,实系传闻之误"。

半个月后,11月8日,《警钟日报》"学界纪闻"栏又有《旗女亦为彼族兴学乎》一条,事实与前述无大出入,而更加详细:

> 旗籍某女士前赴东平巷女学报名,该堂全体以非我族类,屏之不纳。该女归而发愤,极力运动同旗,筹得千金之款,现已赁屋某处,即日开办。章程规则亦颇有次序。并闻有某旗员之夫人允助常年经费,俾不至半途辍学云。

通讯虽未揭示旗女及所办学校之名,但依据前引《申报》文字,惠兴创立的学校系于"九月十六日开校",换算为西历,即是10月24日,正与《警钟日报》所载情事相合。《女学激成》见报时,该校尚在筹备中,故有"定于本月内开课"之说。后一则消息虽发布于已开学后,却因沪、杭两地间隔,而有"即日开办"的滞后语。至于惠兴最终仍是因学校无常年经费而自杀,在此也露出先兆。此外,揆情度理,1904年,清廷尚未颁行女学堂章程,各地民办女校本就稀缺。以人口并不算多的杭州驻防旗人,拥有一所女子学校已足够先进,本不可能出现双峰并峙的局面。因此,两条简讯的主人公只可能是惠兴,发愤而激成的女校,也只可能是贞文女学校。

这一推测,在惠兴自杀后接掌此校的满人贵林那里也可得到间接证实,其《〈惠兴女学报〉发刊辞》中明言:

> 慨自惠兴氏愤某女校宣布不收旗女之议,遂发愿创办贞文女学校。①

---

① 中权居士(贵林)《〈惠兴女学报〉发刊辞》,《惠兴女学报》1期,1908年5月。

明了此一段前因隐情,方可理解惠兴办学为何抱定势在必成、以死力争的决心,那种刚烈义侠气概原是受汉人排满的刺激而发生。再来细读惠兴留与学生的遗书,对其间含蓄的话外音便可心领神会:

> 众学生鉴:愚为首创之人,并非容易。自知力弱无能,初意在鼓动能事之人,如三太太、凤老太太,柏、哲二位少奶奶,以热心创此义务。谁知这几位,都厌我好事。唉!我并非好事,实因现在的时势,正是变法改良的时候。你们看汉人创兴学务,再过几年,就与此时不同了。你们不相信,自己想想,五六年前是怎样,这两年是怎样啊!我今以死,替你们求领长年经费,使你们常常在一处上学。但愿你们都依着"忠孝节义"四字行事,方于世界有益。我今虽然捐生,这不叫短见,这是古时定下的规矩,名叫"尽牺牲",是为所兴的事求其成功。譬如为病求神保佑,病好之后,必买香烛还愿。如今学堂成了,就如同病好了,这个愿是一定要还的。女学堂如病人,求常年经费的禀,如同病方,呈准了禀,如同病好了。我八月间,就要死的,因为经费没定准,没钱请先生,只得暂且支吾。我有些过失,几乎把你们都得罪了。望你们可怜我些,不记恨我,则我虽死如生矣。你们不必哭我,只要听我一言,以后好好事奉先生,听先生教训,总有益于身的。与外人争气,不要与同部人争意气,被外人笑话。话长心苦,不尽所言。十一月廿三。①

其绝命书中所表达的忧虑,正与辽阳曾某相同。惠兴也领悟到"变法

---

① 《惠兴女士为女学牺牲》,《申报》,1905 年 12 月 30 日;并与《惠兴女学报》1 期(1908 年 5 月)所刊《杭州贞文女学校校长惠兴女士绝命遗众学生书》对勘。

改良"为时代潮流,满族如不思变革,绝无前途。这一民族焦虑在与"汉人创兴学务",知识日开、民气日涨的对比中,更加强化。"再过几年,就与此时不同了"的隐语,如果借曾氏"以今日我种族之精神无事卜之,吾敢断言,三十年后,必为他族之奴隶"的警告发明,并无不适。因而,惠兴所谓"外人"也与曾氏的"他族"同义,指向"汉人"而非洋人,这在与"同部人"(而非同国人)的对举中,内涵界划得尤为明确。就遗书而言,即使指称惠兴之死乃是愤慨于满人的自私、内争而无合群意识,也不算过甚其辞。

何况,接办女校的贵林便持此说。贵林为杭州驻防正白旗人,时任佐领,因支持惠兴办学①,惠临死前,特遗书一封,请其代递拼死写出的请款禀帖与杭州驻防将军瑞兴②。故而,贵林可算是惠兴的知音。1907年,贵林应邀在北京演说时,即明白表示:

> 惠氏之死其原因有三:(一)已捐之款收不齐;(二)同志同事之人规避;(三)内部讥笑,外界谤毁。

并称,此乃"兄弟以前所不忍言者"③。而所有三条死因,都与旗人群体的冷漠有关。其实,早在前一年杭州驻防八旗为惠兴所开追悼会上,贵

---

① 宋昭之任教于贞文女学校(《惠兴女学报》1期曾录"贞文女校教员宋昭"挽惠兴联),当是由其父宋恕的好友贵林所介绍。
② 贵林曾忆及:"兄弟于其将死之前数时,曾面问其因何仰药?惠氏开目答曰:'为女学堂死,求大叔代我将禀呈上,则感激不尽了。'言已即闭目,不杂一别语。"(《惠兴女士殉学周年记念会演说》,《惠兴女学报》3期,1908年7月)又云:"其给兄弟一书,只写求为转递禀帖而已。"(《三月二十六日惠兴女学校总办贵林在广德楼戏馆之演说》,1907年5月11日《北京女报》)
③ 《三月二十六日惠兴女学校总办贵林在广德楼戏馆之演说》,《北京女报》,1907年5月11日。

林已言辞痛切地诉说过惠兴办学的辛酸：

> 惠氏开女校之始,刺臂流血,以感发同人。同人不能同志持久,惠氏遂独力担任之。经费不足,不惜身分、不辞苦口捐募之;已捐之款收不齐,复不顾得罪权要,大起争言以收取之。又以进禀之不易也,竟以协领小姐最尊极贵之体,而于大众之下,在巡捕官之前,跪求呈禀(我等应同声一哭)。

但即使如此纡尊降贵,委屈到极点,照贵林看来足令人泣下,"而禀仍不能呈进",惠兴便只有选择自杀,"牺牲一己以求女学之必成"①了。可见,贵林之所以"不忍言者",正是由于来自同种族人的打击是置惠兴于死地的主因。

如果比照1904年在南京驻防营创办男学堂的满人广莆亭自述"所历困难之状":初建时,"学科既不完全,而来学者亦鲜";迨"钦使来省查阅练兵、兵学等事",上司为"敷衍学堂门面",又"差官弁来学,立令化私为官";后为落实"派员管理学务"事,广氏竟至"返往沪上十次",才能奏功;男学堂已办得如此艰难,其"仅定额十名"的女学堂,自然也"毫无形式"。凡此,用广莆亭的话概而言之:"迄今男女学堂均无起色,缘长官多不以兴学为然。此天下驻防大都如是,可为同声一哭。"而推此及彼,将心比心,以男子之身而历尽艰辛的广氏,感叹独力维持女学堂的惠兴"殉学一举,洵万不得已之苦衷"②,称得上是有切肤之痛者的体己之言。由此可想而知,惠兴生前的办学压力之大、处境之艰

---

① 《杭州旗城为惠兴女士开追悼会演说》(丙午三月八日),《惠兴女学报》2期,1908年6月。

② 《南京广莆亭来函》,《惠兴女学报》8期,1908年12月。

窘,确非其所能承受。至于蒙古族三多以友人的身份,将其死事定义为"能以一死,收功效于将来,受感触于同种"①,则属正面意义的阐发,其实也是窥见了惠兴本有的民族情结。

第三节 惠氏死而八旗生

如上所述,惠兴的办学原包含鲜明的民族意识;不过,依照遗书中正面标明的主意,其自杀却只在为贞文女学校争取常年经费。上杭州将军瑞兴遗禀中自承"将欲尽牺牲",而"恳公爷将军大人俯赐裁[栽]培,速定常年经费,以终女学校事"②,已将此意说得极为明白。

而考察惠兴辞世时贞文女校之状况,也确实到了不得不实践其殉学誓言的地步。惠氏死前三日,学校因经费无着,被迫停课。其个人家产已"贴用罄尽",以致购买用来服毒自尽的鸦片时,也须靠"典质一铜脸盆"而得资。贵林谓之"心力交竭"③,固属深知其情;而如果加上惠兴自言的"尽牺牲",或古人所谓"鞠躬尽瘁,死而后已",更能见其精神。虽然惠兴有赴死的理由,而能够毅然就死,其决心仍然令人敬佩,无怪乎宋恕(后更名宋衡)祭吊之挽联感慨称道:

众生尚恋生,何图女杰超男杰;说死便真死,毕竟旗人胜汉人。④

---

① 《记惠兴女杰为学殉身事》,《大公报》,1906年3月14日。
② 《惠兴女士殉学遗禀》,《惠兴女学报》4期,1908年8月。
③ 中权(贵林)《惠兴先生殉学第四周年之演说》,《惠兴女学报》21期,1909年12月。
④ 宋衡《挽联》,《惠兴女学报》3期,1908年7月。

不过,惠兴之死,初时对于旗人的感动效力也还有限。单是其给瑞兴遗禀中举荐以自代的三多夫人以及推举为副校长的莲君女士,虽有惠兴分致二人的遗书,恳求其见怜,接办、成就女学堂①,二人却都拒绝出任。为挽救局面,杭州驻防八旗只得公举"熟悉学务一切情形,颇有心得"的贵林承办贞文女学校,由瑞兴委派其为总办②。但男子管理女学,在当年毕竟还有许多不便。贵林不得已,又遵惠兴遗嘱,专诚恳请三多夫人相助。这位本来已嫌惠兴多事的"三太太"不但不应承,其任浙江武备学堂总办的夫君也直接出面帮衬:始则反守为攻,以"倘槃才如我公、热心如我公尚思卸肩,天下事将谁任邪"责备贵林,要求其"力任其难是盼";继而又假借夫人之言,"惟贤者知贤,不贤者不知贤,不知贤即不敢荐贤",以此推挡贵林要其关说莲君女士出任校长的请托,末后更用"况女士有自由权,他人不得干涉焉"③的大话压人。万般无奈之下,贵林只好请出其母来任校长。

而对惠兴办学的评价,也是经过一番曲折,才在杭州旗营上层得到认可。其间,杭州将军瑞兴的态度起了关键作用。惠兴死后,八旗协领将惠兴遗禀及题为"禀恳宪恩俯准将创办本营私立女学堂之校长奖励事"的呈文一并上报瑞兴。公呈中虽请求瑞兴"俯念该氏牺牲其身,希成兴学之志,可否赏给匾额,以示优异";但对惠兴创立女学并以身殉学之举,其实颇有些不以为然,故谓之"该氏私立学校,不自量力,势难中止,因此自尽,迹近妇女愚见,本难风世"。然而,出乎呈报人的意料,瑞兴的批复既来得迅速,其时距惠兴自杀不过九日,在批文中又对

---

① 《三月二十六日惠兴女学校总办贵林在广德楼戏馆之演说》(1907年5月11日《北京女报》)提及:"(惠兴)又有遗书二封,求某某二女士见怜,成就其学堂。"
② 《八旗协领二次公呈》,《惠兴女学报》5期,1908年9月。
③ 分见《三六桥多君来函第一》(二月初五日)与《三六桥多君来函第二》(二月初九日),《惠兴女学报》6期,1908年10月。

惠兴表示了极高的赞誉:

> 该氏为学殉身,冀酬夙志。似此热心义务,洵堪为八旗巾帼生色。亟应从优奖恤,扶成善举,以慰贞魂而维风化。

因此,除照请赏给"义烈可风"的四字匾额一方,又要求属下就"应否为请旌表,并应如何设法维持女学之处","查明例案,妥筹善后"。① 而八旗协领再次上呈,仍然不能很好地仰体将军之意,仅回复:"惟请旌表一节,因学捐躯始于该女校长,杭防八旗尚无办过似此成案。因例案不全,未敢冒昧擅拟。"于是,还是由瑞兴拍板,强调"迹其捐生情节,洵为满汉巾帼中所仅见",而决意咨请礼部旌表惠兴。②

应该承认,瑞兴的肯定赞许对惠兴殉学意义的提升有主导之功。而在事迹宣说与实际推行中,贵林的作用亦不容忽视。或者更准确地说,假如没有贵林的坚持与热心,惠兴的遗禀既未必能递达杭州将军,贞文女学校也极可能随惠兴的去世而夭折。于此亦不难体会,贵林为何一再当众揭示,对于惠兴,"最可寒心者,乃创始同心同事之人,始以规避,继以决裂,终以毁谤。此中苦况,非阅历有素者断难排遣,而惠氏竟至以身殉"③,原是因为贵林接手后遭遇的推诿,使其尽见惠兴的舍身自尽也未能激发同人应有的天良。受此刺激,引致反省,如何借惠兴殉学意义的阐发以凝聚与重振民族精神,便成为贵林接下来欲做的文章。

惠兴逝后,贵林立即撰写了《杭州惠兴女士为兴女学殉身节略》分

---

① 《八旗协领公呈》(十二月初五日批),《惠兴女学报》4—5 期,1908 年 8—9 月。
② 《八旗协领二次公呈》(十二月二十三日批)。
③ 《惠兴女士殉学周年记念会演说》,《惠兴女学报》3 期,1908 年 7 月。

寄各处①,并推动杭州驻防八旗学界成立了豫立会,以合力续办贞文女学校。1906年4月1日,豫立会为惠兴召开追悼会,旗营"各学堂学生均整队来公奠"②。因系杭州八旗人士的内部聚会,故会场中满人的民族情绪得到格外张扬。以"豫立会"名义在会上诵读的祭文已反复言说:

> 呜呼女士,为学殉身;生尽义务,死享荣名。因受激刺,大动感情;存保族志,本爱国心。联络女界,激励人群;提倡女学,灌输文明。……伟哉女士,为学牺牲;其志可嘉,厥德堪钦。无惭贵族,不愧名门;昔守节义,今尽热诚。恶耗传来,同胞梦醒;哀声动处,异族心惊。③

其中"保族"与"爱国"并举,可知诸人所谓"族"乃专指满族。在此,惠兴创办女学的意义已被揭明为民族自救的行动。而其殉学预期的社会效果,既在惊醒同族人不思进取的迷梦,也可令汉族(即文中之"异族")为满人的民族觉醒而震惊。后一意思还可以广茀亭致惠兴之子金贤信中的话为佐证:

> 得悉尊太夫人兴学苦志,为女界倡,未克满愿,以此自殉。我族闻风兴起,当不乏人。排满之风,可以稍戢;灭种之祸,可以潜消。

---

① 《申报》所刊《惠兴女士为女学牺牲》事迹部分,与贵林《杭州惠兴女士为兴女学殉身节略》(《惠兴女学报》1期,1908年5月)文辞相近,当为贵林提供;又,《八旗留东学生公启》(《惠兴女学报》2期,1908年6月)也提及:"学生等于光绪三十一年十二月初旬,得杭州驻防贞文女学校校长殉学讣,并读其遗书及节略。"诸种函件亦当为贵林邮寄。
② 贵林《惠兴女士殉学周年记念会演说》。
③ 豫立会《祭文一》,《惠兴女学报》6期,1908年10月。

广氏发此言,前提是因为 1903 年夏,他读到邹容所著《革命军》一书,"痛诋我族无余地"①,由此生发出民族危机意识。因此,广莆亭对惠兴很有知己、同志之感,自觉其在南京旗营倡办男学堂的用心正与惠兴的建女学相同。以此经验发明惠兴心事,自然更为真实、贴切。

虽然现在没有证据断言豫立会的祭文出自贵林之手,但鉴于贵林在惠兴殉学后的继发风潮中显然是位灵魂人物,其在惠兴追悼会上的演说与豫立会祭文的取向一致,便值得认真看待。

在满人中,贵林以"善演说"②著称。其从杭州至北京,多次宣讲惠兴事迹,而每回均翻出新意,实在不容易。在杭州旗城的追悼会上,贵林首先"定惠氏为大孝大义大勇大侠",其人生境界也从时势所造之英雄,经由造时势之英雄,最终臻于造造时势之英雄。而于惠兴殉学周年纪念会演说中,贵林又以"识量""慷慨""热诚""坚忍"之"四大奇特"解说惠兴,故认为"惠氏之死,非世俗之轻生,亦非愚忠愚孝之尽节,无古今、无中外罕有其伦"③。直到 1910 年 1 月 6 日惠兴女学校举行惠兴先生殉学第四周年纪念会时,贵林发言,专就"惠兴先生之死是为求女学之生"的"要义"重加申说,以为后来者不当仅学其"敢死",而当效法其"苦心劳身,惨淡经营"④,努力办好女学堂。

数次演说中,仍以追悼会上的一席言对惠兴之死意义的定位最见贵林本心,其他则不过是在此基调上的演绎发挥。与以后出于内外有别考虑而略显模糊或有意调和的立场不同,此次贵林的立足点显然落在满族一方。其论惠兴办学事业的成败得失,因而与常人之见迥异。

---

① 《南京广莆亭来函》,《惠兴女学报》8 期,1908 年 12 月。
② 宋恕《中权居士协和讲堂〈演说初录〉叙》,《宋恕集》上册 364 页,北京:中华书局,1993 年。
③ 《惠兴女士殉学周年纪念会演说》,《惠兴女学报》3 期,1908 年 7 月。
④ 中权《惠兴先生殉学第四周年之演说》,《惠兴女学报》21 期,1909 年 12 月。

有疑"惠氏苦身劳心,不顾体统,二年于斯,而所营之事,竟致全败,得无倒霉乎",贵林对此鄙见断然予以否认,因为在他眼中,惠兴的行事近乎孟子所谓"天将降大任于是人也,必先苦其心志,劳其筋骨,饿其体肤"(《孟子·告子下》)。故惠兴办学实乃所图者大,即是为了谋求满族的长远利益:"今惠氏为我族求后日之幸福,不惜身命以图之,乃大勇大侠之作为,其荣耀将推倒历朝豪杰,何倒霉之有?"而杭州八旗协领公呈中谓惠兴"不自量力"的评断,也遭到贵林从民族前途考量的反驳:

> 更有疑为不量力者。夫我中国大局之所以有今日之衰弱者,皆由此一语所害。我族素有高贵义侠之特质,近年失坠将尽;经惠氏此一激动,则我族遗传之特彩,复表白称道于世界,其功德不可限量矣。

很明显,贵林之所以推崇惠兴的见义勇为,是期望借以恢复满族的民族精神,进而挽救清朝衰落的大局。这也可以看作是贵林接手办女学初衷的夫子自道。

于是,起初被杭州八旗人士贬为"妇女愚见,本难风世"的惠兴殉学,到了贵林口中才真正大放异彩:

> 惠氏读书阅报,感愤时事,乃以提倡女学自任而实行之。此惠氏为时势所造成之寻常英雄时代也。当其任事后,受外界激刺,受内界排挤,不畏难,不退悔,勇往直前,竭尽心力以经营之。此惠氏进入造时势之高等英雄时代也。殉身后之八封书、一扣禀,感动同人,并感动全国之人,而声望所播,全球震动。于是乎,惠氏直超乎无上上等造造时势之大英雄地位矣。质而言之,惠氏非杭州驻防

人,乃世界之大人物也;非一世之人,乃百世之大人物也。

这一段话对于惠兴的表彰直是无以复加。其作为历史人物的价值,已不限于杭州旗营区区一地,而在世界史上也占有地位。此一现在听来近乎诳语的推举,当年却显示了贵林的新学眼光,以及对于满族人物进入世界之林的急切渴望。其执着的民族情怀在紧接下来的数言中得到了充分展示:

惠氏一死,我大清三百年之死历史为活历史,我族高尚之特性可以表白于世界,我东亚女界数千年之黑暗可以复明。①

这里推演的思路与前述辽阳曾某正相同,都是以"朝廷"与"国家"合一。惠兴之死的意义因而随之不断放大,从"满族"(我族)而"朝廷—国家"(大清),更扩及"东亚"(世界之一部分);惠兴其人当然也就不只是为民族争光,也为中国、亚洲添了光彩。

贵林在满族人士中诚为具有忧患意识的先觉人物,但其刻意挖掘出的惠兴自杀所包孕的重大意义倒并非独得之见。兔死狐悲,物伤其类。意识到危机存在的满族新学之士,面对惠兴之死,不期然也做出了与贵林相同的群体反应。

就中,日本留学八旗同乡会的表现最值得关注。得到国内通报后,诸人立即刊刻了公启并惠兴女士遗像四千份,分寄内地,同时禀呈驻日公使杨枢,请其移咨浙江地方当局,"为女士请旌于朝,并扩张其所

---

① 贵林《杭州旗城为惠兴女士开追悼会演说》(丙午三月八日),《惠兴女学报》2期,1908年6月。

创之学校"①。而在《八旗留东学生公启》中,开宗明义即道出了对惠兴的尊敬:"同人等辄哀之伟之,以为吾八旗如女流者,亦有明于世局、热心学堂而视死如归者耶?呜呼!是可风已。"其视惠兴为足以"风世"的典范,也是有激于"排满之声日刺于脑,革命之书纷触于目"的现实。不过,与在京城读《革命军》的广莩亭相比,身处言论相对自由的日本,这一刺激对于满族留学生来得更为强烈,此即其公启中自言的"吾侪留学异域,受激刺较惠氏烈,察世变较惠氏大"。因而,同样以建学堂为满族自救之道,留东八旗同乡会的阐论也比惠、广更为痛切:

> 故八旗之人,处今之日,度今之势,何以有独立生活根据地?曰:惟学堂。何以养免死亡、灭苦痛、为国家优等知识人民之资格?曰:惟学堂。

至于兴办学堂日后的成效,在《公启》中也以选择疑问句做出了明确的判断:"苟支持十年或二十年,则吾八旗果为天演界优胜劣败所淘汰乎?抑将自奋自起,不失为恭顺世仆,具优等忠荩臣民之资格乎?明眼人自能窥之,毋待烦言。"期盼新式教育培养出的人才,仍然是尽忠满清王朝的臣仆,此一说法倒与清廷派遣留学生的目的正相符,其实也是惠兴遗书中瞩望众学生"都依着'忠孝节义'四字行事"的题中之意。

无论如何,新式教育之为满族生死攸关的大事既经发明,惠兴殉学的启示意义于是也在寻求满族复兴之道的层面上得到高度推崇。极而言之则是:

---

① 《日本留学八旗同乡公函》,《惠兴女学报》9 期,1909 年 1 月。

> 惠氏哀八旗之哀,不能自已其哀,而以一死已其哀;吾侪哀惠氏之死,并哀惠氏之哀,吾侪等身虽生存,而心又不觉为之一死。然惠氏死而八旗生,则惠氏虽死,犹贤于生。

这一对惠兴之死的定义,使得创兴八旗学务因此成为这篇《八旗留东学生公启》的核心话题。诸人不仅呼吁上层权贵的热心提倡与实力推行,更寄望于满人全体的自觉自省:"故我八旗之人,自今以后,勿视学堂为分外事,当视学堂为分内事;勿以学堂为出身之途,当以学堂为求生之地。"在这里,合群意识被适时地提出:"八旗者,八旗人所有之八旗也;学堂者,八旗人所有之学堂也,非一二人、办学堂人之学堂也。负义务者八旗,享权利者亦当我八旗;承继其名者八旗,劾核实效者亦当我八旗。"如此,才能造成人人参与办学、争相入学的新局面。此时再回观、论定惠兴自杀的行为,其事业不但未曾失败,反正是方兴未艾:

> 上自王公大臣,下自男妇老幼,无不以学堂为急务,则惠氏虽办一杭防女学不遂者,直不啻办天下各防男女学堂矣。故惠氏虽死一身,惠氏反化为无量化身;惠氏一身虽入苦恼场,惠氏一心登极乐世矣。①

惠兴一死换来的是八旗教育的起死回生,更指向满族的重生,这一指认自然极大地增重了其死亡价值。

不过,在此也有必要指出,随着惠兴事迹的流传全国,对其办学、殉

---

① 恩华执笔《八旗留东学生公启》,《惠兴女学报》2—3期,1908年6—7月。

学中民族情结的渲染也逐渐淡化,甚至有意压抑,以使其作为典范人物,能够获得更大范围的普世性。即如贵林,在惠兴去世一年以后谈论其"死之价值及其效果"时,也特别标举"识量奇特"一条,例证便是惠氏办女学堂,虽"因汉城某女校出排满之悖论,而感奋兴起以经营之,然其校章则不拘满汉之女,皆可入校"①。这一由激励满人到调和满汉思路的调整,并不意味着放弃先前的立场,而只是体现出贵林力图从内、外两面同时谋求消弭满汉矛盾的宏愿雄心。至于复原与揭示惠兴之死中所包孕的复杂内涵,则可以使我们从一个特定的角度,窥见满族先觉之士为应对晚清变局所做出的悲壮努力。

第四节　江南之士夫不若河北之俳优

杭州八旗纪念惠兴的活动,其实在南方颇形孤立。耐人寻味的倒是惠兴死后,南北学界、报界的总体反应之不同。《申报》虽然在惠兴自杀后九天即迅速报道了其死情,且颇翔实,接下来却是一片沉寂。将近三个月后,该报终于出现了一则来自京师的短讯,叙述北京各界对惠兴之死的反响,可又将其名错成"蕙馨"②。同在上海的《东方杂志》也沿袭了这一错误,关于惠兴自杀的专稿竟以《惠馨女士殉学记》③名篇,而其时距惠兴去世已历半年。此一报一刊本是江南新闻界最有影响的龙头老大,偏偏在有关惠兴寥若晨星的文稿中,连基本事实尚有出入,由此亦可见南方汉族士绅、教育界对其死事的冷漠程度。

---

① 《惠兴女士殉学周年纪念会演说》,《惠兴女学报》3期,1908年7月。
② 《戏价拟助女学堂经费》,《申报》,1906年3月19日。
③ 《东方杂志》3年5期,1906年6月。

与之形成鲜明对照的是满清政权的统治中心北京及其周边地区。惠兴殁后,得知消息的《北京女报》主人张筠芗很快在陶然亭为之开会追悼,出席1906年1月31日追悼会的均为"北京女界最有声望之人"①。紧接着,2月2日,在北京淑范女学校又举行了参加者达四五百人的盛大而隆重的追悼大会。按照《顺天时报》记者的说法:"统计先后到会的,除本女学校学生,和各女学堂学生,并众女宾外,所有各男学堂学生,及学堂教员,报社记者,一切维新志士,凡知道这开会事的,九门内外,无论东城西城南城北城,不分远近,都一律亲身到场。"此外,尚有西方及日本女士与会。因此,这次集会也可以说是北京新学界的一次大聚会。关于礼仪,事先也做了严格规定,出席者均须向惠兴女杰遗像分别行三揖礼(男士)与三鞠躬礼(女士)。演说者四人,挽联有三四十副,"会堂内外悬挂殆遍"。②

惠兴的生平事迹也很快成为各报关注的热点。《顺天时报》1906年2月8日刊出了该报白话记者杨廷书(志伊)演述的《补记杭州贞文女学校校长惠兴女杰历史》,推许惠兴为"中国六千年来女界第一伟人"。《大公报》则先于3月14日发表了浙江武备学堂总办三多的《记惠兴女杰为学殉身事》,以为:"盖中国女教不昌久矣,庸中佼佼,或能为才女、为贤母、为节烈妇,已达其极点,未有如罗兰夫人所谓真正人物,去私情,绝私欲,身献同胞,而酬报待诸后世者。有之,自吾同里惠兴女杰始。"四个月后,该报又于7月19日载录了满族著名文人、内阁中书金梁的《拟请代奏为惠兴女士请旌折稿》,倡言:"乃若具国家之思想而亟亟于培才,振教育之精神而拳拳于兴学;以女学之发达为目的,

---

① 张展云《北京女报馆来函第二》,《惠兴女学报》6期,1908年10月。
② 《记北京淑范女学校为惠兴女杰举行追悼会礼式》,《顺天时报》,1906年2月6日;《淑范女学校开追悼会详纪》,《大公报》,1906年2月6日。

以民智之开通为责任;甚乃慷慨而肩义务,激烈而矢牺牲,为同胞剖一分子之热心,即为女界生五千年之特色",仍然是"盖自有历史以来","殆未有能及该瓜尔佳氏者也"。作传者无一例外,均将最高的赞美辞献给了惠兴。而经过京、津各报白话、古文乃至骈体文的反复宣说,惠兴的义烈行事遂在北方广为人知。

不只是报界与学界闻风而动,为感动大众,捐款助学,戏曲界实际扮演了更重要的角色。1906年3月13日的《大公报》已预告:

> 都下鞠部代表因浙杭惠兴女士之问题,大动感情,禀请官府,定于三月初五、初八、十二计三日内,在湖广会馆演戏,所收戏价,悉数汇寄杭州贞文女学校,以资经费。并于月之二十日,在同兴堂筵请助善诸公便酌。

记者不禁赞叹伶人"热心学界,一至于此,庶可为士大夫之向导乎"①。

其中,北京玉成班班主、京戏名演员田际云(艺名"香九霄")表现尤为出色。他不仅与《北京女报》实际的主持人、主笔张毓书(展云)共同发起创办了"妇女匡学会",而且将惠兴事迹直接搬上了舞台。上述三天的演出活动,便是妇女匡学会的第一次正式亮相。田氏作为主要召集人,"在北京福寿堂恭请北京大小名角共办助学会,又请各城票友是日各尽义务,演唱三昼夜,大众不取分文"②。1906年3月29日(三月初五),由其担任主角的《惠兴女士传》首次在福寿堂开演,戏价为

---

① 《剧资兴学》,《大公报》,1906年3月13日。按照《禀立妇女匡学会演戏小启》(《惠兴女学报》13期,1909年5月),此次演出日期实为三月初五、初九、十二日三天,地点改在福寿堂。

② 《新戏来津》,《大公报》,1906年8月27日。

"包厢每间价洋三十元;头等每桌六座,价洋十八元,单座每位三元;次等每桌六座,价洋十二元,单座每位二元",小孩减半,仆妇五角。演出前,先有演说员对众演说。① 以后,此戏又移至广德楼上演。5月26日开戏之前,也安排了三位志士讲演,内中张展云演说的题目即是《惠兴女士全传》②。

这种演戏加演说的方式,因鼓动性强,在当年颇能产生感发观众的效力。5月27日的戏园中便出现了如下一幕:

《惠兴女士传》演出广告(1906年5月29日《顺天时报》)

> 初五日,广德楼田际云(即香九霄)扮演《惠兴女士传》。正在众宾拍掌之时,忽闻哭声起于南楼之下,一时观剧者皆左右回顾,甚或高立桌上。哭声大号不止,警兵闻知,即前去劝解,方始停哭。细询原由,实因观剧触发感情之故。

于是有人评论说:"北京戏园二百余年,此乃感动之第一声也。"③ 由于

---

① 《禀立妇女匡学会演戏小启》,《惠兴女学报》13期,1909年5月;参见《记妇女匡学会》,《大公报》,1906年3月24日。
② 《演说创举》,《大公报》,1906年5月30日。
③ 《文明戏剧之感动力》,《大公报》,1906年6月4日。

受到欢迎,反响强烈,天津天仙茶园老板赵广顺也专程赴京,"特约田际云将所有演《惠兴女士》原戏角色至津演唱","并请学界诸公入座观剧"。该戏8月28至29日在天津连演两天,亦大获成功。①

为配合此戏在广德楼的上演,1906年5月27日,《顺天时报》又专门发表《请再看重演〈惠兴女士传〉文明新戏》的文章,为之大造声势。此后,远在沈阳的《盛京时报》刊文提倡戏曲改良,也以田际云编演的新戏为典范:

> 所有戏班班主,须延聘通人,择古今事迹之有益人心、足开民智者,编为新词,如北京《惠兴女士》之类。藉行乐以教化愚蒙,用补学堂之缺陷,于世道人心,当不无裨益也。②

在舆论界的一致叫好声中,田际云也再接再厉,趁惠兴的后任贵林来京之际,于1907年5月8日再次在广德楼搬演全本《惠兴女士传》。演出完毕,先由贵林宣读祭文,张展云随即作为司仪登台介绍:"演戏的贵佐领是假的,现在杭州的真贵佐领来了,请其报告一切。"贵林的演讲主要是汇报该校现在的经办情况,并衷心感谢北京各界的大力提倡与热心资助。从其列举的数字可清楚看到,妇女匡学会的捐款实为其中的最大项,总计纹银二千五百余两,折合现洋为三千六百余元。如果再加上北京《中华报》主笔杭慎修(辛斋)等人代收的九百零五元及金梁(锡侯)代收的小笔捐款,来自北京的捐助已远远超过了该校去年在当

---

① 《新戏来津》《名优爱国》,《大公报》,1906年8月27日、9月13日。
② 《论演剧急宜改良》,《盛京时报》,1907年5月4日。

地得到的公私款项总和一千七百余元。① 因此,也可以说,北京的资助是该校得以生存下去的坚实保障,而田际云毫无疑问当列首功。

这里,应该引用《大公报》记者的一段话了。在追溯惠兴之死的意义与表彰北京伶界的仗义时,作者连续使用了几个"呜呼",以表达心中郁积的感慨。一则曰:"呜呼!江浙为财赋之区,以区区之女学,竟不能成立,致令惠兴女杰愤懑忧伤,牺牲性命,以身殉学,以冀人之一悟,闻之兴起。"一则曰:"今闻北京某鞠部之代表,悯女杰之殉身,慨学界之寡助,大动感情,担任义务(……)。呜呼!此事果就,当为二十世纪中伶人之特色,以增历史之荣光。将来浙中女学之发达,则必以某鞠部为最美最优之一大记念,言之可为作气。"两相比较,也逼出如下的责难:

> 虽然,则于方领矩步,斐然以学务自任,而人亦以学务相属望者,当位置于何地也!岂其长江流域之士夫,不若大河流域之俳优欤?

问题提得很有意思,回答却不见得精彩。将江南绅学对惠兴的普遍冷淡归因为"乡间之子,见闻之孤陋,意识之狭隘"②,无论如何总说不过去,杭州其他几所民办女校的健在便是证明。或许是英敛之的满族背景,使他不愿正视其间深藏的满汉矛盾。

---

① 《三月二十六日惠兴女学校总办贵林在广德楼戏馆之演说》,《北京女报》,1907年5月11日。内称:"校款之事,去年二月起,每月由杭州驻防八旗月捐洋六十四元,将军月捐洋六元,共计每月洋七十元。……浙江抚台批给化私为公之款每年银一千两,去年只收到洋钱九百九十余元。"另,《大公报》1906年8月27日《新戏来津》,述妇女匡学会集款额为"五千余元",恐有夸大。

② 《记惠兴女杰为学殉身事》记者识语,《大公报》,1906年3月14日。

不过,惠兴死事在北地与南方形成的巨大反差,倒确实表明清兵入关后征服江南的残酷杀伐,在汉人心里留下的阴影始终未能消除,于是,江南自然地成为晚清中国民族主义思想的根据地①。而以吴三桂为引导的清军,则是以为明朝复仇、剿灭李自成大顺军的形式和平地进入北京,这也使得满汉矛盾在北方相对和缓。由地域差别所显示的民族歧见,在刊于《苏报》的如下一段话中表现得十分清楚:

> 中国者,世界上之黑暗区也;北京者,黑暗区中之黑暗地狱也。……举全国之汉人,皆为满洲游牧之奴隶,而直隶人尤为满洲游牧之直接奴隶。北京为满洲游牧之巢穴,则北京汉人之奴隶性更可察矣。②

假如剔除其间的贬斥意味,贞文女学校在北京获得的同情,确实隐含着此一民族背景。

目前所知两笔数额最大的私人捐款,即均出自旗人。时任盛京将军的赵尔巽属汉军正蓝旗,其夫人向妇女匡学会认捐二百两③。出资最多的则推满洲贵族妇女慧仙。慧仙母家姓额者特氏,丈夫承厚为工部郎中、世袭骑都尉兼袭云骑尉,姓布鲁特氏。夫妇二人原有共同开办

---

① 如惠兴女学校总办贵林,被杭州驻防旗人目为"清朝孔子"(宋恕《中权居士协和讲堂〈演说初录〉叙》,《宋恕集》)。而其1908年2月参加秋瑾追悼会,发表"我大清待汉人不薄","明亡于闯,非亡于清,清为复仇而有天下,乃得之闯,非得之明也;今瑾革命,未免非是"等说,当即被徐双韵(小淑)等以"扬州十日,嘉定三屠"驳之(徐双韵《记秋瑾》及陈去病《徐自华传》,见郭延礼编《秋瑾研究资料》225—226、677页,济南:山东教育出版社,1987年)。
② 《祝北京大学堂学生》,《苏报》,1903年6月6日。
③ 见《惠兴女学捐款之踊跃》,《大公报》,1906年5月11日。

第八章　晚清女学中的满汉矛盾　297

顾月洲绘慧仙女士画像(1907年《星期画报》)

学堂之志,偏偏承厚于1905年冬病故。"额者特氏,深痛无人帮助兴学,哀恸的了不得。恰巧又听得,杭州惠兴女杰,因为创办女学,款项不足,情急自殉,作为尸谏。额者特氏得了这个信息,愈加触动感情,哀感病发,日重一日。自知病势难愈,便向家中人,留下遗言,把所有家产,统通变卖,作为各学堂的经费。"其中便有"捐助杭州惠兴女杰创办贞文女学堂银五百两"。就此一段叙述,也透出"物伤其类"的意味。《顺天时报》记者无意中的赞许:"额者特女士,和惠兴女士,一南一北,可称学界近今二大女杰。"①将二人相提并论,倒确乎道出了其同志同情的底蕴。

当然,大多数解囊相助者并不存满汉成见,此处不过是想说明惠兴事迹更容易在北京引起感动的社会基因。并非无人意识到其间的民族隔阂,只是北方的舆论界更愿意将助款兴学作为调和矛盾的手段加以提倡。《顺天时报》记者杨廷书在淑范女学校的追悼会上演说时,便先发明了此意:"学堂是万万不可再缓的了,没有什么男女不男女,满汉不满汉,总以人人赶紧自强为是。"②而仍觉意犹未尽,该报又刊载了《申论学界报界开会追悼惠兴女杰为调和满汉界限助动力》③的专论。文章首先肯定:"现今中国社会第一大问题,是满汉分界。"而作者"所最愿赞成、最表同情的原旨",是"可以调和满汉的界限,可以融化满汉的成见,可以销除满汉的障碍,可以互结满汉的团体"。在他看来,为惠兴女士开追悼会,便可以发生这样的大功用:

> 但觉得惠兴女杰这伟人,可惊可羡、可悲可哭、可敬可畏、可法可师、不可及、不可忘、不可不赞扬。知有惠兴女杰,不知有满汉;争拜惠兴女杰,不暇分满汉;追悼惠兴女杰为兴学死,便蓬蓬勃勃发起合群的思想;追悼惠兴女杰为爱国死,便炎炎烈烈发起保种的热诚。意在合群,满汉是大群,还分什么满和汉呀?意在保种,满汉是同种,还分什么满和汉呀?群越大,势越厚,志士且要合东亚

---

① 《请看女杰布鲁特额者特氏捐助学款二万五千七百两》,《顺天时报》,1907 年 1 月 19 日。
② 《续记淑范女学校追悼会演说词》,《顺天时报》,1906 年 2 月 7 日。
③ 《顺天时报》,1906 年 2 月 9 日。

大群,还分什么满和汉呀?种越强,力越厚,志士且要保全亚同种,还分什么满和汉呀?所以这样说来,学界报界,开会追悼惠兴女杰,实在是调和满汉界限的大助动力。

说到高兴处,记者竟将愿望当成了事实,以为"满汉界的铁划鸿沟"真的"一下子开通并合,统一大同"了。于是迫不及待地提出,"这个原因,总因在惠兴女杰一个人",因此,我们"不应当开追悼会,应当开庆贺会,庆贺惠兴女杰,庆贺全国女界,庆贺南北学界报界,庆贺大清帝国维新一统太平万年万年万万年"。不能说作者以纪念惠兴为满汉关系润滑油的希望完全落空,但其效力毕竟有限。

第五节　女杰死而学校兴

在调和满汉分界上,惠兴之死虽然并未发生神奇的功效,而如果从整个中国女子教育发展的进程看,这一事件仍具有重要意义。

杨廷书在淑范女学校追悼大会上的演说,曾将惠兴自杀的深远影响概括为三条:"可以唤醒国魂","可以激励学界","可以兴起国家"。① 而切中肯綮的实为"激励学界"一项。"殉学"既为当时南北各报一致的新闻眼,借惠兴为女学牺牲的宣传以推进各地的女子教育事业,也就成为题中应有之义。

首先是惠兴亲手创立的杭州贞文女学校确实从此起死回生。其去世后第二年的4月24日(四月初一),该校重新开学,并"更贞文之名,

---

① 《续记淑范女学校追悼会演说词》,《顺天时报》,1906年2月7日。

为惠兴女学堂，以志不忘"。贵林为总办，其母文安女士出任校长。①到 1907 年 5 月，学校已有教员六人，学生六十人，课程分为十门，包括修身、读经、历史、地理、国文（兼习字）、算学、女红、刺绣、唱歌及体操，设置相当完备，并正在建造洋式楼房五大间、平房七间，以充校舍②。三多《记惠兴女杰为学殉身事》③一文结尾有云：

> 呜呼！学校成矣乎？曰成矣。学校成而女杰死。呜呼！女杰死矣乎？曰死矣。女杰死而学校兴。学校兴，女杰虽死犹生。

可谓精当不易的定评。

而自 1904 年起开始在北京出现的女子教育萌芽④，经过大张旗鼓地为贞文女学校募捐、表演、宣说惠兴事迹，日益赢得社会各界的理解与同情，至 1906 年便推衍形成了兴办女学的高潮。翻阅这一年的《大公报》，有关京师新办女校的动态接连不断，以至记者产生了如下的印象：

> 自惠兴女士一死，北京女学逐渐发达。如江亢虎所设之女学传习所，大公主之译艺女学堂，近者设妇女匡学会，虽优伶歌妓，亦

---

① 《学部礼部遵旨议奏折》，《惠兴女学报》5 期，1908 年 9 月；另参见《本校日记摘要》（《惠兴女学报》1 期，1908 年 5 月）并《本校大事记》（《惠兴女中》2 期，1934 年 12 月）。
② 见《三月二十六日惠兴女学校总办贵林在广德楼戏馆之演说》，《北京女报》，1907 年 5 月 11 日。
③ 《大公报》，1906 年 3 月 14 日。
④ 笔者《秋瑾北京时期思想研究》（《浙江社会科学》，2000 年 4 期）一文对此有考述。

动热诚。……风气之开,进而愈上,不禁为我中国前途贺也。①

虽然两所学校最初的创办动议可能是在惠兴自杀消息传来前,但毫无疑问,两校以及其他随后拟议的女学堂,均借助这一宣传声势迅速登场,如愿以偿。

值得注意的是其中满洲贵族妇女对于女学的态度。如肃亲王善耆的妹妹(一说为姐姐)葆淑舫"热心教育",为淑范女学校义务教员,后任淑慎女学堂总理;译艺女学堂也"有某邸之福晋极力赞成"。② 前述将部分遗产遗留给惠兴女学校的慧仙女士,生前本有兴办女学的志向,认为:"中国重男轻女积数千年之痼习,其病至于母教不昌,妇道不备。而女子亦往往甘于自薄,以分利于[为]男子累。苟尽具普通知识,或一艺之长,男子有业,女子亦有业,各以一身所作之业,为一身衣食计,天下自鲜忧贫患。"故临终前嘱其母:

> 中国风俗,向以家产遗子孙,无捐以举公众事业、造社会幸福者。有之,请自慧仙始。我死,以我家遗产兴女工。

并将兴学之事托付与世交诚璋。诚璋除按其愿望,资助惠兴女学校等三校一千二百两,其他所遗二万六千七百两全部用来建学堂。校名即"以女士之名,名之曰'慧仙女工学校',志不朽焉"。而该校学生中,

---

① 《女学发达》,《大公报》,1906年4月3日。实际上,译艺女学堂乃谢祖沅创立,见《前出使日本、法、德随员谢祖沅自办译艺女学堂呈请立案禀批》(《学部官报》10期,1906年12月);最多是如《东方杂志》3年5期(1906年6月)《各省教育汇志》所云,乃"大公主禀准学部奏设"之学堂。

② 《女学进步》《议设译艺女学堂》,《大公报》,1905年12月22日、1906年1月6日;参见方城《详记外城女学传习所八大特色》,《顺天时报》,1906年12月26日。

"华族贵胄居其大半"①,也体现出女子教育在满族上层已获得相当程度的支持。

而满族大臣中,对女学最热心者则属端方。还在1905年12月被派出国考察政治之前,他即向慈禧太后面奏"女学为教育根本,亟宜提倡",并且得到了"允即开办"的承诺。端方以为事成定局,因谓:"此番出自宸断,当不虑为众论所摇夺也。"②其实,事情并非这般简单顺畅。

最初也颇有喜讯频传的气象。1906年1月14日,《大公报》刊出了《深宫注重女学》的消息:

> 闻内廷人云:日前召见军机大臣时,两宫垂询贵胄学堂规模,催饬赶紧开办。并云,外洋重女学,而中国此等风气未开。拟俟贵胄学堂办有成效,再设皇族女学堂,专收王公府第郡主、格格入堂肄习,以期输入文明,咸知爱国,等谕云云。

因《大公报》自创办伊始,英敛之即以倡导、扶助女子教育为职志,故对于京、津两地的女学动向均极为关注,每详细陈述。该条新闻也被视为有利于女学发展的重要资讯,一个月后,2月19日,竟又在该报改题为《两宫垂询学务》再次发布,其殷切期盼的心情也跃然纸上。因而,北京的女学堂进入1906年后出现兴建的高潮,最根本的动因实在端方的力陈与慈禧太后的表态。

为再现历史细节,以下直接摘抄《大公报》的相关报道,以见清廷

---

① 《故女史捐产兴学》中所录诚璋《慧仙女工学校记》,《顺天时报》,1907年1月18日;《女学特色》,《大公报》,1907年3月15日。
② 《各省教育汇志》,《东方杂志》2年11期,1905年12月;吕清扬《书端中丞奏兴女学事》,《大公报》,1905年11月30日。

内部对女学态度的变化:

1906年5月1日《电奏考查女学情形》云:"前纪电谕考政大臣调查各国女学,以便归国仿办。兹闻内廷人云:日前端、戴(按:即戴鸿慈,亦为出洋考察政治五大臣之一)二大臣有电到京,奏明考查美国女学情形。闻两宫览奏,颇为称许,已拟按照兴办矣。"

1906年8月21日《奏兴女学确闻》记:"考政大臣端午帅于前日面奏两宫,请饬学部速定女学堂章程规则,兴办女学,以开风气。闻已奉旨饬学部妥拟一切矣。"

1906年9月18日《女学将兴》述:"前本报纪端午帅奏请兴办女学一事,业与荣大军机(按:即荣庆)商议一切规则,名为贵胄女学堂,其学生以三品以上之大员幼女为合格云。"

1906年12月30日《催订女学章程》又载:"闻日前两江总督(按:即端方)电致政府,请饬学部速订女学章程,颁发各省,以期振兴女学而广教化。"

然而,中间因张之洞的反对又横生波折,1907年1月7日《香帅电陈女学宜缓》记云:"张香帅热心学务,人所公认。独于女学雅不谓然,以为中国人民程度尚低,此时倡兴女学,未免稍早。闻于日前有电达学部,详陈此时兴办女学之流弊。未知枢密诸公亦表同情否。"

张之洞的电陈在清廷最高决策层引起的反应,披露于1907年1月26日见报的《贵胄女学之阻力》:"闻内廷人云:两宫每于召见学部堂官时,必垂询推广女学办法,实注意设立贵胄女学之举。近因某督臣奏陈女学之弊,是以犹疑。日前荣尚书(按:即荣庆)召见时,两宫与之讨论良久,谕以中国风气尚未大开,欲兴女学,必须先订完善章程,然后再行试办,逐渐推广;事宜缓而不宜急,以昭慎重。是以开办贵胄女学之说已从缓议矣。"

甚至在《女子师范学堂章程》与《女子小学堂章程》正式颁布前半

个月,还有不妙的消息流传。1907年2月22日《奏设女学难成》忧心忡忡地报道:"探闻某贤王热心女学,于贺年时面奏皇太后,请饬学部妥订女学章程,并由官为设立,以为公立之表率。皇太后默然不答,恐有不满意于女学。"

不过,最终仍是峰回路转,柳暗花明,1907年3月8日《贵胄女学总监督得人》一条又欣喜地报告:"贵胄女学堂事,政府已会同学部妥议,约于春间即可开办。闻荣寿公主已面奉皇太后慈旨,充当贵胄女学堂总监督。"

《大公报》编者之所以特别看重贵胄女学堂的设立,用冠冕堂皇的话说,乃"以为公立之表率";而换用俗语,则是"上有所好,下必甚焉"。很明显,贵族女学堂的出现必然会加速女子教育在中国的普遍推展。被舆论认作"兴办女学之志正在热度也"的端方,1906年9月30日出席江绍铨(亢虎)所办外城女学传习所开学典礼发表演说时,于介绍"西洋女学情形,而尤推重美国"的说辞后,便也有如下教导:

> 皇太后屡次询及女学,拟开办一高等之学堂。诸生在此毕业后,即可升入,为皇太后门生,何等体面。①

并且,不只端方支持女学,皇族中视女子教育为大势所趋者亦不乏其人。如报载,某疆臣到京谒见庆亲王奕劻,谓:"男学尚可推广,而女学必不可开。女子无才便是德,古人之言当不诬也。"在场人"某贝子大为之捧腹,庆邸亦含笑不已"②,显然均不以为然。因此,尽管清廷开办女学的动机中,也有内务府设学,以"考选三旗幼女年貌合格者,使之

---

① 《催订女学章程》《开学纪盛》,《大公报》,1906年12月30日、10月10日。
② 《女学魔障》,《大公报》,1907年2月7日。

入堂肄业；此后内廷选挑秀女,即以此项女生备选"的陋想,但承认女子应受教育,并以之为"以昭慎重"①的表示,已经是很大的进步。

到1907年3月8日清廷学部奏定的女学堂章程公布后,虽然仍有停办的流言,却已真正不足以"摇夺"人心了。如6月26日的《大公报》在记录了"内廷消息"——"日前有某福晋与皇太后论及女学之事,太后谕云:现在各省学务士气嚣张,多流于邪僻。若再兴办女学,则将来办理不善,更足滋生流弊。女学一途,必俟国人遍受普通教育,始可再议兴办云"——之后,又加按语力予驳斥:"此消息不可信。不兴女学,安有普通教育? 此说殊矛盾耳。"②也是认定开办女学的潮流已不可阻挡。

在此期间,惠兴殉学事件的发生也为争取女子教育的合法化起了推波助澜的作用,其在京城引发的巨大反响,理所当然地成为推动清廷尽快承认女学的一股直接动力。1906年6月6日,内务府便曾传集北京各戏班名角,"在颐和园敬演《女子爱国》及《惠兴女士》新戏"。选定《惠兴女士传》文明新戏入宫演出,本身即说明其人的办学经历已引起皇宫高层的注意。演出的现场效果虽未见记载,但"敬谨扮演"③之能感人,当不在话下。

而处于清廷对女子教育尚犹豫彷徨、拿捏不准之际,如何评价惠兴,在官方也颇费斟酌。杭州将军瑞兴等既已具奏惠兴"捐躯殉学,志节可嘉,恳恩旌表"④,9月22日学部奉旨议奏时,为避免陷入率先认可女学的窘境,落下把柄,便只好避重就轻。先是说:"臣等伏查该氏倡

---

① 《内府议设女学堂》,《大公报》,1907年3月16日。
② 《停办女学之风闻》,《大公报》,1907年6月26日。
③ 《内廷演剧》,《大公报》,1906年6月11日。
④ 《杭州将军瑞、浙江巡抚张、杭都统德为惠兴女士奏请旌表折》(光绪三十二年三月),《惠兴女学报》1期,1908年5月。

兴女学,以经费不继,感慨轻生,情殊可悯!"继则称,该校更名为惠兴女学校,以示纪念,及"常年经费,亦已宽为筹拨,此校日臻完备,以成该氏未竟之志;似此办法,则有惠兴女学堂一日,即该氏之名共垂不朽。切实嘉彰,殆无逾此,可无庸更请恩奖"。放过请旌的主因,却又不欲以完全驳回冷淡众人之心,毕竟开放女学正在议论未决、仍有一线生机的当口,善于揣摩的学部官员于是话锋一转,另表一枝:"惟该氏自二十岁时夫死守节,十有五年,现已身故,例得旌表,应由礼部年终汇奏,行文杭州将军,照例办理,以资观感而敦风化。"①此折自然得到皇帝的批准,为办女学而献身的惠兴,便头顶"节妇"的称号,载入清宫的史册。这样的结果实在令人啼笑皆非,却是那个特殊年代的特定产物。②

官方的表彰虽极不得体,但民间自发兴起的纪念活动已足以为惠兴正名。并且,由此而得到普及和推广的女学思想,也以民间办学数量激增的既成事实,逼使政府对女子教育网开一面。所谓"女学堂风气大开,各地遍设,故学部议定妥订章程,俾资遵守"③,其间的因果关系已表示得极其清楚。

而本章特别强调惠兴创办女学与以身殉学中的民族意识,并非有意贬低其兴学的意义。惠兴作为开创中国女子教育事业的先驱之一,自应在教育史上得到崇高的评价。而其亲手建立的女校存在至今

---

① 《学部礼部遵旨议奏折》,《惠兴女学报》5期,1908年9月;参见《石刻二》,《惠兴女中》7期,1935年6月。

② 学部1906年8月28日奏报的《请旌命妇额者特氏捐款兴学折》(《学部官报》4期,1906年10月)也采取同样手法,只提额者特氏"深明大义,不吝巨资,捐办学堂,在巾帼中实为罕觏",才按照"朝廷于捐款兴学者,无不优给奖励,以资鼓舞"的成规,为之请求特恩,"赏给御书匾额",并不言及其对女学堂的特别用心。所请准奏,光绪皇帝于是赐给"育才兴学"一匾(《故女史捐产兴学》,1907年1月18日《顺天时报》)。

③ 《女学亦订章程》,《大公报》,1906年5月28日。

(2000年5月已由杭州十一中恢复校名为"惠兴中学"),杭州亦因此留下惠兴路的地名,均是对其矢志办学的最好纪念。笔者不过是希望从历来被忽视的角度,对惠兴之死的内因与心态做出更切近事实的解读,并借以勾勒晚清满汉矛盾中满族的命运。

第九章　从新闻到小说
——胡仿兰一案探析

1907年4月24日(光绪三十三年三月十二日),江苏沭阳县上马台村徐嘉楸的儿媳胡仿兰被公婆逼迫,服毒身亡。这一旧时家庭中并不罕见的悲剧,在当年经由报刊披露,却成为公众关注的大事件。多种力量作用其间,使此案远远超越了虐杀儿媳的简单释义,而可以作为解析晚清社会—文化的一个经典案例,详加研读。

第一节　由新闻到案件

古代儒家标举的"忠孝"观念,经过历代统治者的不断宣说,早已成为社会的统治思想,深入民间。极而言之,则"君要臣死,臣不得不死;父要子亡,子不得不亡"。这一流传久远的训条,表明君、父握有决定臣、子生死的大权,在近代以前的中国,此乃天经地义,理当如此。而历史进入20世纪初,"三千年来未有之大变局"的出现,使得传统的价值体系、伦理道德、社会秩序纷纷受到质疑。胡仿兰之死因此得以突破家规族法的制限,在媒体的干预下,从无数被掩埋的沉冤中浮出,演为万众瞩目、公开评议的社会新闻。

沭阳地处江苏北部,隶属海州,与同在一省的松江府上海县适成南北对局,风气也截然两样。日后在胡仿兰一案中现身出力的吴铁秋,便曾痛愤沭阳学界之黑暗腐败,而出如下决绝之言:

> 下走沭阳人也,而耻为沭阳人,而不敢为沭阳人。夫士无智愚贤不肖,莫不有登龙门、附骥尾之心;而况生斯长斯之区,苟有可以牵连而混合之者,何至畏之若浼、慭之若毒,而不屑署之以为名,一若元规之尘之足以污人也者!殆孟子舆氏所谓"羞恶之心,人皆有之;是非之心,人皆有之"者也,此下走耻与不敢之所由来也。

按照吴氏致江苏教育总会信中的描述,沭阳之"疲癃症疠"实在江苏各县之首:

> 八股时代,不读仁在堂、目耕斋以外之书;科举时代,直以停科举、立学堂为不祥之事。既以出门旅学为冒险,复以立社阅报为异端。不求其颠,不讯其末,一闻未闻、见未见,辄曰:"此洋教,此洋教,吾中国堂堂大邦而为此乎?"而且历任官长蒙蔽于上(沭阳办学堂非为培人才、开文明而办学堂,直为地方官考成计而办学堂。……),尸位学师蔽障于下(沭阳副学训导直未到任,惟教谕一人滥竽司铎,……年六十余,老而患得,不知旧学问为何物,其于新学识可知矣。龌龊卑鄙,不忍尽述),使村学究愈得有所藉口,而生父兄子弟无穷之进化阻力。

概而言之,吴氏谓"沭阳有董而无绅,实则有民而无士"①,士绅阶层的消亡,正是沭阳风习闭锢顽劣的根源。吴铁秋此函写于胡仿兰一案见报前,原与胡氏之死无涉,然而,它所提供的背景,却使产生于此间的"自愿放足逼命于翁姑之奇闻"②失去传奇性,因而更令人忧惧。

---

① 《沭阳吴君铁秋致教育总会书》,《申报》,1907年5月20日。
② 此为《新闻报》1907年6月14日刊出宋康复来函时所用副题。

以沭阳之拒绝进化,尚且有吴铁秋这样的先觉者,急欲加入江苏教育总会,以开通地方风气,已属难得。而女界中出现胡仿兰其人,乡曲僻壤间竟挺生一位具有新思想的先进女性,自然更可珍视,时代风潮的难以抵拒也于此得到验证。

胡仿兰死讯的公诸报端,并立为刑案,多少有些偶然的因素。胡氏逝于 4 月 24 日,上海报界的披载,最早见于当年 6 月 14 日的《新闻报》与《申报》,已在其亡故一个半月后。揭出此事的宋康复,本受委派办理沭阳河务工赈。而其先前有创立湖北天足会的经历①,一向以"发潜德之幽光,诛凶顽以开化,固其责也"自誓。宋氏阴历三月间到达沭阳,闻知胡仿兰"因放足逼命于翁姑一事"②,激起一腔义愤,自不能坐视不管。他决心为胡雪冤,而最有效的途径即是在媒体曝光,引起舆论的注意,报纸因此成为首选工具。

宋康复关于胡仿兰之死的报道,是以致函江苏教育总会的形式发表。其中叙及胡氏的部分,不妨作为小传阅读:

> 沭阳西乡胡家圩地方,胡君象九之妹,名仿兰,字普芳。幼字本邑上马台地方,徐嘉楸之长子沛恩为室。年十八,适徐门,迄今已逾十载,生一子二女。伉俪无他嫌,唯以酷嗜书史之故,未能得其翁姑之欢心,然尚不至于欲其死也。
>
> 近因海上书报流传各地,氏钗钿余赀,辄喜购阅,书若《瀛寰全志》,及东西洋历史,暨算学、物理、修身各教科书等,报若《时

---

① 《警钟日报》1904 年 6 月 25 日有《天足会之扩张》一条消息,提及:"鄂垣天足会,经宋康复君开办,各处均设有分会。"
② 《江苏教育总会接沭阳宋观察敦甫来函》(为徐氏自愿放足逼命于翁姑之奇闻),《新闻报》,1907 年 6 月 14 日。

报》、《汇报》、《东方杂志》、各俗话报等,针黹余闲,殷勤翻阅。徐家虽坐拥厚赀,良田遍野,然翁不知报为何物,姑不知书为何物,见有新式洋装,尤嗤以鼻曰:"津津读洋书,顾欲从洋教耶?"嫉益力,然终不至于欲其死也。

其必置之死地然后已,则以发起放足一事。按氏体虽孱弱,而志极宏远。平时以振兴女学为己任,恒谓"欲兴女学,必除女害;除害必自放足始,放足必自躬行始,天下无不以身率先而能责人之影从者"。放足主义既实行,乃时时以《天足丛书》等,劝导戚族姊妹行,而姊妹行之薰其德而善良者以十数。浸假氏之妯娌及夫家眷属,皆骎骎有起色。而翁姑怨弥深,疾首痛心,若负大仇。既以氏之放足为家道不祥,愈以氏之劝人放足为妖言惑众。且谓合邑不放足,而氏独放足,惹人笑骂,未免辱及祖宗;更以氏足既放,其所生之女必不缠,而其子尤不取缠足之女,谬种流传,必至祸延孙子,而死氏之心乃大决矣。

始则阴谋暗算,欲用桎梏主义,驱使豪奴悍仆,硬将放足复缠;继则以为缠其足无以缠其口,缠其身未能缠其心,乃一变桎梏主义,而为鸩毒主义,阴谓"斩草不如除根,今日稍留怪因,它日仍成恶果。吾家但得有钱数百串,吾儿岂忧无良妇乎?"于是将氏锁闭房中,给印度药一瓶,令其自裁,不予饮食者四日矣。此三月初八日至十一日事也。

时有徐媪,平时为氏服役,饮泣累日,以翁姑禁锢不得出。防闲稍疏,潜送信氏家,嘱速肩舆往接,不然旦暮死,恐无及。氏兄当命舆人首途,距晚空舆返曰:"徐家云:只能抬死的回,休要想活的返也。"氏兄计无所施,以为翁之主动力在姑,姑苟离家,则翁焰稍熄。而姑有兄家程在城,若往接姑缓频,则氏可得活,因急怂恿程往接。程往接而姑不乘,曰:"吾大事未毕,不往城也。"

> 呜呼！氏如孤军坐困围城中，粮绝水枯，救援路断。纵能稍缓须臾，终难赊欠一死；与其饿死之缓，不如药死之速。爰于十二日勉作绝命书，留别诸姊妹昆弟同胞，而即于是日夜仰药毕命死矣。①

这篇文情并茂的书信，将胡仿兰被迫自尽的前因详细道来，已足感动读者。而徐家公婆必欲置之死地而后快的残忍、无人性，尤以胡家与姑家兄长的往接而姑不舍，定要亲眼目睹儿媳毙命方始甘心，经宋康复一番描述，更加令人发指。

借助报纸快捷的讯息传递功能与广泛的读者接受层，宋康复的报告确如"一石激起千层浪"。单是刊出宋文（包括节录改写）的上海各报，除上举二家外，所见尚有《时报》与《中外日报》。② 即是说，上海最有影响的几家大报，均已介入其中。随着报道的深入，声气相通的新闻界更将胡仿兰的名字传扬全国，诸如北京的《北京女报》《顺天时报》、沈阳的《通报》《盛京时报》，甚至在日本东京出版的《中国新女界杂志》，都曾辟出篇幅，对胡氏死情加以评述。

各报的追踪、转载与讨论，相互呼应，形成一致的舆论导向，使得已经必须借助报纸了解民情的地方大员，也不得不假诸报章公开表态。时任两江总督的端方为胡仿兰之死所作的批示，提供了具体实在的例证。宋康复书信发表后十日，端方的反应也在上海正式见报，札文劈头一句即为，"照得近闻各报载有沭阳西乡胡象九之妹仿兰适徐嘉懋之

---

① 《江苏教育总会接沭阳宋观察敦甫来函》（为徐氏自愿放足逼命于翁姑之奇闻），《时报》，1907 年 6 月 15 日。原文不分段。
② 《申报》1907 年 6 月 14 日刊出《女士放足被逼毙命骇闻》，主干系以新闻报道的语气，据宋康复之信缩写；《中外日报》以《述沭阳胡氏因自愿放足被翁姑逼毙事》为题，于 1907 年 6 月 19—20 日转载了宋函。

子沛恩为室",以下关于胡事的叙述,乃撮引宋文而成,据此要求"海州督饬沭阳县确切查明实情,提讯究拟详办"。① 此后端方覆江苏教育总会函,也表白"此事月初见报,当即饬查惩办"②,说明报纸在使"新闻"转变为"案件"的过程中,起了关键作用。

第二节 名禀告实监察

虽然报刊于究查胡仿兰死事有推波助澜之力,而若统观前后,江苏教育总会实为此中主动力。如果没有它自始至终的呼吁与督察,胡仿兰之死未必会成为一桩轰动全国、惊动官府的重大事件。③ 表面看来,原名江苏总学会、成立于1905年的江苏教育总会④,不过是一地方教育团体;但在晚清社会改良、士绅阶层日形活跃的特定时期,其作为代表一方(以上海为基地)的民意机构,已握有影响朝野的号召力。翻阅当时上海各大报,有关江苏教育总会的动态报道之详,见报频率之高,足以印证此说。

作为指导地方学务、反映学界心声的常用手段,江苏教育总会不断

---

① 《江督札查徐胡氏因提倡女学被翁姑毒死事》,《时报》,1907年6月25日。该报将"沭阳"误排作"溧阳"。

② 《江督褒扬徐氏妇因放足被逼毙命函》,《申报》,1907年7月24日。

③ 以《申报》为例,其初次报道《女士放足被逼毙命骇闻》,刊登在6月14日第十一版"琐事栏"。到6月25日《江督饬究女士放足被逼毙命案》出现,置于第二版"紧要新闻",此后,有关胡案的文字刊出位置一度提前至第四版"本埠要闻"。《时报》初刊《江苏教育总会接沭阳宋观察敦甫来函》,也见于并不重要的第五版"来稿"栏。到端方札文在第三版"地方新闻"登出,随后见报的《江苏教育总会上端午帅书》(为沭阳徐氏放足被翁姑逼命事),便跃居第一版"要件"栏。

④ 沈同芳《江苏教育总会文牍二编叙》(1907年9月8日《申报》),述及"江苏总学会,发起于乙巳秋九月,成立于冬十一月"。

将其往来信函公诸报端。其中既有来自基层的报告,也有上达官员的禀文。而最先揭露胡仿兰死讯的宋康复书札,正是写给江苏教育总会,并由总会送交上海各报公布。《新闻报》与《时报》同日刊出宋札,且均冠之以《江苏教育总会接沭阳宋观察敦甫来函》,连副题"为徐氏自愿放足逼命于翁姑之奇闻"也一般无二,证明江苏教育总会确曾将拟好题目、节抄的宋文,以通稿的方式发往数家报社。

不止宋康复信任该会,首先向其通报;《新闻报》6月16日刊于社论位置的"论说"《论沭阳徐氏妇被翁姑逼死事》,更明确表示了对江苏教育总会的厚望。其文发挥吴铁秋关于沭阳"无绅""无士"之说,"以为彼徐氏翁姑,蛇蝎尔,虎狼尔,不足论;独怪夫沭阳之地,有此开辟风气之女豪杰,而此外竟无一绅士,更无一官吏也"。文章末尾总括全篇,慨乎言之:

> 无绅士,无官吏,沭阳其不成为沭阳乎!详究而严惩之,唤醒沭阳之绅士,救正沭阳之官吏,以裨益沭阳之前途,是所望于吾江苏教育总会矣。

此语颇能代表其时舆情,对江苏教育总会也有激劝之效。

江苏教育总会果然不负众望,除首先发难,以唤醒士绅,于救正官场亦颇用力。该会既立即将宋康复报告原函抄送两江总督端方,请求"派员或饬县确查惩办",终使端方过问此事;又发挥民间社团的监督功能,力求案件获得公正审理。实际上,从获闻消息始,教育会一方即对沭阳县令表现出深刻的不信任:

> 独不解宰斯邑者,何以亦毫无惩创,而尚待学界之报告于宋道者,转报告于本会。岂地方官亦以为妇固宜死而嫉视此妇,不独徐

氏翁姑,及其夫男欤? 哀莫大于心死!①

官场与富豪沉瀣一气、利益相关的情况,在中国从来不乏其例。徐家既"坐拥厚赀,良田遍野"②,便为地方豪强。若任由当地审案,难保不徇情枉法(或竟徇私枉法)。江苏教育总会一类代表民意团体的出现,构成了超然于官方的另一种力量。它的积极介入,对官府会有相当的制约作用,使其在办案时不得不有所顾忌。而该会最初所采用的借禀报以行督察之实的做法,也贯彻始终,通过不断地登报发言,迫使官方作出回应。

就在端方命令下属查办胡仿兰一案不久,淮安、徐州、海州在上海各校读书的学生28人,以"事关女子教育,非个人之生命可比,尤于江北有莫大之关系",联名致函江苏教育总会。由于端方札文中有"究竟徐胡氏如何身死,有无他故,抑实系因放足殒命",要求州县确查,学生们因此有"拟于暑假归里时,自行察访,调取该女士绝命书据,有无别情,报告总会"的计划。此举充分体现了民间团体督察官方的自觉意识。虽然两江总督已有明令,学界仍不肯就此放手,原因在联名信中说得清楚:

> 然仅由地方官查办,犹惧假手书差,横生枝节,虽有贤明长官,未必能尽得其中真相,而女士之苦心且终沉没矣,岂不惜哉!③

---

① 《江苏教育总会上端午帅书》(为沭阳徐氏放足被翁姑逼命事),《时报》,1907年6月26日。
② 《江苏教育总会接沭阳宋观察敦甫来函》(为徐氏自愿放足逼命于翁姑之奇闻),《时报》,1907年6月15日。
③ 《淮徐海二属留沪学生上江苏教育总会公函》,《时报》,1907年7月5日;《江督札查徐胡氏因提倡女学被翁姑毒死事》,《时报》,1907年6月25日。

而所谓担心书办、衙役不过是托词,词锋所指实在一县之长。后来的事实也表明,沭阳县令俞都的确不能使人放心,其在办理此案过程中,距秉公裁断相差甚远。学界的主动出师,实有先见之明。

淮徐海三属学生提出了四条办法,而仔细推敲,其实只有第一项"调查该女士绝命时之书据并惨死情事有无别项缘由"属访察本题,其他三款均系善后之策,且都对官府有所要求。如第二条,"调查得实之时,请援照督宪前项札饬,从严惩办";第四条,"该女士冤抑既雪,仍恳督抚学三宪将该女士放足励学遭遇凌虐,暨后来如何查办、如何表章各缘由,会衔刊布告示,札发徐淮海三属地方官,剀切晓谕,以开风化而肃法纪",所言完全是针对江苏最高行政长官而发。其思虑之细密,实即提请官方办理此案务须周详。虽云"冒昧陈乞"①,而监察之责俨然当仁不让。

访求的结果,后以调查人李埙提交给江苏教育总会的报告书,以及宋康复致该会的信件形式,公布于众。此行的一大收获,便是胡象九提供的其妹仿兰"三月十二日由舆人带奉兄嫂之书"②,亦即绝命书。此信经各报登载,《申报》与《时报》并刊发手迹影本,使其内容广为人知。

信件为胡氏的死因提供了确凿证据,印证了宋康复先前的陈述。其文如下:

> 兄嫂大人左右:妹今日是将死的人了。前日翁姑因放足陵辱百端,谓妹作妖作怪,玷及祖宗,要将妹置之死地。妹非会贪生,实因儿女过小,舍不得耳。讵兄嫂着人来接,翁姑执意不肯放生。现

---

① 《淮徐海三属留沪学生上江苏教育总会公函》。
② 《淮徐海留沪学界公推调查员李埙报告教育总会书》,《时报》,1907 年 7 月 24 日。

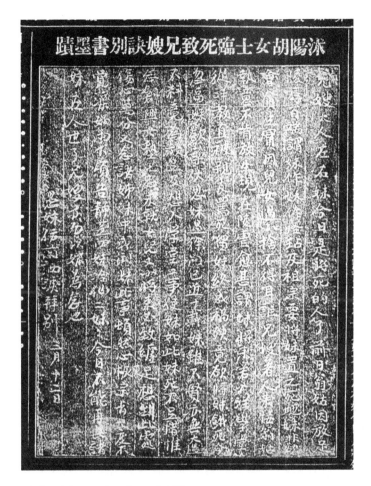

胡仿兰遗书(1907年7月24日《时报》)

在陵虐愈甚,谓妹将来若入洋学堂,从洋教,直被亲友骂死,留妹终成祸殃,竟欲将妹饿死,今忽逼妹饮药。伏思妹过徐门已近十载,妹虽不贤,亦无大过,不料竟为放足及想入学堂二事,使妹如此。

> 妹死不足惜，唯念创兴女塾之志未就，女儿又小，将来必致缠足。想到此处，伤心万分。又念诸姊妹中，或闻妹此事，顿然心灰，宗旨大变，不觉泪如雨下。烦告静芝四妹、冷仙二妹，妹今日不能再共诸妹在人世了。兄嫂亦勿以妹为念也。
>
> 愚妹仿兰洒泪拜别　　三月十二日①

此信足以为定案依据，事实既已清楚，因而，李埨除代表学生要求江苏教育总会会长将调查报告并胡仿兰绝命书"咨送督宪存案"，也请求"斟酌学生等前议数条可否，咨请督宪特别办理"②，表现出学生群体执着的干预意识。

调查报告、宋康复来函及胡仿兰绝笔信，均由江苏教育总会迅速转送端方。在"呈请察核"之外，该会又进一步提出"盼切施行"，表明其关注点已集中到监督审案。端方于接信后，虽特意复函，称与教育总会"彰瘅同志，纫佩良深"③，以示究办之决心，实则并无法制止下属在审理此案中的大打折扣。不仅其最初批示的将徐嘉榊夫妇"荷校游示城乡，榜之通衢"④并未实行，即使学界一致议决的罚款办学，结果也不能令人满意。江苏教育总会在结案后，再次上书端方，根据会员"报告调查沭阳胡仿兰冤毙始末"，认为"罚产兴学，不无隐匿"，于是提议重新判决：

> 虽法外原情，其年迈翁姑原不能不稍留养赡；然田数既多隐

---

① 《徐氏妇别兄嫂书》，《申报》，1907 年 7 月 22 日。
② 《淮徐海留沪学界公推调查员李埨报告教育总会书》。
③ 《江苏教育总会上江督端午帅书》（为徐妇放足被翁姑逼死事），《新闻报》，1907 年 7 月 22 日；《江督褒扬徐氏妇因放足被逼毙命函》，《申报》，1907 年 7 月 24 日。
④ 《江督札查徐胡氏因提倡女学被翁姑毒死事》，《时报》，1907 年 6 月 25 日。

匿,舆论因此益哗。不如由官查明,秉公酌断若干,留为徐氏翁姑养赡之用,其余悉充校费,不足仍由官设法维持。①

尽管此请没有结果,但其终不肯自动放弃督导官府的责任,并履行职守直到力所能及的最后时刻,在此已得到明白显示。

第三节 以放足争兴学

胡仿兰遗留的绝笔书,原本清楚地陈述了其被公婆逼死的两大原因,即"为放足及想入学堂二事"。不过,令人感兴趣的是,在整个事件报道的过程中,由于发言者各自身份与策略的差异,于上述两点的关注也畸轻畸重。因其涉及晚清的社会思潮与变革实践,有必要详加论列。

其实,在江苏教育总会以外,对胡仿兰一案出力最多的,尚有提倡放脚的天足会。最先揭露胡惨死情节的宋康复,便是湖北天足会的发起人。其报告书偏重于胡氏解去缠足,以之为致死主因,本出自特别的关切。而时任上海天足会会长的沈敦和,也在宋函见报后,一再出面禀请、干预,恪尽其职。

1895年4月成立于上海的天足会,起初是由西方女士创办,英国的立德夫人(Mrs. Archibald Little)任会长。1906年11月,因其即将回国,且以国人自办更易于推广会务,故将此会"移交华人接办",沈敦和继长其事。②沈氏幼年随父移居上海,受开化风气熏染,留心洋务,"于

---

① 《江苏教育总会上江督端书》,《申报》,1907年11月12日。
② 参见林乐知辑、任保罗译《天足会兴盛述闻》(《万国公报》184册,1904年5月)及任保罗译《天足会年会纪略》(《万国公报》216册,1907年1月)。

西学尤有神解"①,与西方人士亦多往还。其对天足会事务尤具热心,除开会时登坛演说,力劝放足;又集合同志,创立上海天足会女学堂,以夫人章兰出任校长。②沈之被推为后任,实为最佳人选。

上海天足会开办既久,在各地不缠足运动中已被奉为群龙之首,颇有号召力。即如宋康复提议,胡仿兰"既因放足而死,凡办不缠足会者,皆宜为之开追悼会"。其不仅致书湖北天足会,要求在当地开会追悼胡仿兰,而且特别提请,"由上海天足会为女士开追悼会"。之所以独重沪上,原因在于:

> 上海天足会既具有闳大之权力,所居之地又为中外交通之中心点。若能为女士开一追悼会,不特增女士之价值,其影响于社会者必大且远。③

沈敦和回复宋康复信,虽解释对开追悼会一事,"敝会之所以迟迟而行",只因"女士事实调查未确"及"未得女士身后之荣旌",恐无以动众听,且"于天足前途大有影响"④,实则正是自重身份的表现。

明确意识到自身地位的重要,作为中国天足会会长的沈敦和,也自觉代表各地不缠足会众,对胡仿兰之死做出强烈反应。宋康复首次通讯刊发后,沈氏立即上书端方,极表愤慨:

---

① 沈毓桂《跋西学课程汇编后》,《万国公报》4册,1889年5月。
② 参见赵志清《天足会开会始末记》(《警钟日报》,1905年1月18日)及任保罗译《天足会第十次报告》(《万国公报》217册,1907年2月)。按:章兰1898年时曾任上海中国女学堂董事。
③ 《宋观察康复致教育总会书》,《时报》,1907年7月23日。
④ 《天足会沈仲礼观察致宋敦甫观察书》(为徐女士放足毙命事),《申报》,1907年7月31日。

> 窃维风化初开,发起不易,往往文明教育一触顽固之脑筋,辄相龃龉。然亦阻挠云尔,破坏云尔,殊不虑其竟出于逼命也。徐胡氏以热心女界,躬先放足以为合邑之导,乃遽因此忤其翁姑,威逼非命,殊堪矜悯。而徐嘉懋夫妇狠心蔑伦,忍施毒手,尤足令人发指。斯事倘传布外洋,必遗西人笑柄。且恐举天下闻之,无男无女,无复敢昌言天足事矣,殊于天足会进步大有阻碍。

沈敦和因与外国人士交往日久,不免言辞、思路中,常虑及洋人反响。不过,其最后义正词严提出的要求,却关乎社会改良,意义重大:

> 伤匹妇之心,其事小;阻进化之风,其害大。用敢据情吁禀,仰祈宪台迅饬淮扬道确查,立提徐嘉懋夫妇到案彻究,从严惩罚,以儆凶顽而昭炯戒。并祈恩施颁发匾额,旌表徐胡氏,以慰冤魂而资开化,实为德便。①

而端方此后发布的游街、张榜等惩处指示,以为非此"不足警动国人之耳目,而使之开化",以及"予以匾额,为之表扬"②的措施,正是从沈氏之请。

在审案过程中,天足会与江苏教育总会同样自觉地承担起监督的责任。端方批示究办的札书虽早于6月25日登报刊出,但直至10月7日沈敦和上端方禀文发表时,令"四方天足会士女""延颈跂足,以盼结

---

① 《沈仲礼观察上端午帅禀》(为沭阳徐氏放足毙命事),《申报》,1907年6月27日。
② 《江督札查徐胡氏因提倡女学被翁姑毒死事》,《时报》,1907年6月25日;《江督褒扬徐氏妇因放足被逼毙命函》,《申报》,1907年7月24日。

果"的胡案审理,却是"悬案已久,迄无着落"。不但拖延断案,而且更有处罚奇轻的传闻:

> 近据调查员报告,谓徐嘉懋家饶于资,前经俞令提讯,与氏兄胡象九对质,词涉吞吐,并假造胡氏各手迹,意图污蔑。俞令含糊了事,未予深究。……并闻徐嘉懋因其运动之力,将罚三四千贯以掩饰耳目,可冀结案。

若如此从轻发落,无怪"士论哗然",以为不足以"慰幽魂而伸公愤"。沈敦和因而禀请"重予科罚"。① 此议亦如江苏教育总会正式结案后提交给端方的重审要求一样,并无下文。倒是在10月25日的《时报》上,可以看到一则《沭阳胡女士案结》的短讯,内称:

> 日前该县俞令以徐嘉懋现在情愿罚田五顷,为女士创建学堂,命名曰胡仿兰女学堂,以作纪念,已经该令禀奉江督电准照办,故特详明各上峰,俾可就此了结。

可知沭阳县的结案报告已得端方批准,便有恃无恐。而以"开明"著称的清廷大员端方,其先前的责令严办既已做出姿态,顺应了群情激昂的学界意向,也为本人博得了声誉,对于此后具体执行的下属"大事化小"的做法,便再不肯深究。而专做表面文章,正是清廷被迫改良的普遍弊病。

与官方的敷衍了事形成鲜明对比,最先于7月8日在苏州为胡

---

① 《沈仲礼观察上江督端午帅禀》(为沭阳徐胡氏芳[仿]兰事),《申报》,1907年10月7日。

仿兰举办追悼会的江苏放足总会,又再接再厉,决计派人亲赴沭阳,在胡氏家乡为其开会。会长谢长达等三名女士辗转车船,历经五日,方始抵达目的地。10月2日,追悼胡仿兰女士大会在县城山西会馆举行,出席者四五百人,沭阳县令俞都及夫人、两个女儿一并到场,报道称其"极一时之盛"。谢长达等意在借纪念活动以推广放足,因而,除于追悼会上"登台演说,广长舌妙,委婉剀切",引得"闻者鼓掌叫绝",又在次日专门召开放足会。记者评论:"偏隅小邑,得此二三女杰现身说法,耳鼓脑筋经一番震荡,长一番智识,影响前途,应知非细。"而负责接待诸女士一行的,正是沭阳劝导不缠足会发起人吴铁秋。①

不同于各处放足会的专一声讨徐氏夫妇逼迫胡仿兰"以身殉足"②的罪行,自愿赴沭阳察访详情的年轻学子,只凭一腔激愤,带着"深念此事关系江北女学前途甚巨"的先入之见,所做描述自会偏重于胡氏的"创兴女学之志"。虽探访"究竟女士因何殒命"时,"问诸村老,莫不谓放足及想入洋学堂二事动怒于翁姑",但调查员李埧经过深入了解,另指后事为致死主因:

> 查女士放足既已二年,翁姑不威逼于初放时,必迟之至今始行凌虐者,其亦有说。女士志在创兴女学,今春两江女子师范招生,女士拟往投考。翁姑阻之力,未得遂其志,而女士励学之心益切。翁姑以为该氏洋教之心终不能渝,一经入学,未免有玷祖宗,而死

---

① 《江苏放足总会来函》,《新闻报》,1907年11月3日;《沭阳追悼会纪盛》,《时报》,1907年10月25日。
② 《中国新女界杂志》5期(1907年6月)转载奉天《通报》《宋观察康复为沭阳徐氏妇以身殉足事致江苏总会书》,并发表评论,总题醒目地标为《以身殉足》。

氏之心乃于此决。然始不过詈骂，女士犹可自忍；继则凌虐日甚一日。女士知翁姑欲死之心万不能挽回万一，遂将平时所阅书籍陆续带回兄家。翁姑以氏既能将书带回，将来必自行潜逃，祸患莫测，不如预为之所，将氏锁闭房中，给药令其自裁。

因而，胡仿兰服毒后，其女"跪求祖母，寻方解救"，徐母却厉声曰："尔母死尔叔舅之手（即前毕业于上海东城师范之胡君轼钧，现在家庭课授静芝、冷仙诸姊妹），不得尔叔舅买洋书给尔母读，我又何必欲其死乎？尔只好向尔叔舅要母，休求我也。"①证明徐母所最不能容忍者，实为胡氏的嗜读新学书与欲进女学堂，而非解去缠足。

但天足会，甚至以推进各地学务为职志的江苏教育总会，均轻轻放过励学，而在胡仿兰的放足上大做文章，其实别有考虑。以当时作为判案依据的《大清律例》而言，裁断徐氏翁姑逼死儿媳没有可以直接援用的法律条文，而套用的量刑标准，却罪不至死。最早提出以刑律治其罪的《论沭阳徐氏妇被翁姑逼死事》一文作者，"置人情而言国法"，所做结论为：

> 考律载尊长谋杀卑幼，已杀者依斗殴条内尊长故杀卑幼律，杖六十，徒一年。是据律而论，徐氏翁姑已当坐以故杀卑幼之刑，为凌辱儿媳者戒。况论其阻遏风气、摧残女学之心，则其罪尤大，虽逾乎律而重刑之，以褫愚顽悖谬者之魄，亦不为过。②

传统的"忠孝"观念赋予尊长以特权，即使同为谋杀，判刑也有减免，与

---

① 《淮徐海留沪学界公推调查员李埍报告教育总会书》，《时报》，1907年7月24日。
② 《论沭阳徐氏妇被翁姑逼死事》，《新闻报》，1907年6月16日。

以下弑上的罪无可赦截然不同。端方札文虽也指称徐氏翁姑所作所为"形同故杀",而其开列的三条惩治办法,也仅为荷校游城乡、榜示罪状与详革功名①。明白"翁姑杀子妇,在律无死理"的仗义执言者,在现行法律中既找不到支持,又认为"薄惩实不足以示儆,且于社会无大益"②,于是转而专究徐家公婆阻挠放足之罪。

清代从立朝之始,即不断发令禁止缠足。满人本为天足,禁令所针对者自是汉族妇女。不过,申令二百余年,直到晚清,裹足之风仍未衰息,还要借助传教士与维新派联手发动的不缠足运动以移风易俗。在此期间,1902年2月1日,由光绪皇帝奉慈禧太后懿旨发布的上谕,虽寥寥数语,却被各地戒缠足会大加利用,倚为法律依据:

> 至汉人妇女率多缠足,由来已久,有伤造物之和。嗣后搢绅之家,务当婉切劝导,使之家喻户晓,以期渐除积习。③

此后,不缠足组织便可以理直气壮地宣称"奉旨放脚"④,如浙江的新学家宋恕当年即撰写了《遵旨婉切劝谕解放妇女脚缠白话》,天津公益天足社创办人刘孟扬也有《请遵谕劝戒缠足》的长文。⑤ 时任湖北巡抚的端方秉承圣旨,更以最快速度发布了《劝妇女勿再缠足说》⑥。

---

① 《江督札查徐胡氏因提倡女学被翁姑毒死事》,《时报》,1907年6月25日。
② 《宋观察恕复致教育总会书》,《时报》,1907年7月23日。
③ 《上谕》,《京报》,1902年2月1日。
④ 《女报》(《女学报》)1期(1902年5月)"新闻"栏有《奉旨放脚》一则,系载录2月1日劝谕放足之"上谕"。
⑤ 二文分见《宋恕集》上册(北京:中华书局,1993年)及《大公报》1904年1月5—10日。
⑥ 《鄂抚端午帅劝妇女勿再缠足说》,《女报》(《女学报》)1期,1902年5月。

虽然清室禁止、劝诫缠足的谕旨从来没有被认真执行过,但在裁量胡仿兰一案时,却不失为有力的武器。深知端方态度的江苏教育总会,因而在第一次上书中,会以这样的言辞打动其人:"查缠足之弊,前奉谕旨谆谆谕诫;节旄所莅,尤苦口危言,为此邦人勖。……徐姓妇以提倡放足,致不为翁姑所容,凌逼毙命,据所报告,可谓苛酷。独不意同在吾帅景风淑气之中,而尚有此黯雨愁云之惨,其他尚何言!"该会提出的治罪办法于是有所侧重:

> 按尊长凌虐卑幼至死,律有明文。至放足既奉旨在前,徐姓翁姑,甘冒不韪,罪以违制,其又奚辞?①

前罪一笔带过,因知其不会科以重刑;后罪则成为主攻方向,以其可加大处罚量,并且名正言顺。

心领神会的舆论界,嗣后便多从此立意。宋康复再次致书江苏教育总会时,述及胡仿兰之死,已改口称其为"遵旨放足见杀翁姑"②。而《时报》连续刊登的咏胡仿兰事的诸家诗作,也以"违旨"为抨击重点。联吟本发端于宋恕投寄之诗。宋因读《时报》载胡死情节,激动热肠,作《哀海州胡普芳烈女仿兰》三绝句,第一首即以此为话头:

> 怪哉乃以遵王死,世界恒沙尽一惊。
> 谁道神州是专制,舅姑威重辟威轻。

在《平等阁诗话》中抄录宋作的《时报》主人狄葆贤,叙说胡仿兰一案缘

---

① 《江苏教育总会上端午帅书》(为沭阳徐氏放足被翁姑逼命事),《时报》,1907年6月26日。
② 《宋观察康复致教育总会书》,《时报》,1907年7月23日。

起时,也总括为:"胡女士毅然为放足死,江苏学界上书端制军,惩其舅姑违旨之罪,则影响及于社会者甚大。"①违旨便当治罪,学界于惩办之法倒是意见一致,此即"罚产兴学"。

动议发起者仍是宋康复,其从有益社会着眼,提出的重惩措施乃是"罚徐氏巨赀,建设女学",并申述理由为:

> 徐以富闻,家资可数万金,学界禀控本有议罚之说。沭阳人视财产重于生命,正宜从重议罚,以其资作一公益之事,既可垂戒他人,亦以慰女士未竟之志。公益事所最宜者二端:一办不缠足会,一设女学。然空空一不缠足会,实无用如许巨款;仍以设一女学,即名以女士之名,为正当不易办法。②

江苏教育总会对此深表赞同,转致端方时,即称宋氏所议包括此条在内的"各节均为善后事宜必要之办法"。天足会方面也有沈敦和致宋康复书,表示:"阁下所拟惩办翁姑之法,罚锾建造女学堂,深合鄙见。"③

此罚款法亦为官方接受,只是重罚的数额,民间与官府差距极大。宋康复强调罚金"不能太少,致不敷办学之用",李埙等学生更具体设定为"割其夫家财产二分之一,办沭阳女学堂"。④ 而在悬案日久未决

---

① 《平等阁诗话》,《时报》,1907年8月29日。宋恕诗刊出时无题,据《宋恕集》下册添加。
② 《宋观察康复致教育总会书》,《时报》,1907年7月23日。
③ 《江苏教育总会上江督端午帅书》(为徐妇放足被翁姑逼死事),《新闻报》,1907年7月22日;《天足会沈仲礼观察致宋敦甫观察书》(为徐女士放足毙命事),《申报》,1907年7月31日。
④ 《宋观察康复致教育总会书》,《时报》,1907年7月23日;《淮徐海三属留沪学生上江苏教育总会公函》,《时报》,1907年7月5日。

时,沈敦和借向端方通报消息以行督责之实的禀文中,便已揭出官府薄罚的动态:

> 查徐产约田亩三十余顷,时值五六万金,而其呈验契券,为数仅十七顷,只及其半。俞令核收之余,亦并未饬人清查,一时士论哗然。

沈氏"为此据情禀恳宪台,俯赐察核,饬县立提徐嘉懋严究,重予科罚,俾充建造学堂经费,以昭劝惩"。① 但最终,此案只以"徐嘉懋现在情愿罚田五顷"轻易了结,虽经江苏教育总会据谢长达调查报告力争,指陈"罚产徒有其名,兴学尚难为继"②,亦无法改变原判。五顷之数距民间团体所要求的十七八顷,相差太远,以此款办学,必然不敷应用。

以说放足始,以办女学终,最后的结果虽未能如其初愿,民间组织却已明确地显示出以女子教育为落脚点的一致倾向。而晚清的戒缠足与女学堂本是一体相关,不可分割。学校为推广放足的基地,解缠又以受教育成有用人才为归宿。劝诫缠足者因而往往一身二任,沈敦和的创办天足会女学堂,谢长达之又为苏州振华女学校长,均见此意。诸人的重视女学,正是其来有自。吴铁秋称扬宋康复的功德时,略彼重此,道理在此:

> 宋敦甫观察之大有造于吾沭阳也,即其代胡女士雪冤一事,震

---

① 《沈仲礼观察上江督端午帅禀》(为沭阳徐胡氏芳[仿]兰事),《申报》,1907 年 10 月 7 日。
② 《沭阳胡女士案结》,《时报》,1907 年 10 月 25 日;《江苏教育总会上江督端书》,《申报》,1907 年 11 月 12 日。

沭阳既死之人心,孕沭阳昭苏之女学。①

励学的目的既已达到,胡仿兰也就不算白死了。

第四节　变先进为中庸

晚清社会变动的剧烈,新闻报道的快捷,使作家易有强烈的现实感,比之以往各时代,作品更贴近生活。而重大事件先已有报刊的渲染、铺垫,引人注目,因此也常常成为文学创作的热点。胡仿兰之死便提供了此类例证。

有关胡仿兰的文字体裁众多,作者既出之以传统的诗文,也采用各种便于启蒙的通俗文体,反复言说。创作与发表的目的,在首创者宋恕说来极为明确,其与《时报》编辑陈诗的信即道破此情:

> 顷阅贵报,登有海州胡普芳一事,不胜悲愤。赋此三绝句,录呈左右,并乞代呈狄楚公一阅,可否登入《平等阁诗话》,以求海内诗人起和? 冀藉同声歌哭,力挽此惨俗于万一。②

狄葆贤于刊发宋作的同时,也秉承其意,特加说明,"尤愿各省人士共起而和之,不拘体韵,见寄本馆,当为登之报端,以扬风烈,使里巷妇女传述,谱作歌谣,则于改革缠足之陋习,或亦一助焉"③。以文学为推动社会改良的工具,在此已表述得十分明白。日后,徐澹庐、秦缦卿、甘泉

---

① 《致申报馆主笔函》,《申报》,1907 年 8 月 15 日。
② 《致陈子言书》(1907 年 8 月 16 日),《宋恕集》上册 632 页。
③ 《平等阁诗话》,《时报》,1907 年 8 月 29 日。

常、瘦蝶、陈鹤柴等人的诗篇陆续在《时报》发表,同声表彰胡仿兰,声讨徐氏翁姑,正是这一号召引起的直接反响。

不过,诸家所作仍是旧体诗词,无法谱成歌谣,使里巷妇女传唱。于是,又出现了更为通俗的戏曲、小说作品,以继其志。先是1908年,有题名《沭阳女士》的剧本出现;随后,蒋景缄的《足冤》与南武静观自得斋主人的《中国之女铜像》双双产生于1909年,其时距胡案了结已两年,表明余波仍在。

《足冤》为蒋景缄所作短杂剧《侠女魂》之一折,初刊于1909年5月出版的《扬子江小说报》第1期。剧作截取胡仿兰临死前一幕,演胡被囚,老仆人徐媪赴其兄家报信,来舆遭徐母拒却,徐母必欲置胡于死地,而胡之死志亦已决。剧中的胡仿兰虽也儿女情长,但其上场词所唱,"苦羁囚准备离魂葬,抉不破文明障","荆棘碍鸾凰,空盼断天际翔。死和生,俺只守硁硁谅",仍显出刚强之气,与阅读胡氏绝笔书的感觉相吻合。而所谓"惨历史,支那壮"①,正好概括出笼罩整场戏的悲壮氛围。作者将胡仿兰置于侠女之列,因此不无道理。

蒋景缄之作似乎满足了沈敦和两年前的期望:将胡仿兰事迹"演成戏剧,付诸梨园,以为永远之纪念,且使下流社会群知女界文明有女士其人者,足资观感"②;而倘若考虑到杂剧体制的没落以及此一形式在近代已案头化,流为文人的逗才之具,便不难明白《足冤》并未达到沈氏的要求。

真正合乎沈敦和理想的剧作,应属其人亦现身场上的京剧脚本

---

① 录自阿英编《晚清文学丛钞》(传奇杂剧卷)下册493—494页,北京:中华书局,1962年。

② 《天足会沈仲礼观察致宋敦甫观察书》(为徐女士放足毙命事),《申报》,1907年7月31日。

《(悲剧)沭阳女士》。此作连载于在北方女界广有影响的《北京女报》"戏曲"栏。① 因存报非全帙,今所见刊出27次的剧本,因此缺了开端,连带作者的姓名也一并失落。虽然在曲本中,沈敦和以"沈仲礼"之别字粉墨登场,戏中人物宋敦甫(即宋康复)在闭幕下场前的最后一句台词亦道及,"我听说沈观察已经编成了戏文呢"②,但这尚不足以作为此本出自沈氏的确证。

应该说,在晚清戏曲中,《沭阳女士》编写用心,作者应是一位对京剧相当熟悉且文化素养很高的文人。剧本大体依据新闻报道改编,不但与此案相关的一干人均以真名实姓登场,而且诸如胡仿兰之喜读新学书,劝说家中女眷一同放足,被逼自尽的经过,宋康复与沈敦和代为伸张正义及罚产兴学之定案,举凡报章所载,可谓无一遗漏,甚至连胡氏遗书也一字不落地写进戏文中。而其临死前的"惨声高喊":"胡仿兰,胡仿兰,今日是你的死期!今乃光绪三十三年,三月十二日,沭阳胡仿兰,为放足劝学而死!"③也将这位为理想献身的新女性,如实定型在舞台上。

在从雅到俗的文学序列中,《沭阳女士》恰好居于《足冤》与《中国之女铜像》之间。下此判断,主要是因为剧作者表现出有意弥合新、旧道德的用心。戏中有一段胡仿兰为女儿讲解《女子修身教科书》的情节,单看其标举"忠孝节烈、礼义廉耻",似乎全不脱传统礼教范围;但细察由此生发的道理,却又浸染了鲜明的时代意识:

> 这"忠孝节烈"四个字,那("烈")字是最要紧的。有了这个

---

① 《(悲剧)沭阳女士》,《北京女报》第877—940号,1908年2月8日—4月11日。
② 《北京女报》,1908年4月11日。
③ 《北京女报》,1908年3月29日。

> "烈"字,要做一件事,那管他千般的难,百样的磋磨,总要把这件事做成才了。"礼义廉耻"四个字,那"耻"字是最要紧的。有了这个"耻"字,自己就晓得那一件的可耻的事情。你可晓的女子的缠足,便是第一可耻的事情。①

如此解说,无异于"夫子自道",直是将胡仿兰的性格、志业剖现于观众面前。此后剧情的发展便如顺水行舟,已可逆料。

为了凸显胡仿兰宣传放足、身体力行的决心与感召力,《沭阳女士》又以浓墨重彩,专门为她安排了一场纯粹使用念白的长篇演说。这一被剧作者派定为直接导致女主人公之死的演讲,确乎集胡氏平生先进思想之大成,正是宋康复致江苏教育总会函中为之总结的"欲兴女学,先除女害"的宗旨在戏台上的正面展示:

> 我的最亲爱的诸位妹妹呀!我虽是没有知识的人,却要想把诸位妹妹的知识,合成了我的知识,大家把这沭阳地方的女学兴他出来。要兴女学,先要除女害,那女害便是缠足。

接下来,胡仿兰以中国古代的刖刑比论缠足,认为后者的"残酷更加十倍",原因是:"那刖刑是治那犯罪人的,小小的女子,硬叫他缠足,犯的什么罪呢?既然不犯罪,无端施此极残酷的刑罚,而且施刑的是生身之母,受刑的是亲爱的女儿,于心何忍?"既然刖刑可因残酷而废除,"难道缠足不可废"也就成为很自然合理的发问。而放足与兴学又有必然的联系:"大凡性情的残忍,风俗的野蛮,都是没有教育的缘故。"何况

---

① 《北京女报》,1908年2月8日。

缠足还是中国的国耻:

> 诸位妹妹自己想想,我们中国的女人,还不是同印度、波斯的女人一样,被欧美人看不起吗?依我看来,更不如印度、波斯的女人咧!印度、波斯的女人,没有缠足;中国的女人,还缠足咧!一个女人,同在世界上,被人看不起,这是最可耻的事了。知道可耻,就要兴女学,兴女学就要除女害,除女害第一是不缠足。不缠足便是女学内一件事情。①

这篇演说虽是概括了晚清有关不缠足的诸般论述,但以之出于新女性胡仿兰之口,仍然充分展现了胡氏涵融古今的新知识结构,特别是其中外比较的眼光,更属晚清新学的特色。

只是,按照剧本的敷演推究起来,这样一位思想崭新的先进女士,最终的陷入死地、不获得救,竟又与其人旧道德意识的作怪脱不了干系。从编剧者的初衷考虑,也许是希望消除观众的疑惑与弥补情节的缺漏:在人命关天的危急时刻,胡家为何没能采取强制措施,救出胡仿兰?剧本给出的解答未必符合事实,却很合乎作者为戏中人规定的角色情境。胡仿兰对娘家派来接她的女仆既已有"我的命、大分是、有死无生"的预知,最末两句唱词偏又强调:"叮嘱声、我兄嫂、不须气愤,切不可、伤了那、亲戚之情。"女仆回家报知徐家"死的可以接回来,活的不要想接回来"之言,胡氏兄长、留学归来的胡象九及静芝、冷仙二妹本来也决意"同他野蛮",强抢回胡仿兰,终竟被女仆转达的"切不可伤了亲戚之情"的仿兰留言束缚住手脚②,悲剧于是无可挽回地发生。换

---

① 《北京女报》,1908 年 2 月 18、22 日。
② 《北京女报》,1908 年 3 月 18、22 日。

言之，胡仿兰终究不能摆脱身为徐家媳妇的家庭伦理，其"以身殉足"中原也包含了"殉礼"的成分。

就体裁而言，京剧与小说比杂剧通俗；若就精神境界而论，同样演述胡仿兰故事，《沭阳女士》在通俗性上却仍要输于《中国之女铜像》。或者可以说，从形式到实质综合考量，后者才可称为真正的通俗文学作品。

这本标明类别为"女界小说"的《中国之女铜像》共20回，由上海改良小说社于宣统元年七月发行，前有绘画20幅，即每回一图。作者似曾留心搜集胡仿兰资料，卷末附录的沭阳县知县俞都与夫人的挽联，以及胡氏遗札三封，不像代笔，应是原作。俞令挽联为：

> 群传烈女多才，动追悼深情，顿使僮阳增特色；
> 惭愧长官无德，致沉冤莫白，转教瀛海费疑猜。

口吻颇切合地方长官的自我表白。胡仿兰三札则对了解其生平思想大有帮助。致静芝四妹函所言，"二弟留学归来，即要兴办女学塾，诸妹与诸侄女均有志向学，喜极欲狂，恨不能身生双翮，到家与诸姊妹晤聚也"；致畴芬三姊信曰，"妹闻入学堂者，有百益而无一损。妹本亦有此意，只因上有翁姑，不得自由"；致冷仙二弟妹书云，"知妹放足一事，极以愚姊之说为是，然必俟二弟来家时始肯实行。愚哉二妹，何其虑之深而左也！顷见吟香大嫂，已放足矣，妹何不一同行之？放足团体愈大，愈不怕人笑骂。……勉速行之，毋稍宽待为荷"；凡此，均活现出作为先行者的胡氏对于放足、兴学之执着，及其刚毅、热忱的个性。

将小说作者抄录的函札视为信物，也是由于信件与作品两个文本之间存在着矛盾。小说自多虚构，便反证出信函的真实性。新闻报道

《中国之女铜像》1909 年初版书影

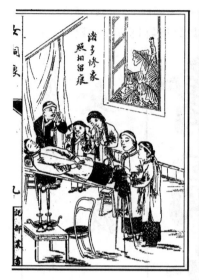 

《中国之女铜像》插图二帧

及诸信中清晰可见的那位锐意前行的女志士,在小说作者笔下,已减损许多锋芒。第一回末尾为书中主人公胡仿兰定下的基调是:"热心女学,守旧礼法,开新智识,到死不变。"因而强调其为"第一文明女子",认为"女界中能学得来他,女学便可真个进步了"。① 显然,由小说重塑的胡仿兰形象,已成为作者心目中理想女性的典范,作品之取名"女铜像",亦存此意。

小说作者于是反复宣说胡仿兰的守旧出新,对其作为新女性偏能遵从旧道德的一面力加表彰。叙述胡氏出身,特意标榜:"到十八岁出阁之时,且不要说他的品貌端庄,性情贞静,早已学有根柢,深明大义的

---

① 第一回《遇朋友演说女铜像》,《中国之女铜像》,上海:改良小说社,1909年。

了。所以到了夫家,遵守着三从四德,历代贤德女子的言行,去服侍那顽固的公婆,愚暗的丈夫,生下了两女一男,和和顺顺的过了八九年。"①不仅自己恪守礼法,也以此教育女儿。书中描述的胡仿兰为其女讲述"修身"二字的一篇大道理,与《沭阳女士》戏本相同,均为作者的得意笔墨,立意的高低却差了许多:

> 什么叫做"修身"呢？你可晓得一个女子,一生的做人,须认着八个字做去。那八个字呢？就是"忠孝节烈,礼义廉耻"。合着这八个字的,勉力的做去;背着这八个字的,竭力的除去,才能算个完全的女子。②

作者对于当时趋新的女性显然抱有偏见,表扬胡仿兰的许多话,本属有的放矢。如谓胡氏"关于纲常名教的,他却仍是信守奉行,一毫不敢怠慢;怎比得那些无识女子,只读了几本教科书,戴了一副金丝眼镜,着了一双皮鞋,便自命为新中国的新女子。但听见说是西法,凭你与我国的风气,有大大不合的,也就冒冒失失的行了;但听见是旧礼,凭你礼义廉耻,女子所断不可少的,他也不肯仔细辨辨滋味,总道是不合时宜的陈言腐语"。作者认为,似这般"轻轻地把新旧两字分了一个高低",而"不能把中西新旧,从俗从宜,熔成一片",便是使守旧者愈恨新学及新女学不能进步的原因。③

因此,小说主人公(实即作者)谈论新学,也常作别解。她(他)对于"男女平权"的理解是:"这平权二字,不是教女子与男子争这权利,

---

① 第二回《送兄弟谈论旧家庭》。
② 第十一回《邻妇改良渐开风气》。
③ 第四回《劝读书夫妻小反目》。

是要女子有了学问,与男子共担国民的责任,才是平权二字的实在宗旨。若女子没有学问根柢,误解了平权二字,不分内外起来,不但于社会上仍无益处,还不知要闹出多少笑话出来。"归根结底,女子还须遵从"忠孝节烈,礼义廉耻",她(他)反问:"若不循着这八个字做去,从何处去担责任呢?"① 将旧道德视为新学问的根基,此点在书中已表白得足够清楚。

甚至说到被舆论界指为致死原因的放足,这一位胡仿兰也与遗札中的见贤思齐不同,虽然自行其是,却不以为旁人也该如此:

> 若以大概女子而论,年纪轻的,自然没有再缠脚的道理了。至于在二十岁左右,已经缠小了的,也不必去逼勒他们,板要放了才罢。古语说的:忙不在一朝。中国几千年来的陋习,怎能够在三年五载,改革得舒齐?可怜一个女子,少年已吃了缠脚的苦头,如今再要逼他吃一番放脚的苦,岂不要弄得身子弱而又弱,更不如听其自然的稍胜一筹了。

此言不主张成年女子放足,倒也罢了;而推到极点,竟有指责使已缠者放脚为不人道之嫌,便决非现实中的胡仿兰所肯承认。而称放足为"外表的功夫",以为"使上中下三流的女子,都从而和之,一齐把小脚放大了,便能算得中国文明富强么",更类似顽固派对不缠足运动的攻击。至于主人公的放足,解释起来,竟也出自不得已。既准备办女学堂,则"一方女学的进步退步,都在我们手里,务须以身作则,才能不负这师范二字。照了天足会章程,不是天足,都不能进学堂。我们仍旧脚小伶仃的,去做天足会学堂的教习,还成个什么样子?所以我也决意放

---

① 第十一回《邻妇改良渐开风气》。

脚。但是我的放脚,却不是为时髦上头,实为女学前途,才不得不放的"。① 尽管到第十三回《胡女士演说阐正宗》时,又对大众普劝放足,并以之为"第一层功夫",而将"仿学西国的良法",使女子普遍受教育作为改良女界更上一层的手段,却是毫无疑问,前面的论说才真正代表了作者的意见。

为了肯定融合新旧,小说作者又有意颠倒时序,将同在1907年死去的两位女性——胡仿兰与秋瑾撮合一处,相互比论。秋瑾7月15日遇难,晚于胡仿兰近三个月。大约因当年曾出现《秋瑾遗事》一书,后附有关胡仿兰的"江苏教育总会上端午帅禀及女士遗致兄嫂原书"②,使二人的身后遇合成为可能。小说中的女主角对秋瑾本极为佩服,主动投书,认作同道。不料,在被禁闭的最后时日,因读到徐媪偷偷送来的载有秋瑾见杀消息的报纸,得知秋为留学,"竟鲁鲁莽莽干出一件大背名教,不可为训,野蛮自由的事情出来","毅然决然的与丈夫离异",对秋瑾的评价于是直落千丈。原先的"当代女宗""女界伟人",只因有此一事,便被论定为"女界的罪人",甚至说,"装了这个由头把他处死,倒也不能算什么苛刑酷虐"。最令其痛心的是,"秋女士这般有名誉的人物,也只知向新字一力奔去,把自己的德育体育,做人万不可不讲的纲常,也认做无用旧物,抛荒得干干净净",小说主人公不禁对自己先前的选择大为怀疑,以致灰心、绝望,情愿一死。在作者笔下,对秋瑾的失望竟成为迫使胡仿兰走上死路的主因:

> 可怜我一个上有野蛮压制、内无真实学问的人,空仰慕着个有名无实的人,做了几年春梦,还望什么脱离压制,自在自由,干一番

---

① 第九回《比例禁烟辩明宗旨》。
② 《秋瑾遗事出版》,《时报》广告,1907年8月9日。

> 只手回天,开明女界的事业,倒不如早些死了,还浑浑噩噩,留得个提倡天足,热心女学的虚名在世。①

如此描述胡仿兰之死,为表彰这位新女性的"守旧礼法",不惜改变事实,歪曲人物原型,了解其事的读者自不会首肯。

不过,考虑到小说读者的接受面本以对新学所知不多的市民为主体,作者之改造胡仿兰,因而正是适应了大众的需求,此亦《中国之女铜像》所以被肯定为通俗文学的重要理由。处于新旧交替的过渡时代,先进者往往不能被普通民众理解,作人群中的孤独者,几乎成为注定的命运。胡仿兰其人从新闻到小说,于是不得不经过一番转化。

新闻报道由于其文类特点,尽可标新立异;不如此,即不足以吸引大众,领导潮流。并且,其关注点在事件的结果,故更多强调了徐氏翁姑的残忍,对作为新女性的胡仿兰着墨不多。而小说在晚清虽已由先进之士赋予"改良群治"的重任,却仍未真正摆脱通俗文学的地位,以之为最有效的启蒙工具,即是有力的证明。《中国之女铜像》既以胡氏为主角,个人经历为主线,所铺叙的情节、阐发的道理,便不能距读者的知识水平、道德水准太远。平庸化便成为通俗小说处理此类现实题材的惯常方式。② 改变原型,将胡仿兰塑造成在出新中守旧的人物,易于为大众接受;而从读者一方,又可收到于守旧中出新的实际效果。因此,我更愿意把《中国之女铜像》表述的倾向,视为晚清社会的普遍意识,在批评其人物思想倒退的同时,也理解作者在渐进中改良的苦心。

---

① 第十六回《绝望文明从容就死》。
② 静观子所作小说《六月霜》对秋瑾的塑造亦采此法,可参看。

第十章　纷纭身后事
——晚清人眼中的秋瑾之死

公元 1907 年 7 月 15 日(阴历六月六日),秋瑾于家乡浙江绍兴的轩亭口以谋反罪被杀害。消息传出,迅速扩散,在各界激起强烈反响。由秋瑾之死引发的巨大风潮,完好地映现出晚清的社会心态与文化氛围,因而格外引人注目。

第一节　舆论的抗争

晚清的舆论界,基本是民营报刊的天下。中央政府虽握有《京报》《政治官报》(1907 年 11 月 5 日创刊)以及各部所办之《商务官报》《学部官报》等,各地官方自 1902 年 12 月直隶总督袁世凯创办《北洋官报》以后,亦仿行其事,但官办报刊无论数量抑或影响,均无法与民办者相抗衡。以至 1907 年 4 月宪政编查馆大臣奕劻等奏请开办《政治官报》时,言其重要性,也必称说"私家报纸","往往摭拾无当,传闻失实,甚或放言高论,荧惑是非",故欲"正民心,自非办理官报不可"。① 加之,民营报刊大多同时揭载"上谕""宫门抄"及重要奏折、法律条文、章程等,兼有官报之长,且信息量更大,言论更自由,自然更受个人订阅者

---

① 《宪政编查馆大臣奕劻等奏办理政治官报酌拟章程折》,《清末筹备立宪档案史料》下册 1060 页,北京:中华书局,1979 年。

的欢迎。在秋瑾被杀事件中,民报所扮演的角色,便出色地展示了其代表与左右舆论的现实功能。

秋瑾遇难后不久,一直关注徐锡麟刺杀安徽巡抚恩铭一案的各民间报纸,立即将重心移向秋案,连续不断地追踪报道,使秋瑾死事的每一细枝末节均毫无遗漏地公诸报端。各报虽有政治立场的区别,如上海《时报》的鼓吹立宪,《神州日报》的宣扬革命,不过,在同情秋瑾、指斥官方的舆论导向上,仍表现出相当大程度的一致性。综述民报在此中的作为,江苏教育总会所言最称切实:

> 报馆为舆论之代表,其所纪载容或有一二传闻失实,然持之有故,言之成理。凡诸陈说,非为一人,为全体也;非为浙江,为天下也。①

而若于众报中取样例,《申报》自应居于首选。这不仅因为它是最具商业化特征而最少政治派别色彩的大报,而且,在晚清全国报刊中,1905年2月版面改革后的《申报》发行量高达万余份,在绅商界广有市场②,

---

① 《江苏教育总会致浙省议长议绅咨议官学界诸君询问绍案公论书》,《申报》,1907年8月5日。
② 见雷瑨《申报馆之过去状况》(《最近之五十年》,上海:申报馆,1923年);徐载平、徐瑞芳《清末四十年申报史料》(北京:新华出版社,1988年)亦称,至1907年,《申报》每日销量已增加到万余份(73页)。时人姚鹏图《论白话小说》文尝云:"上海各报林立,而《申报》为最先。自有《申报》以来,市肆之佣伙,多于执业之暇,手执一纸读之。……是以《申报》之腐败,虽亦见讥于士林,而各埠商家,既震于老大报馆之声名,又中于一成不易之锢习,阅之者尚多,销路至今未减。"(《广益丛报》65号,1905年3月)更早限于杭州一地的调查也表明,除本地出版的《杭州白话报》占有优势,销数达七八百份外,便属《申报》发行最多,约有五百几十张,对象以"官场、商家为多"(《杭城报纸销数表》,《浙江潮》3期,1903年4月)。

又自1906年1月美查股份有限公司董事会提出出售申报馆动议,华人在报社的主导力量便明显上升。因而,即使从销量及反映国民言论着眼,《申报》亦颇具代表性。下文讨论秋瑾死事,于报界之偏重《申报》,另辅以他报消息、论说,原因在此。

《申报》对于秋瑾一案的报道,始终集中在居于重要版面的"专电"与"紧要新闻"两栏,又配合以"论说""文苑""要件""舆论"等栏目,总字数约计三万①。

绍兴党狱的首见《申报》,为秋瑾殉难后一日。7月16日的"专电"第一条消息,即由绍兴府太守贵福的查封徐锡麟家所开天生绸庄,而提及"拘拿徐创设之大通学堂学生,内有某生被兵役枪伤"。18日的"紧要新闻"中《查封徐锡麟家产学堂之骚扰》一条,则第一次通报了秋瑾被害的有关情况:

<blockquote>绍兴明道女学堂教习秋瑾女士曾至日本游学,程度颇高。近被人指为徐锡麟党羽,遂被拿获,立予斩决。闻者莫不憬憬。</blockquote>

此后半月,几乎逐日均有关于秋瑾事件的续报。言其被捕,指为栽赃陷害:"(押解途中)行至某处,某兵将手烟[枪]二枝掷于道旁,遂指为由女子[士]裤中落下。"述其遇害,深表同情:"女士身穿白色汗衫,外穿元[玄]色生纱衫裤,脚穿皮鞋,钉有铁镣,两手反缚。由山阴县署至轩亭口,一路有兵防护。临刑时女士不发一语。"②并详细、及时地披露秋瑾被杀幕后的种种传闻:杭州新军第一标标统李益智因前次来绍未蒙

---

① 字数的统计据《清末四十年申报史料》191页。
② 7月22日《新军骚扰学堂之罪状》;7月20日《皖抚恩新帅被刺十志·株连秋瑾女士确耗》。

杀害秋瑾的绍兴太守贵福漫画像(1907年《人镜画报》第12册)

学界欢迎而挟私报复;绍兴乡绅胡某、袁某因与徐锡麟常相联络,恐被株连而抢先诬告秋瑾;浙江巡抚张曾敭之幕僚某姓因平日笼络学界,闻张大愤恨于徐锡麟刺杀恩铭,谓"学生无不可杀",惧失张欢,而力主严办;绍兴知府贵福审案时,被其早先认作义女的秋瑾咬定"义父乃是我同党",怕于己不利,故赶赴省城张曾敭处危言耸听,终获就地正法手令。①

---

① 分见7月22日《新军骚扰学堂之罪状》、7月28日《秋瑾女士冤杀之历史》、7月23日《秋瑾冤杀之原因》、8月5日《越郡罗织党案余闻》。

《申报》迭次报道的语调,也越来越强化了与官府对立的倾向。其间译自英文《字林西报》的一则通讯,显然给予报馆同人以极大启发。18日的消息述及秋瑾被处死,不过使用了"懍懍"二字表达叙述者的心情;次日的简单记写秋瑾"被拘拿,业已就地正法"①,态度更为客观。而19日当天刊出的《西报论徐锡麟被刑之酷》的"紧要新闻",引某英人致《字林西报》一书,将徐被惨杀放在"中国政府正在商议立宪"的背景中讨论,代表"文明国中人"指责清廷:

> 彼官吏既杀徐,而又取其心以祭死者,果已野蛮矣;竟又株连其亲族朋友,此等手段,徒使吾外人增轻视华政府之心耳。

已有明确暗杀行为的徐锡麟,西方尚且为其被刑处置之野蛮鸣不平;未曾举事的秋瑾竟遭仓促杀害,自然更易引起同情。此后,《申报》对官府的抨击力度便转而加强。20日的有关报道已使用"株连"一词,21日的新闻稿则进而出现了"此次惨被株连,无不同声叹息云"②的行文,后更以"奇祸""冤狱""冤杀"等字眼指称秋瑾死事,大张旗鼓地为其鸣冤叫屈,并使这一抗争活动自始便具有要求法治的内涵。

为此,《申报》通过对秋瑾生前行事的叙述及刊载其作品,使不了解秋氏生平的读者,迅速获得其人乃爱国女杰的印象。7月22日的"论说"一栏,便公然以秋瑾的演说《敬告姊妹行》"代论"。篇首编者按介绍秋瑾,也极称其"痛心国难,每于新报新书中,见外侮浸迫则横涕不可仰,大有'四十万人齐解甲,并无一个是男儿'之感";"又擅口才,每登演坛,雄辩恣肆,往往倾动众耳,击掌声如百面春雷"。次日,

---

① 7月18日《皖抚恩新帅被刺九志·又附绍兴访函》。
② 7月21日《皖抚恩新帅被刺十一志》。

续刊秋瑾穿和服持刀小照,上题"女界流血者秋瑾",并发表《秋瑾女士遗诗六首》,包括《感愤》《日人石井君索和即用原韵》《感时》二首、《黄海舟中感怀》二首,均为其赴日留学后吐露慷慨悲壮的爱国情怀之作。如此忧心国事的女志士却因徐案牵连被难,舆论的引导者及读者大众,自然要严厉追究地方大员的杀戮罪行。

在《申报》,这一切做得极为策略。尽管从清政府的角度看,及时缉捕首领、扑灭起义的浙抚绍守实为有功之臣;且张曾敭事后呈报的处理浙省党案经过的奏折,也获得了"着照所请"的朱批①,表明了最高统治者的认可。然而,《申报》主持人却置此于不顾,只将攻击的矛头始终限于浙江一省的官员,有时还故意制造出中央与地方的对立,以中央压地方,使自己处于有利的地位。实际上,这也是当时大多数民营报刊共同的做法,为避免官方寻找借口封闭报馆而先行设防②;并进而发动有力的进攻,在强调"今夫法也者,立国惟一之元素也"③的前提下,以维护法律尊严为宗旨,使围绕秋瑾死难的讨论超出了个案的局限,获致普遍的意义。

被利用的中央旨意,近则有7月27日以"内廷消息"为来源发布的《两宫办理徐党之意见》:"除著名死党严惩不计外,凡所胁从,断不可妄事株连,致乱人心。"后二句发表时特意加上着重点,表明用心所在,纸背的意思已关合秋瑾一案,只因办报人与读报者心中,都毫无疑问地

---

① 《光绪三十三年八月十七日浙江巡抚张曾敭奏折》(军机处折包档),上有同日硃批,见中国史学会主编《辛亥革命》(三)214页,上海:上海人民出版社,1957年。

② 当时对报界执行的是巡警部光绪三十二年(1906)订立的《报章应守规则》,最重要的禁令是:"不得诋毁宫廷","不得妄议朝政","不得妨害治安","不得败坏风俗"(戈公振《中国报学史》"关于报纸之法律"一节载录)。

③ 胡马《浙抚安民告示驳议》,《时报》,1907年7月27日。

将秋瑾置于受株连之列。此说既经"饬电知各省督抚,一体知照"①,浙抚绍守的处决秋瑾便是与朝意相悖。更多的援引出自上谕,留东全浙学生7月18日致浙抚电即声称:"皖案逮捕株连,显背去年谕旨,祸及学界,尤恐酿成巨变。"②所据正是1905年4月光绪皇帝批复伍廷芳、沈家本奏请的谕旨,"嗣后凡死罪至斩决而止,凌迟及枭首、戮尸三项,著即永远删除",以及"缘坐各条,除知情者仍治罪外,余著悉予宽免"。③ 在晚清法治尚不健全的时代,上谕即为法律。因此,8月10日,代表《申报》同人意见的"论说"栏刊出的《论法部严禁各省州县滥用非刑事》,也充分利用这些名目大做文章:

> 以近事言之,刑律既已减轻矣,枭首、凌迟、戮尸等律,皆已删除矣,何以皖省之变起,而徐锡麟有剖心之事?何以徐锡麟之案发,而绍兴大通学堂之秋瑾女士,有不得口供而冤杀之事?徐之罪,诚当死,而剖其心,得不谓之滥刑乎?秋瑾女士,既指为非(引者按:"非"疑为衍字)徐之同党,何以不明暴其罪于天下,而贸贸然杀之,得不谓之滥刑乎?……黑暗如是,而犹曰减轻刑律,而犹曰严禁州县官滥用非刑,吾恐此后州县官,且有以不滥刑而获咎者矣。

所谓"据理力争",此为最典型的一例。删除旧律中的重法酷刑既已作为国家法律颁布,舆论界便可恰当征引,以此指责地方官吏的杀害秋瑾为横行不法。

---

① 7月27日《徐锡麟革命之余波·两宫办理徐党之意见》。
② 《秋瑾冤杀之余波·留东全浙学生致浙抚电》,《申报》,1907年7月31日。
③ 朱寿朋编《光绪朝东华录》第五册5328页,北京:中华书局,1958年。

对浙省官员处理秋瑾一案的抨击,首先是建立在秋为新学界中人而非革命党的身份认定上。叙述秋瑾生平时,《申报》编者特意提到其"汲汲焉提倡女学,以图女子之独立",以为"女士之所谓革命者,如是而已","今乃以种族革命见杀,论者所以冤之也"。① 7月23日的"论说"于是径以《论绍兴冤狱》命题,开篇即倡言:"中国党祸多矣,官场拘捕似是而非之革命党亦多矣。然未有惨酷悖谬,假公报私,如近日绍兴冤狱之甚者也。"论者认为,指控秋瑾为"革命党"毫无凭据,不过为一杀人借口:

  杀革命党者,升官之捷径也。以杀革命党为言,则任杀百数十无辜之人,而人莫敢讼冤,以讼冤者亦可指为革命党也。

当时各报虽已登载浙江巡抚张曾敭之安民告示、奏军机处电、批同仁学堂监督之禀词,绍兴知府贵福晓谕士民之告示,提出金华府武义县起事失败的光复军被捕者之供认、绍郡绅士的密禀,以及自大通学堂搜出之枪支、秋瑾之革命文字与审讯时之供认不讳为证据,却并未起到消弭异说、统一言论的作用。相反,如《神州日报》《时报》等均抓住文告中矛盾之处不放,逐条批驳,针锋相对,振振有词。以为若指大通学堂为起义总机关,则当首先严究批准办学、莅临开校典礼之地方官罪责,然后才可论及教员与学生;而其所谓"安民","是犹强盗之入人室,亦既席卷财物,戕伤事主;及其去也,乃温颜而喻之曰:吾之此来,凡以保尔生命财产之故,不必惊皇,自生扰乱也。其孰信之!"②言词之大胆激烈,

---

① 7月22日《秋瑾之演说》。
② 如《神州日报》之《论浙抚电奏之荒谬》(7月31日)、《时报》之《浙抚安民告示驳议》等,即采逐段批驳方式;引语见胡马《浙抚电奏驳议》与《浙抚安民告示驳议》,《时报》,1907年8月1日、7月27日。

今日读之,亦令人讶异。

面对来自官方的消息,《申报》所采取的抗争方式与上述各报如出一辙。《论绍兴冤狱》既辩白发现枪支不足以为罪证,因"通例中学堂以上应有军式体操","岂身为标统、为郡守,并此学堂向章而不之省乎";又揭示秋瑾勾连竺绍康、王金发之言不能自圆其说,以"竺、王既在逃矣,何以知其与秋瑾纠结谋反",更进而怀疑竺、王二人亦为虚构。缕析条辟这一最富辩驳效力的手段,也同样出现在《申报》中。8月1日发表的《驳浙吏对于秋瑾之批谕》的社论,即痛斥张氏之批词与贵福之告示,节节质疑:谓"秋竞[瑾]之通匪,并无武匪口供之实证;且武匪欲图谋不轨,而乃结连一学堂之弱女子,既非情理所当有";谓"军火果然搜出与否,固不得而知;即有之矣,私藏与为他人预藏亦不得而知";谓"既为体育会,必有枪械为之演习;以体育演习之枪械,而即据以叛逆之实证,然则今日之开体育会,及在武备学堂者危矣";谓"秋竞[瑾]即使为匪,万无装有子弹之手枪常怀在身边之理,讵知人之来捕而故怀之以实他人证据耶"。文词间充满了对官府深刻的不信任。即使退而言之,承认文电中所说"是实非虚",仍坚持秋瑾既"绝无口供,安知非奸徒所预藏,怨仇所谋害,员弁所买功",而不予认可。在作者看来,其为捏造倾陷绝无可疑:

> 古有"莫须有"三字以兴大狱,而今竟以"秋雨秋风愁煞人"七字以为罪案者,是则何人不在当死之例矣!

如此义正词严的愤激文字,自然会在读者心中引起共鸣。

而其时民间的舆论倾向,正与报刊同调。即使是范文澜当年在家乡绍兴所接触的"守旧派不同情革命"人,"他们也不同情清政府的凶暴行为"而"纷纷议论",认为:"秋瑾没有口供,按律例不应该杀没有口供的人;轩亭口是杀强盗的地方,秋瑾不是强盗,不应该到那里去杀;妇女只有剐刑和绞刑,秋瑾不应该用斩刑。"①值得注意的是,这里的许多议论都是以法律、成规来裁准,秋案之被普遍认作冤狱而不可动摇,根本原因在此。

因前述官方文电只是一面之词,而办案中出自秋瑾、能够证明其为革命党的有关字据,又迟至一个月后方始公布,也不能不启人疑窦。在各报一片指斥官府杀无凭据的清议声中,初时持严办态度的张曾敫竟也心生畏忌。先是贵福欲求自解,7月28日电禀张氏:"前呈悖逆字据,系拿获秋瑾时当场搜出,报章有意反对,乞宪鉴。"张次日复电,则要求提供更详细的情节:"所称当场搜出,系在身边搜出?抑在堂内?字据三纸内,何者是亲笔?欲查实以息邪说,非有疑也。又报纸中载,该匪当堂书'秋雨秋风愁煞人'七字,有无其事?有即送核。"贵福立即一一禀明。② 张曾敫专究证据,问得仔细,皆因舆论对其违法断案追逼得紧,且有些细节,亦先由报纸获闻,可见报刊的消息灵通、无孔不入,使官方一手遮天的办案方式不再可能。而张、贵往复电文中清楚流露出的对报章报道、议论的在意与畏惧,最好不过地表明了舆论的监督作用在晚清已开始发挥效力。

慑于舆论的压力,坚称"拿办秋瑾,供证确实,毫无疑义"的浙江官府,因顾虑"谣言不一,各报馆据以登载,致起浮议",也不得不急忙将"搜获证据,刊刻传单,明白宣布"。③ 但尽管如此,仍无法消除先入为主的冤狱成见。因而,8月13日,秋瑾的供词在《申报》披载时,报社中

---

① 范文澜《女革命家秋瑾》,《中国妇女》1956年8期。
② 引自秋宗章《大通学堂党案》,《越风》10期,1936年3月。
③ 《绍兴府督同山会两县会禀各宪文》(为会营拿获大通学堂附设体育会程毅等供词开折拟议请示遵办事),《女报》1卷5号《越恨》增刊,1909年9月;录自周芾棠等辑《秋瑾史料》205页,长沙:湖南人民出版社,1981年。

人便当即以"编者按"的形式痛加驳斥：

> 秋瑾之杀无供词，越人莫不知；有之则惟"寄父是我同党"及"秋雨秋风愁煞人"之句耳。而今忽有供词，其可疑者一。秋瑾之言语文辞，见诸报章者不一而足，其文词何等雄厉，其言语何等痛快！而今读其供词，言语支离，情节乖异，大与昔异，其可疑者二。然死者已死，无从质证，一任官吏之矫揉造作而已，一任官吏之煅炼周纳而已。然而自有公论。①

迨到四日后，《绍兴府贵寿銮宣布秋瑾罪案》刊出，秋瑾撰写的革命诗文、军队编制历历在目，其为革命党的身份已确凿无疑，"固不敢谓杀革命党之非也"②的《申报》同人也并不会因此而缄口不言，兵来将挡，水来土掩，其质难官方的立场仍然不变。8月25日借"舆论"栏公布的《敬告为秋女士呼冤者》，虽未改变冤杀的结论，而论证的角度已做了调整。作者在承认秋瑾的革命党资历之后，照样理直气壮地为其进行合法的辩护：

> 夫女士之主张革命，固不能为女士讳，而亦不必为（女）士讳也。……女士果起革命军矣，固不能如文明国处以国事犯相当之罪，势必难逃一死。若革命未见实行，罪名未凶[见]宣布，而遽以"秋风秋雨"七字定谳，则是官吏蔑视法律，鱼肉我同胞也。故今日之争，不必问秋女士之革命，真与不真；但当问官吏之杀我同胞，当与不当。女士当杀，杀之宜矣；乃杀而于法律未当，是不啻杀我

---

① 8月13日《绍狱供词汇录》。
② 7月23日《论绍兴冤狱》。

无罪之同胞矣。

当此预备立宪正在进行时期,依照现行法律办案应是最基本的要求。文章作者因此大声疾呼,希望有言责、通法律者,与绅商学界共同"开会研究,积资举员调查,务期水落石出,昭示天下",以为唯其如此,方对得起秋瑾女士,亦所以"尽我立宪国民应尽之义务"。

正是因为晚清以报刊为主要发表渠道的舆论界,始终坚持以法律为武器,据法力争——尽管同时批评现行法的不完善与亟待改进——才可以不为官方刊行的《浙江办理女匪秋瑾全案》与《影印秋瑾各种亲笔字据》所摇撼而受挫,在超出"是否为革命党"的更高层面上讨论秋瑾的被杀,使其与官府抗争的姿态一以贯之,从而维护了舆论的独立性与在国民心目中的权威性。而晚清时期之为"众声喧哗"的时代,于此亦得一证明。

第二节 大吏的被逐

晚清时期,统治者已不能漠视舆论的力量。民间声音的存在,使官府在行动时因受到牵制,而不得不有所忌惮。张曾敫、贵福的公布口供、印刷传单、影写秋瑾的革命文字,未尝不是对其仓促办案、大受报刊攻击的极力弥补;二人的仕宦前程亦因此而断送,则更可见出代表民意的舆论对现实政治的积极参与及实际作为。其中,尤以实行民意的群体不分省域的联合行动最有效力,也最具近代色彩。

民间结社的大批涌现与勇于任事,使得这类团体俨然成为晚清社会结构中重要的支配力量。戊戌变法前,康有为、梁启超们反复开导、论说的"合群"之义,"群故通,通故智,智故强"①,到了20世纪初年,已是群相信奉的常识。并且,"合群"不只是民间社团成立的动因,也为消泯省界的隔膜、产生民族国家共同体意识奠定了基础。在秋案讨论中极其活跃的江苏教育总会,便早有此自觉。其所采取的致函浙江省学务公所等学界同人的方式,便有联络民意机关及绅学界共同负责的用心②;公开信中也明确宣告:

> 苏之与浙,击柝相闻,固非春秋时吴与越之比。省界之说,乃行政人之区域,非国民之区域。

因而,过问秋瑾死事,要求调查报告,正是其作为社会群体"应担之责任"③。其间,"国民"一语的使用,显然系以国家为根基,意在肯定凡在此共同体生活的人,都不应该强调地区的特殊性,而自外于国民全体。一方之事,便是全国之事。以为事不关己,袖手旁观,即丧失了作为国民的资格。

与之同声相应的一位江苏人,在《敬告为秋女士呼冤者》④一文中也大力提倡:"若我同胞士绅,今日对于浙省,论地势虽有省界之分,论人民则全国皆为一体,同舟救溺,义不容辞。"其声讨浙江大吏"媚上取

---

① 梁启超《论学校十三(变法通议三之十三):学会》,《时务报》10册,1896年11月;另参见梁氏《说群自序》《说群一:群理一》,《知新报》18册,1897年5月。
② 《学部奏陈各省学务官制折》(1906年)规定,"学务公所设议长一人,议绅四人",议长"须择端正绅士通学务者"(舒新城编《中国近代教育史资料》上册284—285页,北京:人民教育出版社,1961年)。
③ 《江苏教育总会致浙省议长议绅咨议官学界诸君询问绍案公论书》,《申报》,1907年8月5日。
④ 《申报》,1907年8月25日。

荣""不遵法律"杀害秋瑾的罪行时,便能独具只眼,从全国一体的角度,揭示此案争论的实质:

> 夫同胞所谓"幸福"者何?不过欲国家明定法律,上下共守,俾我同胞能有自保其身家性命财产之权耳。东越之狱,是官吏夺我同胞身家性命财产之权矣,于此而不争,是天下无当争之事矣。且今日之争,非仅仅为秋女士一人也,为我同胞士民之前途计也;抑非为我同胞士民之前途计也,实不啻为我一人身家性命财产计。……故今日之事,非浙绅一部分之事也,凡我国民,与有责焉。

此种国民意识的觉醒与自觉的担当精神,虽源自其乡前辈顾炎武"保天下者,匹夫之贱,与有责焉耳矣"(《日知录》卷十三《正始》)的名论,却已注入现代国家观念。随后发生的苏省拒张运动,因而恰如水到渠成,不过是具备此种觉悟的江苏士绅付诸实践的一次成功的力量显示。

在民间一片斥骂声中,直接办理秋瑾一案、为清廷立下大功的浙抚绍守,在其署理当地则因威信扫地,不能再安于位。民国后,为张曾敭作墓志铭的陈宝琛尽管有意回护,含糊其辞,谓其将秋瑾"檄捕鞫实置诸法"后,"而当事中人言,调公江苏,旋复移山西。公乃连疏乞退,三上始得请"①,但其间实有一场大风潮在。

考索当年的案卷,可以发现张曾敭在处决秋瑾时原堪称"勇毅",态度强硬。7月14日(阴历六月五日)贵福电请"将秋瑾先行正法",张立刻复电,同意"秋瑾即行正法"。次日又亲笔写信给贵福,催问"秋瑾已否遵办",指令严厉镇压:"此事入手,必须从严,始能解散,若意存消

---

① 《皇清诰授荣禄大夫建威将军山西巡抚兼提督张公墓志铭》,卞孝萱、唐文权编《辛亥人物碑传集》668页,北京:团结出版社,1991年。

弭,酿祸必大。"对贵福的担心与恐惧也大加斥责:"派去兵队,系为拿匪之用,岂为府县看家,种种畏葸,办理乖方,……若再因循误事,非我所能宽贷也。"16日贵福的回电中,因称"惶悚感激",并表白:"卑鋆籍长白,必不为彼党所容,非有见好求庇意。"①强调自己正是种族革命的对象,不会通融办理,以解张氏之疑。而张曾敭对此案的后果,其实远不及贵福看得清楚。起初以为不过杀一乱党而已,论功只会得赏,却未曾料到招来的竟是民间抗议的风暴。甚至吴芝瑛以真名实姓发表的《祭秋女士瑾文》②,也公开对张氏进行辛辣的嘲骂:

反常移性者欲也,触情纵欲者禽兽也。以浙帅之贤,岂嗜欲之流、禽兽之类与?

张曾敭爆发的勇气,一旦遇到如此猛烈的攻击,也立即消失,转为惶恐,而别求退路。

正当民报民刊同仇敌忾声讨浙省地方大员最激烈的时分,张曾敭称病乞退的消息也开始流传,各报均明确将其与舆论的压力联系起来。7月27日,《申报》已抢先报道:

浙江巡抚张曾敭因此次查抄绍郡各学堂,暨严惩秋瑾女士,颇遭物议,渐自引咎,故于日前托病奏请乞假二十天。所有公务,悉委藩、学、臬、运四司分办,员绅往谒,概不接见。并闻张抚假满后,尚拟续请展假。如绍事竟干查办,则即须乞恩开缺。③

---

① 引自秋宗章《大通学堂党案》,《越风》9期,1936年3月。
② 《申报》,1907年8月11日。
③ 7月27日《徐锡麟革命之余波·浙抚冤杀秋瑾后之近状》。

消息的准确度相当高,有日后的事实可证。8月2日,张氏上奏折请病假一月。① 8月6日《申报》"专电"稿又进一步透露出清廷内部对张如何处理的依违不决:

> 浙抚张曾敭因秋瑾事不利众口,奏请开缺养病。某军机恐张新党气焰,拟驳。而醇邸谓现当预备立宪时代,应准开缺,以息浮言。是以未定。

驳、准双方显然均以要求追究法律责任的民间呼声为潜在的对话者,张氏本人的宦途已无足轻重。在此背景下,16日《申报》刊载的《浙抚张中丞更动消息》,所述应是朝议折中的结果:

> 浙江巡抚张中丞办理徐案,逮捕株连,遇事操切,大受内外时论所攻击。中丞颇不自安,曾具折乞退。现闻政府亦有将张更调之意,以谢舆论云。

9月5日,报纸的传闻即得到证实,当日"上谕"有"张曾敭著调补江苏巡抚,迅速赴任"的命令。谕旨发布,以为找到避风港的张氏,又意外地遇到了强烈的抵制,一如丧家之犬,进退失据。

张曾敭调任苏抚的消息6日正式见报,早已义愤填膺的江苏士绅立即做出集体反应。两日后的《申报》便刊出了《江苏绅士致都察院电》,电文明确表示了拒绝张到任的民意。虽说是"朝廷因地择人,臣民何敢妄议",然而偏要一议,正见出国民义务所在,对地方执政者应

---

① 据《申报》1907年9月10日《张中丞未能即赴江苏新任》:"浙抚张筱帅于上月二十四日,因病具折奏请赏假一个月。"

有评议、选择的权力。拒斥最有力的理由,即是其人在浙江任内已为民愤集注:

> 惟张曾敭近因绍兴党狱,纵兵枪毙无辜学生,又派员搜查学堂,更肆骚扰。苏浙接壤,舆论已哗。……张曾敭遽即来苏,人情汹惧。为此迫切沥陈,伏乞据情代奏。

报纸刊载时未列出发电人姓名,但据出版于 1909 年的《越恨》披露:"苏人电奏预名者三十余人,而领衔者为常熟曾君孟朴。"① 曾君即为小说《孽海花》的作者曾朴,其时正在上海办小说林社及《小说林》杂志,此前已参加江苏教育总会与张謇发起的预备立宪公会,为两会的积极分子。② 其子虚白 30 年代追述其事有云:张曾敭因杀害秋瑾,株连多人,激起"浙省民众大哗,积极进行驱张运动",政府只得将其调任江苏。"时先生和上海一班同志以为浙省之所拒,宁可以苏省为藏垢纳污的所在,也就联名电请清廷,收回成命"。③ 其实,秋案发生后,攻张最猛烈的便是隶属江苏省的上海一地。因而,调张于苏,实为一著错棋。列名两会的曾朴作为拒张电奏的发起人,也令人不能忽视其背景,即江苏教育总会与预备立宪公会在上海民间社会的巨大号召力。

电文公布,风潮发动。苏省民意所向,令决策者与当事人深感不安,因而无法立即执行"上谕",使张曾敭"迅速赴任"。9 月 10 日,《申

---

① 转引自魏绍昌《秋瑾的艺术形象永垂不朽》,(日本)《清末小说研究》6 号,1982 年 12 月。
② 参见《江苏教育会会员题名一览表》及《预备立宪公会会员题名表》,分见时萌《徐念慈年谱》(《中国近代文学论稿》255 页,上海:上海古籍出版社,1986 年)及《辛亥革命浙江史料选辑》(杭州:浙江人民出版社,1981 年)219 页。
③ 虚白《曾孟朴先生年谱》,《宇宙风》3 期,1935 年 11 月。

报》已传出张之"来苏迟早,又须视江苏绅学界之有无动静,始定行止"的小道消息;17日的新闻中,则更言之凿凿地引张曾敭致江苏巡抚陈夔龙的电文大意,谓"本拟俟一月假满,即赴苏任;惟近日病益增剧,假满之后,尚须续请,请公奏派护理"。官场上的托词惯例,一看便知,张氏始终得的是"政治病";即使身体确实欠佳,也该是由于舆论的声讨,郁闷所致。电函中流露出的退意,于是被正确地理解为"苏人议论咸以公电都察院拒阻之力",而关于张曾敭"或即设法改调他省"①的揣测,不久也得到证实。10月5日,又有新的"上谕"颁布:"张曾敭著调补山西巡抚。"②尚未履任的张氏,亟亟由江苏改派山西,表明宣布预备立宪的清廷,已不得不对民意表示相当的尊重,做出让步,苏省绅学界颇具声势的拒张运动终于完满地落下帷幕。

而当运动初起时,从曾朴个人的安全考虑,出名电请确要冒生命危险。曾虚白便提到,"风潮逐渐扩大,清廷为之侧目,曾密电捕先生等三人,先生屹然不为动"③。而当时人分析此事,言之亲切,也对曾氏的大勇极表钦敬:

> 领衔电奏,幸而获济,倡言者与噤若寒蝉者所得正同,无私利焉;若其不济,则大足以获罪于朝廷,其次亦足构怨于张抚,其危甚矣。而批鳞犯难,竟有其人,毅哉曾君也!④

曾朴的壮举及拒张的获胜,为他带来了普遍的赞誉,在随后进行的江苏

---

① 9月10日《张中丞未能即赴江苏新任》及9月17日《张中丞续请病假纪闻》。
② 《上谕》,《申报》,1907年10月6日。
③ 虚白《曾孟朴先生年谱》。
④ 转引自魏绍昌《秋瑾的艺术形象永垂不朽》。

教育总会选举中亦有反映。10月27日的年会,曾朴以27票当选为干事员,票数远在同时当选的徐念慈等人之上。①

还应该补叙的是,张曾敭虽一时获调山西,仍然不久于任,转年1月24日,即以病免职。至于直接审案、执行死刑的贵福,下场也不比张氏好。办案当时,贵福已忧虑重重,7月16日致张曾敭电中便禀称:"卑府老母受惊,致病垂危,还念大局,悲愤填胸。"②而其调迁他处,所遇也适步张氏之后尘。秋瑾幼弟宗章尝有记述:"是年(引者按:1907年)十月初四日,贵福卸事,调补宁国府,为皖人所拒,不获履新。"并且,"卒清之世,蹭蹬终身";"入民国后,易姓名为赵景琪"③,而不敢以真名行世。被公论钉在耻辱柱上的张、贵,已是终生难获解脱。回首当日,三十年后秋宗章总结这段历史的话,今天仍不妨引用为此段作结:

> 张曾敭者,南皮张之洞(时官大学士)之族人,贵福又为膻胡之族类,奥援既厚,驱逐綦难,乃以文字之鞭挞,口舌之声讨,竟产生不可思议之效力,虏廷卒亦不得不酌予量移,以慰民望。此诚胜清一代,破天荒之创举。而民权之膨胀,亦有以肇其端矣。④

民间势力的迅速增长与联合行动,正是民权赖以发生、存在、壮大的条

---

① 《江苏教育总会第二日开会纪事》,《申报》,1907年10月28日;又,《江苏教育总会章程题名表》,见时萌《徐念慈年谱》(《中国近代文学论稿》259页),其中记徐念慈得14票,黄炎培得19票。
② 引自秋宗章《大通学堂党案》,《越风》9期,1936年3月。
③ 分见《大通学堂党案》,《越风》9期;《六六私乘》,初刊《东南日报》副刊《吴越春秋》32—75期,1934年,引自周芾棠等辑《秋瑾史料》54页,长沙:湖南人民出版社,1981年。
④ 《大通学堂党案》,《越风》9期。又据陈宝琛为张曾敭所作墓志铭,张之洞乃其族祖。

件。秋案善后中接连出现的成功拒斥难以对付的刽子手事件,其解读的关键意义在此。

第三节　良心的拷问

在秋案风波中,山阴县令李钟岳的自杀作为另一种象征,同样引人注目。晚清官场已非如康、乾盛世时之具有威信,西方的侵入与新学的发生内外交攻,使其每有所决策,往往意见歧出,分离以至分立的趋势日益强烈与表面化。在对待处理绍兴党狱、斩杀秋瑾的态度上,从地方到中央的争议不断,即是鲜明的一例。最后议决张曾敭奏请的保举秋瑾案内有功人员一折时,"仅仅准保千总两名而已"①的结果,便表明了朝中弥合的费心与不以为然的一派占了上风。

而作为具体的执行者,李钟岳从接手审理秋瑾案件之日起,更是自始至终承受着巨大的心理压力,表现了一位良心未泯的官员身在官场的无奈与可悲。8月19日的《申报》正是以《越郡官场良心之裁判》为题,通报了李氏的离任:

> 越郡自于月前酿成大通学校风潮后,始因山阴县李大令钟岳,不肯附和周纳秋瑾之狱,由府详请撤任。

明白说出李钟岳撤职的原因,是对秋案的处理持反对意见。此后各种有关李氏消极办案的表现与曲意维护的苦心说法频传。如谓李虽"曾刑讯",而"知女士冤,力谏无效,不忍与闻,托病请假",不参与最后的

---

① 《政府不以绍狱保案为然》,《申报》,1907年10月8日。

行刑①；称其"前因奉文查抄大通学校,与贵太守意见不合,既而斩决秋女士,竭力阻拒,几至冲突,当自告病辞职";又传说其被撤任"临行时,将大堂所陈天平架等劈毁,并有'若借此想见好上台,便是禽兽'等语"。② 最极端的一说,则为事发前的通风报信与有意放行:李得人传书,知贵福进见张曾敭事,遂"促秋速离,秋闻讯,正料理间而兵勇蜂涌至矣。初,李犹密谕差役:捕男释女,讵此时秋已易男装,遂捕去"③。记述中的互相矛盾,正可见出其间不乏演绎与渲染。甚至被害人秋瑾的家属,亦对李钟岳大有好感。秋宗章在《六六私乘》中,即称道"李令贤明",被贵福委派查抄其家时,"每至一室,督同搜检,翻箱倒箧之际,仍守秩序,故无丝毫损失",并"屡以温语慰藉"其家人;加之,先时秋瑾系山阴狱,李氏"不能刑迫",故被贵福恨作"沽恩市义"④,积下仇隙。李钟岳的同情秋瑾,应无疑问,而传说中李氏形象的日趋完美,则全然是其最终选择了自杀这一悲壮的方式所造成。

关于李钟岳自杀的原因,当时报章所载也有出入。或言其"自思既负贵福,又负秋瑾,一时愧悔交并,遂自缢死";或传其"终日书空咄咄,慨叹不已;兹闻已被前抚张筱帅列入弹章,即将揭晓,益形愤郁",因投环身亡⑤;或闻其"搜得贵福平时赠秋氏之楹帖及书扇,呈还贵福以灭迹,意欲献媚上官;不料贵福疑其揭己之隐,将播恶于众也,适撄其

---

① 佛奴等《秋女士被害始末》,原刊1907年12月《神州女报》1号;录自郭延礼编《秋瑾研究资料》75页,济南:山东教育出版社,1987年。其说闻自初六日清晨前往山阴县署探观之沈君,与一般关于李钟岳参与执刑的记载不同。

② 《浙江绍兴府查抄徐锡麟家属株连学界捕戮党人始末记》,《女报》1卷5号《越恨》增刊,1909年9月;录自《辛亥革命浙江史料选辑》466、463页。

③ 赵而昌《记鉴湖女侠秋瑾》,《风雨谈》9期,1944年2月。

④ 秋宗章《六六私乘》,《秋瑾史料》59页。

⑤ 《秋女士被害始末》,《秋瑾研究资料》75页;《浙江绍兴府查抄徐锡麟家属株连学界捕戮党人始末记》,《辛亥革命浙江史料选辑》466页。

怒,遂藉端撤省,不久自缢死"。而在各种流言中,大抵均明确写出了李氏反对杀害秋瑾的态度。即使将李钟岳的死因归于马屁拍到马蹄上的吴芝瑛,其《答某女士书》中记绍兴来人"传述当时确情",于李氏行刑时同情秋瑾的态度也言之凿凿:

> (秋瑾)及见县官,诘以:"余犯何罪至此,欲一见贵福,死无憾。"县官曰:"吾极知汝冤,苦无回天力,奈何?且事已至此,见贵福胡为者?"乃与县官约三事:一请作书别亲友;一临刑不能脱衣带;一不得枭首示众。县官许以后二事,秋氏谢之。……遂赴义。县官监斩毕,在肩舆中痛哭以归,路人为之泣下。贵福以此衔之。①

因而无论如何,激于对秋案处理的抱憾,总还是李钟岳致死最重大的理由。1907年10月31日《时报》的杭州专电,正是如此报道:"前任绍兴府山阴县知县李钟岳因杀秋瑾一案,大愤自缢而死。"多数人视李氏的自杀为自赎行动,原本事出有因。勇于殉身者,总能获得社会的谅解与赞许,何况与那些心狠手辣的残杀者相比,李钟岳之死所包孕的道义内涵自然更加可贵。《时报》编辑陈景韩的评论可以代表其时人心:

> 呜呼!李之所以死者,为其始欲救人之死也。欲救人之死而不得,而卒至于自死,李固贤于今之一般专愿人死者万万也。②

因此,关于李钟岳自尽一事,传奇成分的添附衍生也有其合理性。

---

① 吴芝瑛《答某女士书》,《时报》,1908年2月8—9日。
② 冷《李钟岳之自缢》,《时报》,1907年11月1日。

在各种有关李钟岳自杀的叙述中，其子江秋之说虽仍是一面之词，且不能完全排除填充与想象，却毕竟出自最接近者，有相当的事实根据。尤其是对于研究李氏自殉的心理，其说提供了最完整、准确的证言，耐人寻味。

据李江秋追述，李钟岳的不肯用刑，被贵福疑作"左袒党人，有意开脱"，于是急忙电奏请杀秋瑾，并要李氏执行。借刀于李，也是贵福的一点私心，因其"雅不欲冒杀士之名"，故假手李氏，"以济其恶"。李与之相争，贵色变曰："此系抚宪之命，孰敢不遵。今日之事，杀，在君；宥，亦在君。请好自为之，毋令后世诮君为德不卒也。"尽管撤任之后，李钟岳尝语人，"越中自明季以还，宿儒大师，先后讲学，隐托经义故训，藉严华夷之辨，光复之谊，涵濡于后学者至深，革命说兴，其迎而与合者，大抵皆优秀分子，纵罹法网，犹将宥之十世"；而在当日，他却终究没有违令纵放的胆量，对贵福之言，只能"闻语大惭"，"怏怏而出"。回署后，李手持贵福交与处决的密札，徘徊半夜，"计无所出"，因为其焦思苦虑的所谓"两全之策"原不存在。宥既不能，只有遵令。李氏于临刑前对秋瑾声泪俱下的一番表白未必不可能："事已至此，余位卑言轻，愧无力成全，然死汝非我意，幸亮之也。"此语对于死者不见得会有何安慰，对于言者，使被刑人明其心迹，的确极为重要。

尽管十二万分的不情愿，秋瑾到底是由李钟岳送上了断头台。在秋瑾被杀的那一刻，李氏的命运也已经决定。不难想象，怀着沉重的愧恨，眼见同情秋瑾、痛骂凶手、拒斥张曾敭的风潮日起，李钟岳所受良心的谴责也与日俱增。李江秋谓其终日唯诵"我虽不杀伯仁，伯仁由我而死"；无人在旁时，即对秋瑾遗墨"秋雨秋风愁煞人"七字"注视默诵，每致涕下，如是者日三五次以至七八次，视同常课"。所云颇有形容过甚之嫌，但李氏因秋瑾遇难而受内心折磨则完全可信。其言"人虽谅我，其如良心责备何"，正见此意。面对数不尽的灵魂拷问之日与永难弥补的遗恨,寻求解脱的唯一出路是自杀。经过两次的自尽未遂,"死志已决"的李钟岳终于在秋瑾殉难后三个月的10月29日,于其寓舍自缢身亡,卒年五十三岁。① 李氏总算以生命的代价,洗清了蒙受的羞耻。

1912年7月19日(阴历六月六日),民国建立后秋瑾的第一个祭日来临,在西湖秋祠举行的纪念活动中,《新浙江潮》主笔王卓夫发表演说,盛赞"李公为专制时代良吏",特提议以其"附祀秋祠以光泉下",得到秋社同人的一致认可,而获实行。② 李钟岳得以和秋瑾一同享受春秋祭奠,实为其平生最大荣耀,也是对其自杀行为的最高表彰。

而李氏与贵福的冲突而无结果,遵命而致自责,又从绍兴一隅,反映了晚清官场普遍存在的离心倾向。他所采取的自裁方式虽颇为传统,揭示的问题却很有近代意味。

第四节　安葬的义举

秋瑾遇难后,家人得其事先安排,疏散乡村,闻凶信后,更遁迹深山,恐遭株连。因而,秋家无人收尸,遗骨由同善局草草成殓,藁葬府山之麓。迨两月后,风声渐缓,瑾兄誉章始秘密雇人,移榇于严家潭丙舍暂厝。③ 烈士成仁,竟久久不得入土为安,不仅令秋誉章深切自责"聂政乃有姐,秋瑾独无兄"④,而且使烈士生前友好焦虑牵挂,痛心不已。

---

① 均据秋宗章《六月六日与李钟岳》,《国闻周报》14卷22期,1937年6月。所述内容系由李江秋提供,李时任山东《民国日报》社长。
② 《秋女士成仁纪念·西子湖滨之血泪》,《民立报》,1912年7月22日。
③ 见秋宗章《六六私乘补遗》,初刊1935年《东南日报》副刊《吴越春秋》348—370期;引据周芾棠等辑《秋瑾史料》85页。
④ 《长歌》,《秋莱子遗诗》(三首),《绍兴师专学报》1983年1期。

第十章 纷纭身后事

当时的情形,舆论界虽奋起抗争,张曾敭亦因被攻回避,但秋瑾作为革命党处死的罪案并未平反,其为清朝罪犯的身份一无改变。安葬乃大礼,非躬亲其事不可,同文字呼吁的纸上作业不同;又非有特别的关系,不会出面主持。身在血缘之亲的家人,停棺尚不敢书写真名①,更何谈公开为其下葬?"缘坐"之法的修改,本不能阻止地方上的任意迫害。秋氏亲属避难时的"入山惟恐不深,入林惟恐不密","精神肉体,两受痛苦,为毕生所永不能忘"②,实非杯弓蛇影,自惊自扰。比照王金发遁逃后的情景,其妾沈氏"被官中捕去,歌哭不常",亦"下狱至十月之久",其妻徐氏"因途中惊皇辛苦,遂患病",其母寄食人家,"后寻得一庵,佣于比丘,执洒扫之役"③,则秋家处境之艰难可想而知。所谓"彼时之秋氏,已同罪隶,不齿于齐民之列","戚族亲友,固已视同蛇蝎,避之若浼"④,正是过来人的寒心话。能够不避嫌疑,代其家属行葬礼,本身便带有蔑视官府判决的对抗性质,需要极大勇气。吴芝瑛于秋墓被毁后,致信两江总督端方,引严复语,姑称秋瑾为"有罪者",并承认"因葬秋一事,自取罪戾"⑤,说明吴很清楚营葬的后果。而其仍无所畏惧,实践当年同秋瑾结拜时"贵贱不渝,始终如一"的"同心之言"⑥,与徐自华一起挺身担当,仗义葬秋,证明其人确与取号"鉴湖女侠"的秋瑾同调,也有侠义之风。

晚清国难当头,易生慷慨悲壮之情,因而侠风激扬,为一时代的特

---

① 见秋宗章《六六私乘补遗》,《秋瑾史料》93 页。
② 秋宗章《六六私乘》,《秋瑾史料》58 页。
③ 谢震《王季高君行述》,1916 年 8 月印本;录自《辛亥革命浙江史料选辑》469—470 页。
④ 秋宗章《六六私乘补遗》,《秋瑾史料》93、92 页。
⑤ 《吴女士上端制军书》,《大公报》1908 年 11 月 27 日。
⑥ 秋瑾《兰谱》,王士伦《秋瑾出生年代》中录,《历史研究》1979 年 12 期。

征。杰出之士,无论男女,均倾慕英雄行为,向往留名青史,于是舍生取义,惊世骇俗,无不可为。有秋瑾的毅然赴死,便有同志与知交的肝胆相照。发起安葬,固为勇者;即使反对抔土以封,也自有一番激昂的道理,如光复会同志俞炜所言:

> 吾辈初志,马革裹尸,已为万幸。今先烈得此,乃求之而不易得者也。满虏未灭,何煦煦为?①

革命同志的未举葬事,此为一解。而社会普遍的心理,仍是封墓立碑,方成敬礼。何况秋瑾生前,原与徐自华有"埋骨西泠"之约②,实现烈士遗愿,也成为后死者义不容辞的责任。

秋瑾就义后不足四月,葬礼之事即开始发动。11月10日,徐自华写信给吴芝瑛,约其联名登报,发起开会,以葬秋瑾。吴当即于三日后复信,表示亦有葬秋之意,唯不赞成开会登报,以为于事无益。同月22日,《时报》便刊出吴芝瑛将力疾首途亲赴山阴的消息。徐见报,恐吴立即成行,不及面议,故急忙于27日自浙江石门语溪家中赶至上海。不料两日后,因得报小女患白喉症病危,未及与吴会面,即匆匆返回。其妹徐小淑代为登门拜会,面告吴芝瑛一切情形。吴随后连去二函,并要小淑传话,由二人分任购地与营葬事。而徐因爱女病亡,极度伤心,未能即赴西湖觅地。③ 吴芝瑛却在此时得到了大悲庵主慧珠的慕名投书。

慧珠的身世说来极富传奇色彩,吴芝瑛为其赋诗曰:"闻说能文仍

---

① 叶颂清《读陈去病鉴湖女侠秋瑾传书后》,王灿芝编《秋瑾女侠遗集》,上海:中华书局,1934年。
② 徐自华《返钏记》,《江苏革命博物馆月刊》1卷5期,1929年12月。
③ 见徐寄尘《上吴芝瑛女士书》,《时报》,1908年1月15日。

好武,剧怜家世本梁州。"①匹马梁州,本是古代文人戍边卫国、建功立业的一种人生理想表述。慧珠自报家门,恰自称:"衲本贯凉州,世家武艺。"凉州人而以武艺传家,其生有侠义心肠,正不难想象。其父干的是保镖这一行,"颇有声于江湖,所历大河两岸,迁徙无常"。慧珠本人亦尝随父"入燕、赵间,(走马卖解)",行艺江湖。偏又被王侯看中,强挟以归。所遇虽老,然"雅见怜爱,复令改习文史",故"中年始识之无"。庚子变乱,王受惊历难,"客死草地",慧珠亦"无家可归,薙发缁衣,皈依三宝"。遁入空门后,又远赴杭州天竺寺进香,"顺游西泠",爱其地"山水幽绝",遂"买庵于兹",闭关诵经,"不复知人间世矣"。虽人归世外,终是侠情不断。作书当年的秋天,有"道友自山阴来,一夕闲话,述女子秋瑾狱,而言之不详,因向城中遍购各报,乃恍然于此案之颠末"。好奇心一起,慧珠于是格外关切其后的种种进展。知道吴芝瑛"义重情高,大声呼吁,将以平反其冤,为我女子吐气",便激赞为"我佛慈悲,侠士肝胆,惟夫人兼而有之",对其极表钦佩。又听说吴氏"将渡钱塘",为秋瑾"移葬湖上",因激起侠义情结,发生参与意识。慧珠主动去函的用意,即专在向吴芝瑛提议奉献葬地:

> 敝庵虽僻,尚近官道,春秋佳日,游人多过之者。旁有余地三亩,足营兆域。夫人倘有意乎,衲愿赠之秋氏,且愿终吾之身,躬奉祭扫。

如此无分僧俗,争先恐后,共襄义举,正可见侠风普及,深入人心。而慕义向道、人人勇为的表现中,也不能排除传名后世的正当心愿。慧珠信

---

① 《与南湖同访慧珠道人不遇四首》其一,《剪淞留影集》,上海:小万柳堂丛刊本,1918年。

中特意提及的"即希速复一语,登入《时报》论前"①,要求以报刊发表而不是私下传递的方式示知结果,自非将来书之意一并公布,世人不能明白,而其侠名亦可借此传扬。

慧珠书信作于12月11日,当天吴芝瑛即致函徐自华,告知墓地已得,在大悲庵旁,并云拟自营生圹于其中,旁葬秋瑾。②而其既因病体缠绵,且怀孕有日,不克履山阴,所吟"天地苍茫百感身,为君收骨泪沾巾;秋风秋雨山阴道,太息难为后死人"③,倒成为徐自华的写照。只是徐上路时,已届深冬,12月29日渡钱塘江,正遇漫天风雪,悲壮之情油然而生。有诗纪其事:

者番病阻渡江迟,欲访遗骸冷不辞。
肯为女殇灰此志,既言公益敢言私?

哭女伤心泪未干,首途急急觅君棺。
一腔热血依然在,纵冒风霜不怕寒。

四合彤云起暮愁,满江风雪一孤舟。
可堪今日山阴道,访戴无人为葬秋。④

---

① 《大悲庵女尼慧珠致吴芝英书》,《时报》,1908年2月6日。括号内文字系据《慧珠道人来札》(《剪淞留影集》)补录。
② 见徐寄尘《上吴芝瑛女士书》,《时报》,1908年1月15日。
③ 《芝瑛将赴山阴,为秋女士瑾营葬事,爰赋〈哀山阴〉二绝句,乞为登入贵报,以示海内》其二,《时报》,1907年11月28日。
④ 《十一月二十七日为璿卿葬事风雪渡江感而有作》(四章)其一至三,郭延礼编《徐自华诗文集》122页,北京:中华书局,1990年。阴历十一月二十七日为公历12月31日,此处据徐氏《上吴芝瑛女士书》。

一种道义在肩、责无旁贷的精神感人至深。多年以后,当时仅十二岁的秋宗章仍历历在目地记得徐自华来越中的情景,"一主一婢,间关西度,勾留三日,一轲[舸]赴杭"①。

徐自华此行专为与秋瑾家人及绍兴同人商议迁柩安葬事,故回书报吴芝瑛,同人决议,反对合葬。因"秋女士在日,独立性质,不肯附丽于人;此其一生最末之结果,若竟附葬,不独有违其生平之志,吾辈同人,亦有憾焉"②。而吴之提议,一如其当初以为不必开会登报,均是有阅历人的经验谈,意在谨慎周全,以期事成。信中所言,不过一种策略,"盖防官场干涉,为指鹿谓马之计,非真自营生圹也"。其1908年1月10日致徐自华函中,除辨明心迹外,亦忧虑"墓成而柩不能速来,或生阻力耳",问徐"能密运不使官场知之否";并认为葬事举行时,当暂不公布,"一二月后再为树碑",碑文及墓联虽已写就,也俟"既葬后再付刻"。凡此,均所以为"事前防泄漏也"。而对徐自华有意将三日前来函发表,自亦不以为然。③ 在营葬的过程中,吴芝瑛始终防"贻人口实",并非胆怯,而是唯恐"使秋氏魂魄转为不安"④。日后官府的干涉,证明吴氏诚非过虑。

绍兴归来,徐自华即与秋誉章径至杭州为秋墓相地,"在西湖中心点"购土一方。其函告吴芝瑛时,形容其地居"苏小墓左近,与郑节妇墓相连","美人、节妇、侠女,三坟鼎足,真令千古西湖生色"⑤。秋誉章也有《卜葬》诗六章,以秋墓居苏小小、郑贞娘、武松、林逋、冯小青、岳

---

① 《记徐寄尘女士》,《近代史资料》1983年2期。
② 徐寄尘《上吴芝瑛女士书》,《时报》,1908年1月15日。
③ 《吴芝瑛致徐寄尘信札》,《书法》1979年6期。徐《上吴芝瑛女士书》末云,要将此信"登报布告",该函也确曾刊于1908年1月15日《时报》上。
④ 《又复徐寄尘女士书》,《申报》,1908年10月15日。
⑤ 徐寄尘《上吴芝瑛女士书》。

吴芝瑛题秋瑾墓碑

飞等名人遗迹间而颇感欣慰。① 其后参与祭吊的陈去病说选址好处，则既不似秋兄的芜杂，也不比徐自华的狭隘，显然境界更高。其眼中但见："左孤山之梅鹤兮，右于、岳之高坟；亦英英其鼎峙兮，何苏小之足云？"②林逋的德操高洁与岳飞、于谦的精忠报国，才得以比方秋瑾的人格。而不论有何种好处，吴芝瑛对此地点确表示满意。徐自华在决定之前，也曾踏寻吴所荐地，可惜"访遍西湖，不独无大悲庵，且不知有慧珠此[比]丘耳"③。这倒并非是托词，吴本人日后与其夫廉泉同访慧珠时，所遇正与徐同："芒鞋踏遍孤山路，满眼梅花不见人。"不由慨叹："钟声隐约斜阳外，知在西泠第几桥？"④慧珠竟如神龙见首不见尾，令吴芝瑛空怀思慕之情。

一切准备就绪，秋誉章亦将灵柩护送至杭，秋瑾的安葬活动正式开始。吴芝瑛因病体未愈，不能出席，墓前碑石"呜乎山阴女子秋瑾之墓"（此乃初刻墓碑，不久改题"呜乎鉴湖女侠秋瑾之

---

① 《秋荛子遗诗》（三首），《绍兴师专学报》1983 年 1 期。
② 巢南《轩亭吊秋文》，《天义》13、14 卷，1907 年 12 月。
③ 徐寄尘《上吴芝瑛女士书》。
④ 《与南湖同访慧珠道人不遇四首》其三、其二，《剪淞留影集》。

墓"),亦为其亲笔书写。1月25日下葬。2月20日,徐自华在《时报》刊登《会祭鉴湖公函》(致学界同人)。25日,数百人齐集杭州凤林寺,为秋瑾举行追悼会,由秋誉章演说其妹一生事迹,并集体谒墓致祭。①徐自华因参加者众,甚感安慰,自觉总算不负死者:"白马素车群从盛,知君含笑在重泉。"②会葬时在场的陈去病又提出成立秋社,以争取更多人加入,使纪念活动长久进行下去。此议得与会者同意,公推徐自华为社长,决定每年阴历六月六日为秋瑾成仁纪念日。追悼会不只表达了出席者对秋瑾的同情,更因充满悲愤而情绪激烈。当杭州驻防旗人贵林(翰香)即席发表"我大清待汉人不薄"、秋瑾的反清革命"未免非是"的论调时,陈去病立刻予以回击,徐自华之妹小淑也举"扬州十日,嘉定三屠"痛加反驳。③ 这类辩论的出现,使追悼会同时具有了发扬秋瑾革命精神的意义。

如此大规模的在省城风景秀丽的西湖边,公开为一被官府定为"女匪"而处决的革命党人举行祭奠,会场中且表现出明显的反满倾向,其性质为一场挑战官府的示威活动不言自明。甚至秋墓的巍然存在也成为一种抗议的象征,具有实在的号召力,令统治者深感不安。一位谒墓者的诗作,正是从此角度表彰吴芝瑛与徐自华的义举:

十字碑题桐城笔,三弓建筑石门谋。

---

① 参见《祭葬秋瑾女士详纪》、侯保三《题秋瑾墓四首》后之"编者按",《申报》,1908年2月29日、12月22日;《追悼会消息》,《时报》,1908年3月2日。参加追悼会的人数,各报所记不一,少者为二百余人,多者为五百余人。

② 《戊申正月二十四日葬璿卿于西泠,视窆既讫,感而有作,次巢南子原韵》其四,《徐自华诗文集》123页。

③ 陈去病《徐自华传》,《南社》9集,1914年5月;徐双韵(小淑)《记秋瑾》,《辛亥革命回忆录》第四集220页,北京:中华书局,1963年。

敢为寄语贵贤守,也到西湖一奠不?①

惧怕以致仇恨秋墓的自然不只是贵福。当年10月,发生清廷御史常徽奏请平秋墓、严惩营葬发起人吴芝瑛与徐自华事件,并获"廷寄浙抚,查照办理"的朝旨,实属代表官方的群体反应。常徽奏折指称二人"在杭将女匪秋瑾之墓改葬,规制崇隆,几与岳武穆之墓相埒,致浙人有岳王坟、秋女坟之称",毁之乃所以"遏乱萌而维风化"②,问题的要害所在,已一目了然。

1908年12月被毁前二日的秋瑾墓(王诚哉摄)

---

① 侯保三(名鸿鉴)《题秋瑾墓四首》其二,《申报》,1908年12月22日。
② 《常徽奏请平墓之谬妄》,《申报》,1908年10月17日。

此次秋墓虽不幸于 12 月 11 日被平毁,棺柩由秋兄誉章迁运回绍兴,而吴、徐二女士的高风义行却已彰彰在人心目。不独秋瑾家人感激不尽,称道"谁说急难惟兄弟","海国咸钦古侠肠"①,而且吴芝瑛于葬秋后十七年去世之际,各方挽联中"侠骨义肠"的赞语仍屡见不鲜②,徐自华也因此"义声播荡"。徐当"刊章名捕"时,"优游海上,夷然弗以介意"③,固然显得大义凛然;吴之不顾咯血病剧,毅然搬出德国医院,遄归家中,只为"不愿更居洋场医院间,若托异族保护然,以为不知者诟议也"④,也非大勇者不为。其传电发函与两江总督端方,声言"因葬秋获谴,心本无他,死亦何憾",慨称"彭越头下,尚有哭人;李固尸身,犹闻收葬",因而无论是否其所作所为,均"愿一身当之",只求"勿再牵涉学界一人",并"勿将秋氏遗骸暴露于野"⑤,则又表现出吴芝瑛的全始全终,侠烈重情。有朋如此,夫复何求?

第五节 告密的报应

秋瑾被杀,直接的凶手固是浙抚绍守,然而道路传言,促成此难发生的告密者亦有不可推卸的责任。于是,追查帮凶,既是报刊关注的热点,也是革命党复仇的必要步骤。

还在秋瑾遇难一周后,关于出首人的消息已纷纷传扬。《申报》7

---

① 毁墓时间见《申报》1908 年 12 月 16 日《御史奏平秋墓之结果》;诗出秋誉章《无题》,为得知吴芝瑛将赴山阴为秋瑾安葬而作,见《秋莱子遗诗》(三首)。
② 见惠毓明编《吴芝瑛传》(无锡:双飞阁版,1936 年)中所录挽联。
③ 余一《语溪徐夫人五秩寿言》,《南社》22 集,1923 年 12 月。
④ 严复《廉夫人吴芝瑛传》,《大公报》,1908 年 12 月 1 日。
⑤ 《吴女士上江督电》,《申报》,1908 年 10 月 17 日;《吴女士上端制军书》,《大公报》,1908 年 11 月 27 日。

月23日便据杭州来函,报道了出卖秋瑾的是现任绍郡中学监督的袁某,力劝张曾敭"从严惩办"的是在其幕中的宁人某姓,二人均出于恐被牵连的自私目的而犯此大恶。① 7月28日根据绍兴友人来信所写的新闻稿《秋瑾女士冤杀之历史》,又在告密者的姓氏中增加了胡某,且叙述更详:

> 此次秋瑾女士之被害,实由于胡、袁二人之诬指,并由徐□□之暗唆。此三人均与徐锡麟联络,平日时通信息。迨闻皖省之变,恐被株连,即串通设计,由胡、袁二人,至贵知府处,谎说秋瑾女士系徐锡麟党羽,蓄意排满,力请严办。

在排列次序上,胡已先于袁,形同首恶。此二人之名今日也不难指认,即曾任长兴县教谕的胡道南与时为绍兴府中学堂监督的袁翼。而所谓"宁人某姓",则所说不一,后来多半落实为秋瑾的同乡汤寿潜与章介眉。

谓袁翼、胡道南出卖秋瑾,当时报刊几乎是众口一词。消息的来源为绍兴幕府中人,佛奴所记《秋女士被害始末》即说明,其指认"女士之被害,系袁、胡诸狗彘告密之所致",便是转托绍兴"某刑名之弟调查"的结果。革命党更将告密与政治派别的纷争联系起来,《天义》编者把蒋智由牵扯入内,正见此意:

> 袁翼者,与锡龄[麟]同为某暗杀团党员。及蒋观云创政闻社,鼓吹立宪邪说,又引翼为己党。观云素与瑾相识,瑾固多大言,

---

① 《秋瑾冤杀之原因》,《申报》,1907年7月23日。

尝语人曰:"蒋观云者,吾司为东京革命机关。"蒋恐祸及己,恨瑾次骨,故与袁翼通谋,促之使告密。及东京绍兴人开同乡会,观云犹语人曰:"为保卫地方上治安计,不得不杀瑾。"其设心之毒如此。①

此说指蒋智由为主谋,大有栽赃的嫌疑,仅以蒋所撰《绍兴案》②对政府的激烈抨击可知,因而当时便没有被认真对待。

胡道南的情形有所不同,其半官半绅的身份很容易成为众矢之的。按照清廷1906年制订的学政改革规定,各厅、州、县劝学所须设县视学兼充学务总董一人,"选本籍绅衿年三十以外,品行端方,曾经出洋游历,或曾习师范者,由提学使札派充任",胡当年便正充当山阴劝学所总董这一角色。③秋瑾之案既由大通学堂发难,张曾敭得贵福禀报后,于7月12日(阴历六月初三)复函中,指示贵福"一切仍与胡绅道南熟商妥办",原很自然。据秋宗章查看绍府旧档,信中此句已删去,并揣测原因,"殆虑其贾怨,预为之地也"。而贵福14日致浙抚电,则已肯定地将胡列为参与人:

> 前据胡绅道南面称:"大通体育会女教员革命党秋瑾,及吕凤樵竺绍康等,谋于六月初十边起事,竺号酌仙,本嵊县平阳党首领,党羽万余人,近已往嵊,纠约来郡,请预防"等语。④

---

① 《绍兴某君来函论秋瑾事》之"记者识",《天义》6卷,1907年9月。
② 刊《政论》1号,1907年10月。
③ 《学部奏陈各省学务官制折》,舒新城编《中国近代教育史资料》上册286页;胡道南任山阴劝学所总董(所长)事,见蔡元培《亡友胡钟生传》(《蔡元培全集》第二卷327页,北京:中华书局,1984年)及姚蔼庭、陈于德《秋瑾烈士史事片断》(《辛亥革命绍兴史料》41页,绍兴市政协文史资料组,1981年),唯蔡文未署"山阴"。
④ 秋宗章《大通学堂党案》,《越风》8—9期,1936年2—3月。

胡为告密者由此获得确认。至于胡道南为何出卖秋瑾,说法也很一致,即个人私怨。章太炎于秋瑾被杀后一月,作《秋女士遗诗序》①,已直言:"瑾素自豪,语言无简择。尝称其乡人某为已死士,闻者衔之次骨。"此说在留日学界很流行,与秋瑾同时加入革命团体横滨三合会、情同姐弟的王时泽,即详述其事为:

> 绍兴府学总办胡道南在日本留学时,因谈革命和男女平权问题,与烈士(引者按:指秋瑾)意见不合,烈士曾斥为死人。胡怀恨在心,然烈士不之觉,且以胡为留学生,故不甚防之。②

即使不指明何人告密,谓秋瑾之死乃因"锋棱未敛"、结怨者"挟私陷害"③,也是其友朋间最常见的说法。

不过,胡道南在当年原有另一面的表现,亦尝见诸报刊。《申报》1907年8月2日《补录越郡绅学界上绍兴府公禀》,为请求保释在押的徐锡麟之父,具名者中便既有袁翼,也有胡道南。秋宗章作《大通学堂党案》,记述其时官方本欲大肆追捕革命党,被通缉的绍人有徐振汉(徐锡麟妻)、许仲青、曹醴泉、陈威、范肇基(爱农)等多人,一班绍兴绅士仗义执言,联名迭次上书,以"文字株累,士气沮丧"为由,逐一为其人开脱,请求贵福"据情转禀摘释,一面札县销案",而领衔者正是胡道南。有此德行,胡为告密人说法便受到怀疑。就中,为胡道南辩解最力

---

① 《天义》5卷,1907年8月。
② 初名《秋女烈士瑾传》,刊《秋女烈士遗稿》,长沙秋女烈士追悼会印行,1912年;1958年修改后,改题《秋女烈士瑾略传》,收入《湖南历史资料》1980年1辑,长沙:湖南人民出版社,1980年。
③ 参见徐自华《鉴湖女侠秋君墓表》(《申报》1908年12月19日)、吴芝瑛《秋女士传》(《时报》1907年7月21日)等。

的是革命元老蔡元培。蔡与胡共事多年,认为其道德高尚,"责己也严以周,而责人则宽以约",故肯定胡决非卖人者。论其与秋瑾的关系,则"瑾初回绍兴,君于中学堂外课,以《读秋女士诗书后》命题,有欲以是陷君者,君不之惧",可见胡对秋瑾的敬重,并未夹有前嫌。胡与蔡及徐锡麟均为故交,二人之"昌言革命",胡乃是司空见惯,"亦不以为忤"。① 种种情形,均表明胡道南实无告发秋瑾的动机。因蔡元培德高望重的身份,信其说者不乏其人。连瑾弟秋宗章在《大通学堂党案》行文中,也前后矛盾,既指为"劣绅胡道南等,与秋瑾有隙,密函告变",又称"此事主动,实别有人在。道南代人受过,致仗[伏]厥辜"。至于牵引在内的原因,蔡元培的《亡友胡钟生传》言其"豪饮,善谑,对于倜傥之士,亦未尝非之",已透露一二消息;秋宗章所记"其人嗜饮,当具函告密时,正醉欲眠,不假思索,贸然钤印名章于牍尾"②,当是绍兴本地流行的一种传闻。

与胡道南相比,汤寿潜当时名气更著。商办浙江全省铁路有限公司总理与预备立宪公会副会长二职,已足够证明其地位的重要。汤与立宪派的密切关系,在革命人士指认其助纣为虐时,也发生了相当作用。《天义》编者即痛骂:

> 汤寿潜者,外记伪道德之名,隐为谋利之计,为浙省之大贼。此次绍兴之狱,系因寿潜运动浙抚绍守。浙抚绍守信其言,故成此狱。近寿潜致书东京某同乡,盛夸绍守办事之善。阅者皆为目裂。③

---

① 《亡友胡钟生传》,《蔡元培全集》第二卷 326—327 页。
② 《大通学堂党案》,《越风》8 期,1936 年 2 月。
③ 《绍兴某君来函论秋瑾事》之"记者识",《天义》6 卷,1907 年 9 月。

汤在秋案中有脱不了的干系,此说流传甚广,诸如陈去病的《鉴湖女侠秋瑾传》、陶成章的《浙案纪略·秋瑾传》均写及此。吴芝瑛得自越中来人的转述细节更为生动,其记贵福深夜禀报后:"中丞大惊,绕屋走,手足无措。姑以电话问□(引者按:应为'浙')路总办某公:'秋瑾为何如人?'某公答以'秋瑾为革命党'。遂与贵福定议杀之。"①若与周建人日后得自陈叔通先生的说法相印证——张曾敭问汤时,"汤其实并不知道秋瑾搞革命的事,只认为秋瑾经常穿了日本学生装骑了马在街上跑,太随便,不正派,因此说了一句'这个女人死有余辜'"②。——此事可大体清楚。假如不是在特定的、有陷阱的语境下,说某人为革命党,在晚清也算不得大事,构不成告密;甚至一些人发表激烈言词,还是为了博得哗众取宠的效果。汤寿潜讨厌秋瑾的做派,差不多可以肯定;而一句表示憎恶的话会使得秋瑾送命,他倒也未必想到。因而有人认为,说汤参与害秋,"是事出有因,查无实据"③,并不可信。

不过,决心为秋瑾复仇的革命党人,已将胡道南与汤寿潜作为帮凶,势在必除。何况,这是一个暗杀成风、大显威力的年代,采用暴力对付仇敌实属平常。即如徐锡麟刺杀恩铭成功后,清廷大为惊恐,已是草木皆兵。7月12日,距徐行刺不过六天,即有"嗣后各衙门引见人员,暂归内阁验放"的"谕旨"④传出。但仍有人为表示忠心,替两宫担心,奏请光绪皇帝与西太后慎防召见官员,所虑正在徐案发生,"伏思朝廷日见多数官员,其中恐有匪类匿迹"。奏上,朝中的反应是"甚为

---

① 吴芝瑛《答某女士书》,《时报》,1908年2月8日。其中"秋瑾为革命党"六字原均以"□"代之,据汪国垣《小奢摩馆脞录·秋瑾》(《小说海》1卷4号,1915年4月)补。
② 《回忆鲁迅片断》,《北京师范大学学报》1979年3期。
③ 陶沛霖回忆、周芾棠整理《秋瑾烈士》,周芾棠等辑《秋瑾史料》152页。
④ 《上谕》,《申报》,1907年7月13日。

嘉纳,因之内廷官员出入,近日十分戒严"。① 不仅最高统治者惶惶不安,"革命党人潜入京城,图刺某某大员"的消息也时有流布,负责治安的民政部只好"严谕各区厅实力清查户口并车站、会馆、客栈等处,凡有洋装薙发僧道客商并形迹可疑之人,一律严密查探,免蹈安省覆辙"②。而江苏因与事发之地安徽、浙江接壤,官员更如惊弓之鸟。报载:

> 苏省某大吏自道员徐锡麟刺毙皖抚后,恐慌殊甚。近日接见僚属,防闲周密,非有紧要公事,概不接见。如必须面禀者,亦不得近身接洽。出见时必以多数之戈什哈及护勇人等,各持手枪,四面围绕,并先期传谕各员,一切公牍,不得如从前之置于靴统内。如接见时有以手探靴者,则护者不问情由,即当开枪。是以僚属之诣辕求见者,咸预相儆戒云。③

暗杀的威慑力一至于此,确也是因革命党中颇多舍生忘死之人,前仆后继,义无反顾。因而,谋刺的传闻并非谣言,而实有组织安排在其后。

秋瑾遇难后,汤寿潜一度成为行刺目标。秋瑾的学生尹锐志即尝谈及,光复会本"拟杀汤"。而虽有争议但终于放过的缘故,便是"因其素尚公正,克勤耐劳,为社会服务颇有足取","故此次复仇不及于汤"。④ 证以秋案曝光,汤虽在可疑之列,9月22日浙江教育总会开成

---

① 《杨学士又请慎防召见官员》,《申报》,1907年7月30日。
② 《京师严查革命党》,《申报》,1907年8月11日。
③ 《苏省大吏接见僚属之慎密》,《申报》,1907年8月6日。
④ 尹锐志《锐志回忆录》,初刊1948年3月29日《公平报》;录自《辛亥革命浙江史料选辑》487页。

立大会时,其仍以最多票数当选正会长,只因本人力辞,才未就任①,汤寿潜的声望之高由此可知。暗杀汤寿潜,无益于争取民心,只会带来普遍的反感,革命党的放弃此计划,本为明智之举。

胡道南便没有这般幸运。光复会的领袖蔡元培其时正在海外,无人为胡辩白;且公文私议,均以其为首告者,罪莫大焉。当年虽未动手,而不屈不挠的革命党人始终在寻找合适的机会。1910年8月15日,秋瑾被害三年后,胡道南在绍兴清查公产事务所遇刺,经过情形正如蔡元培《亡友胡钟生传》所述:

> 是日黎明,有二人为佣仆状,趋事务所,谓门者曰:"胡先生家昨被盗,特来报,愿见胡先生。"门者入,一人尾之。是时,君未起,闻门者言,急披衣出。尾者忽出手枪,击君,未中,君却走,尾者追之,复发两弹,皆中。众闻警毕集,则击者已遗两履而逸矣。君创甚,逾四时而卒。

胡道南系为秋案而死,本人亦很明了;其子问行刺者,胡也以"下流学界"答之。蔡元培尽管为死者抱不平,认为如张曾敭、贵福等罪魁祸首,"曾莫敢动其毫发","即告密之证据较为确实者,亦皆未尝为复仇者之鹄的",胡不过"稍稍涉嫌疑",而竟"以身殉之",但也只能空致悲愤,无补于事。杀胡道南者,据秋宗章《大通学堂党案》言,为嵊县人史进德与裘美根。有一种说法,胡死后,"号为秋君复仇者,慑于同志之责备",而不敢再贸然行事②,则胡道南本不该死。

---

① 《浙江教育总会成立》、《浙江教育总会第二次开会情形》,《申报》,1907年9月26、27日。

② 《亡友胡钟生传》,《蔡元培全集》第二卷326—327页。

然而,胡道南的死并非毫无意义。就个体的消亡来说,这或许是一场不该发生的误会;但如置于以暗杀为有效的暴力手段的时代背景中,胡之死正有助于酿造革命的氛围。在服从革命需要的铁律下,死者无论为罪大恶极死有余辜,抑或为善良无过含冤蒙耻,其间的区别均不在考虑范围内。而由革命的残酷性所造成的悲剧,也是如许多的文人浪漫革命者最终抽身止步的原因。

第六节 文学的聚焦

秋瑾以组织起义的革命党被害,在海外的同志固然可以直言不讳地承认"瑾之志固在革命","遂集同志于浙江,欲举大事";但国内的亲朋好友,即使明知其心,仍"曲护之","语多讳忌",称其革命乃家庭革命而非种族革命,为其大声鸣冤,斥官吏以"莫须有"定罪,则是因"处清廷积威之下"①,不得不采取的斗争策略。不过,秋瑾作为女性而就义这一性别因素,在使其死事迅速蔓延、掀起轩然大波的过程中,无疑起了关键作用。

关于处死秋瑾的方式,在当地已是议论纷纷。按照绍兴人的说法:

> 清朝的时候,绍兴刑场有两个地方。杀头——斩刑,是在轩亭口,那个府横街与大街相接的"丁"字路口,有一块方方的石头高起,叫做"行刑石",是杀江洋大盗的地方。斩刑就是跪在这石头上执行的。绞刑,是在水澄巷小教场执行的。从前妇女判死刑,最重是绞刑,杀头是没有的。

---

① 悲生(王时泽)《秋瑾传》,《天义》5卷,1907年8月;叶颂清《读陈去病鉴湖女侠秋瑾传书后》,王灿芝编《秋瑾女侠遗集》,上海:中华书局,1934年。

而秋瑾竟然被斩首,在绍兴本地自然会引起极大的震动。此后,绍兴城里流传过一首民谣《十不防》,其中"四不防,秋瑾杀头也不防"①,所说正是秋瑾之死的异乎寻常。这样一种血腥的杀害女性的方式,也在更大范围内激起了公愤。为之申辩者,便往往强调其"弱女子"身份。如《申报》驳斥张曾敭对绍兴同仁学堂监督禀词的批文,即一口咬定:"秋瑾一弱女子,万无通同竺绍康、王金发纠党谋毙之理。"《时报》对秋瑾"通匪"的官方指控也大加嘲讽:"仅一弱女子,藏一手枪,遂足扰一郡之治安,岂真如吾国社会所崇拜之九天玄女、骊山老母,有撒豆成兵之神术也耶?"②在这些辩护中,都利用了人们同情弱者的普遍心理,把秋瑾描述为被官府任意摧残杀害而无丝毫反抗能力的悲惨女性。尽管这不完全是事实真相,但对造成抗议统治者的巨大声浪反而大有助益。

敏感而富有同情心与正义感的文人因而被激动起来,何况,在秋瑾的故事中,原本包含了足以发挥文学想象的情节。正如时任《时报》编辑的小说家包天笑所言:

> 嗟夫!大地黑潮,剧无政府;小家碧玉,也作牺牲。此非小说家故为是妆点也。试观彼警察、侦探之严密甲于大地者,时见弹雨硝烟,卷红雪而飞也。③

从中不难看出论者的关注点。女性、鲜血,都是刺激文人创作的要素,不是小说的史实中,已天然具备"传奇"的基因。无怪乎秋瑾去世后,

---

① 王鹤照口述、周蒂棠整理《"秋小姐"》,《秋瑾史料》149—150页。
② 《驳浙吏对于秋瑾之批谕》,《申报》,1907年8月1日;胡马《浙抚安民告示驳议》,《时报》,1907年7月27日。
③ 笑《时评》,《时报》,1907年7月17日。

中国已有的文学体裁,几乎都出现了取材于秋瑾的作品。诗文一类在文人中运用最多又最传统的形式不必说,其数量也无法统计;单是戏曲、小说,发表之作便相当可观。据陈象恭编著的《秋瑾年谱及传记资料》列举,晚清谱写秋瑾事迹的戏曲作品便有古越嬴宗季女的《六月霜传奇》,萧山湘灵子(韩茂棠)的《轩亭冤传奇》,长州灵鹣(吴梅)的《轩亭秋杂剧》,啸庐的《轩亭血传奇》(有"小万柳堂"即吴芝瑛的评点),悲秋散人(洪楝园)的《秋海棠杂剧》;关涉秋瑾的剧本有伤时子的《苍鹰击传奇》;甚至秋瑾生前死后的一些重大事件,也有专门的剧作加以反映,如无伪的《猿狐计》写袁翼与胡道南告密事,龙禅居士(庞树柏)的《碧血碑杂剧》述吴芝瑛营葬事,且绝大多数作品均产生于秋瑾遇害的同年。小说创作短篇则有无生(王钟麒)的《轩亭复活记》、哀民的《轩亭恨》,长篇有静观子的《六月霜》。[1] 另外,蒋景缄所撰杂剧《侠女魂》,有一出专写秋瑾;悲秋所作短剧《谁之罪戏曲》,叙秋瑾死后在天界作了蓉城仙子,审判班昭[2],也与秋瑾有关。至于《六月霜传奇》开幕的第一支曲子,所唱"饱刀铓,红雨热,断美人头"[3],正点出了女子流血对作者选择此一题材的吸引力。而以作意好奇来表述"秋瑾文学"创作的盛极一时,并不是存心贬低这些作者仗义执言的意义,有常徽对秋瑾故事"颠倒是非,编成戏本,堂皇演唱,实属目无法纪,败坏人心,殊堪痛恨"[4]的诋语在,其功已不可没;而如此强调刺激的作用,只是为了

---

[1] 见《秋瑾年谱及传记资料》93—101页,北京:中华书局,1983年。其中"萧山湘灵子"本名韩茂棠,系据左鹏军《近代传奇杂剧作家作品考辨五题》(《文学遗产》2001年1期)的考证。

[2] 《(传奇小说)侠女魂·兵解》刊《扬子江小说报》4期,1909年8月;《谁之罪戏曲》刊《江西》2、3号合刊,1908年12月。

[3] 《六月霜传奇》"前提",上海:改良小说社,1907年。

[4] 《常徽奏请平墓之谬妄》,《申报》,1908年10月17日。

更准确地说明此一现象形成的实在原因。

从上述作品的题目不难看出,秋瑾于旧历六月被杀,很容易使人联想到因冤屈而死、六月飞霜的窦娥,这与其时称秋案为"冤狱"的社会舆论正相一致。但如此比附,也更突出了"弱女子"的形象,一如窦娥的虽则性情刚烈,终于被巨大的专制机器碾碎,只成为悲剧人物。秋瑾的主动选择牺牲、渴望作女子而"死于谋光复者"的表率①,这其间所蕴涵的壮烈,便都无以体现。即如冠之以"中华第一女杰"的《轩亭冤传奇》,第七出《喋血》写秋瑾被捕、审讯与斩首,从就擒一刻起,剧本中为扮演秋瑾的旦角便不断安排"一路哭介""伏地泣介""哭介""披发挥泪上""大惊介""哭介""伏地泣介""刽子手拖旦行介"的动作,并一再让其诉说:"哎呀!你你你这糊涂东西,竟把侬认作革命党了,兀的不痛煞人也!""糊涂糊涂,你这个糊涂狗官,竟把我认作革命党了!苍天呀!苍天呀!我秋瑾今日死得好不瞑目也!""苦呀!苦呀!你这糊涂狗官,听信挟嫌诬告,竟把侬认作革命党么?你是个满人,难道怕侬革你的命不成?"因而,最后作者虽使秋瑾唱了一曲[江神子]:"神州一女豪,拼头颅报答同胞。喜今朝玉碎香销,魂游天国路迢迢,此去何须悲悼。"②毕竟已无法振起前文,改变与《窦娥冤》相近的凄惨氛围。

不过,应该肯定的是,所有题写秋瑾的作品,都尽力刻画了其为爱国女杰的情思,也不无慷慨激昂的豪气。只从湘灵子置于《轩亭冤传奇》卷首的《叙事》中,自称其曲本为"合古今未有之壮剧、怪剧、悲剧、惨剧,迭演于舞台,以激励我二百兆柔弱女同胞",便可知戏中除了悲,亦有壮。剧中设计秋瑾最崇拜的外国女杰罗兰夫人,以其"含冤不白,

---

① 秋瑾《与王时泽书》,悲生《秋瑾传》中引录。
② 剧作于1907年10月,初刊1908年《国魂报》;录自阿英编《晚清文学丛钞》(传奇杂剧卷)上册135—137页。

卒至断头台上断送四十一年壮快义烈之生涯"关照秋瑾的生平,《叙事》起首也模仿梁启超《罗兰夫人传》中的名句,"罗兰夫人何人也?彼生于自由,死于自由。罗兰夫人何人也?自由由彼而生,彼由自由而死"①,而赞叹:"秋瑾何为而生哉?彼生于自由也。秋瑾何为而死哉?彼死于自由也。自由为彼而生,彼为自由而死。秋瑾乎,秋瑾乎,中国规复女权第一女豪杰!"以争取妇女解放概说秋瑾,自然是过于浅狭。蠡城剑侠在剧末所撰《书后》,表彰湘灵子传写秋瑾事迹的用心,便更得体:

  秋瑾奚为而传哉?秋瑾为爱国之女豪,不可不传也。秋瑾为独立之女豪,不可不传也。秋瑾为划除奴性之女豪,不可不传也。秋瑾为主张平权之女豪,不可不传也。

由爱国起始,依次道来,方合乎秋瑾的真性情。文章最后的铺排也值得注意:"于是乎秋瑾传,于是乎秋瑾竟传,即传秋瑾之湘灵子亦传。"②不能说湘灵子设心如此,却也未尝不可视之为"秋瑾文学"繁盛的其中一项缘由。

  而无论是谱曲本还是撰诗文,所有的作者均无一例外地凸显了秋瑾作为女子的特殊性。由此,诸多"第一人"的称许便获得确定:

  古今党祸,未有殃及女郎者;有之自秋瑾始。

  女士为祖国女界革命军中开幕之第一人物,从容就义,无稍顾忌。

---

① 中国之新民《(近世第一女杰)罗兰夫人传》,《新民丛报》17号,1902年10月。
② 《晚清文学丛钞》(传奇杂剧卷)上册108—109、111、143—144页。

> 吾国以弱女子之死,而震动一世者,惟君一人而已。①

更有甚者,一位诗人作哭秋瑾诗七绝六首,竟两次带出"第一"字样:"千古伤心第一事,裙钗授首断头台。""相看谁是闺中杰,革命家庭第一人。"②而归根结底,"女郎也上断头台"③才真正使得群情激愤。尽管出于谴责统治者杀人罪行的需要,文学家们有意无意地过分渲染了悲剧的情调,而秋瑾的毅然就死,留给知情者更多的还是敬佩。秋瑾就义时在场的绍兴警察局巡官何寿萱,于行刑后对人言,"成仁取义,慷慨捐驱[躯],须眉犹难言之,今乃见于巾帼,殊令人惊叹"④,则其真正长存天地间的,正是此舍生取义的英风豪气。

秋瑾渴望如男子中之唐才常、沈荩、史坚如、吴樾诸人,为"光复之事"而死,一洗"女子则无闻"的"女界之羞"⑤,她也以自己的血,完成了平素心愿,赢得了后人的敬仰。在这个意义上,秋瑾可以说是死得其所。

---

① 桂阳居士《吊秋瑾女士》(并序)、南徐遁园《挽秋女士七律二首》(并序),《徐锡麟》214、226页,上海:新小说社,1907年;佩韦《吊秋瑾卿女士文》,《时报》,1907年8月17日。
② 李铎《哭秋女士》其一、其二,《时报》,1907年8月19日。
③ 楚北一鹤《吊秋女士》其二,《徐锡麟》223页。
④ 引自秋宗章《大通学堂党案》,《越风》9期,1936年3月。
⑤ 秋瑾《与王时泽书》,悲生《秋瑾传》中引录。

主要参考文献

基本文献

《北京女报》(1905 年 8 月创办)
《北京日报》(1905 年 8 月由《北京报》改名而来)
《(北京)时事画报》(1907 年创刊)
《北洋官报》(1902 年创刊)
《大公报》(1902 年 6 月创办)
《点石斋画报》(1884 年创刊)
《东方杂志》(1904 年创刊)
《复报》(1906 年创刊)
《国粹学报》(1905 年创刊)
《国民日日报》(1903 年 8 月创办)
《国民日日报汇编》,上海:东大陆图书译印局,1904 年。
《湖北学生界》(1903 年创刊)
《惠兴女学报》(1908 年创刊)
《惠兴女中》(1934 年创刊)
《江苏》(1903 年创刊)
《江西》(1908 年创刊)
《教育杂志》(1909 年创刊)
《京报》(清初已见)
《警钟日报》(1904 年 2 月创办)

《〈觉民〉月刊整理重排本》,北京:社会科学文献出版社,1996 年。
《民报》(1905 年创刊)
《民立报》(1910 年 10 月创办)
《南社》(1910 年创刊)
《女报》(《女学报》)(1902 年创刊)
《女学报》(1898 年创刊)
《女子世界》(1904 年创刊)
《清议报》(1898 年创刊)
《求是报》(1897 年创刊)
《申报》(1872 年 4 月创办)
《盛京时报》(1906 年 9 月创办)
《时报》(1904 年 6 月创办)
《时务报》(1896 年创刊)
《顺天时报》(1905 年 7 月由《燕京时报》改名而来)
《苏报》(1896 年 6 月创办)
《天义》(1907 年创刊)
《万国公报》(1874 年由《教会新报》改名而来)
《湘报》(1898 年 3 月创办)
《小说林》(1907 年创刊)
《新民丛报》(1902 年创刊)
《新闻报》(1893 年 2 月创办)
《新小说》(1902 年创刊)
《选报》(1901 年创刊)
《学部官报》(1906 年创刊)
《游戏报》(1897 年 6 月创办)
《月月小说》(1906 年创刊)

《云南》(1906 年创刊)
《浙江潮》(1903 年创刊)
《政艺通报》(1902 年创刊)
《知新报》(1897 年创刊)
《中国女报》(1907 年创刊)
《中国新女界杂志》(1907 年创刊)
《中外日报》(1898 年 8 月由《时务日报》改名而来)

《二十世纪中国小说理论资料》第一卷,陈平原、夏晓虹编,北京:北京大学出版社,1989 年。
《黄帝魂》,黄帝子孙之一个人(黄藻)编,上海:东大陆图书译印局,1903 年。
《近代中国女权运动史料》,李又宁、张玉法主编,台北:传记文学社,1975 年。
《民国人物碑传集》,卞孝萱、唐文权编,北京:团结出版社,1995 年。
《民国野史》第二编,姜泣群编,光华编辑社,1918 年第四版。
《清末筹备立宪档案史料》,故宫博物院明清档案部编,北京:中华书局,1979 年。
《清末民初洋学学生题名录初辑》,房兆楹辑,台北:中研院近代史所,1962 年。
《〈苏报〉案纪事》,章士钊编,1903 年。
《晚清文学丛钞》(传奇杂剧卷),阿英编,北京:中华书局,1962 年。
《晚清文学丛钞》(说唱文学卷),阿英编,北京:中华书局,1960 年。
《晚清文学丛钞》(小说戏曲研究卷),阿英编,北京:中华书局,1960 年。

《晚清文学丛钞》（小说一卷），阿英编，北京：中华书局，1982年。
《晚清戏曲小说目》，阿英编，上海：上海文艺联合出版社，1954年。
《辛亥革命》，中国史学会主编，上海：上海人民出版社，1957年。
《辛亥革命回忆录》第一、四集，中国人民政治协商会议全国委员会文史资料研究委员会编，北京：中华书局，1961、1963年。
《辛亥革命绍兴史料》，绍兴市政协文史资料组编印，1981年。
《辛亥革命浙江史料选辑》，浙江省辛亥革命史研究会、浙江省图书馆编，杭州：浙江人民出版社，1981年。
《辛亥人物碑传集》，卞孝萱、唐文权编，北京：团结出版社，1991年。
《徐锡麟》，毕志杜编，上海：新小说社，1907年。
《鸳鸯蝴蝶派文学资料》，芮师和等编，福州：福建人民出版社，1984年。
《中国近代报刊名录》，史和、姚福申、叶翠娣编，福州：福建人民出版社，1991年。
《中国近代教育史资料》，舒新城编，北京：人民教育出版社，1961年。
《中国近代期刊篇目汇录》，上海图书馆编，上海：上海人民出版社，1979—1984年。
《中国近代文学大系》（史料索引集），魏绍昌主编，上海：上海书店，1996年。
《中国近代学制史料》，朱有瓛主编，上海：华东师范大学出版社，1983—1993年。
《中国近现代人物名号大辞典》，陈玉堂编著，杭州：浙江古籍出版社，1993年。
《中国通俗小说总目提要》，江苏省社会科学院明清小说研究中心编,北京:中国文联出版公司,1990年。

《最近之五十年》,抱一编,上海:申报馆,1923年。

Records of the Third Triennial Meeting of the Educational Association of China , Held at Shanghai , May 17 – 20 , 1899. Shanghai : American Presbyterian Misston Press , 1900.

《祖国女界伟人传》,咀雪庐主人(许定一)编述,日本横滨:新民社,1906年。

《祖国女界文豪谱》,咀雪子(许定一)著,北京:京华印书局,1909年。

《外国列女传》,陈寿彭译,薛绍徽编,南京:江楚编译官书总局,1906年。

《世界十二女杰》,日本岩崎徂堂、三上寄凤著,赵必振译,上海:广智书局,1903年。

《(世界古今)名婦鑑》,蘆花生(德富蘆花)編,(東京)民友社,1898年。

《法国革命战史》,日本涩江保著,中国国民丛书社译,1903年。

《佛国革命战史》,日本涩江保著,人演译社社员译,上海:人演译社,1903年。

《采菲录》,姚灵犀编,天津时代公司,1936年再版。

《采菲录续编》,姚灵犀编,天津时代公司,1936年。

《光绪朝东华录》,朱寿朋编,北京:中华书局,1958年。

《后汉书》,范晔撰,北京:中华书局,1982年。

《满清稗史》,上海:新中国图书局编印,1914年。

《明季北略》,计六奇撰,北京:中华书局,1984年。

《清稗类钞》,徐珂编撰,上海:商务印书馆,1917年。
《清秘史》,有妫血胤(陈去病)撰,陆沉丛书社,1904年。

《蔡孑民先生言行录》,新潮社编,北京:北京大学出版部,1920年。
《蔡元培全集》第二卷,高平叔编,北京:中华书局,1984年。
《追忆蔡元培》,陈平原、郑勇编,北京:中国广播电视出版社,1997年。
《爪洼鸿爪》,陈以益著,北京:外交部印刷局,1924年。
《墨游漫墨》,陈以益著,1927年。
《高燮集》,高铦、高锌、谷文娟编,北京:中国人民大学出版社,1999年。
《天梅遗集》,高旭撰,万梅花庵藏板,1934年。
《高旭集》,郭长海、金菊贞编,北京:社会科学文献出版社,2003年。
《胡兰畦回忆录》(1901—1936),胡兰畦著,成都:四川人民出版社,1985年。
《女界钟》,爱自由者金一著,1903年初版,1904年再版。
《天放楼诗集》,金天羽撰,上海:有正书局,1922年。
《天放楼文言遗集》,金天羽撰,1947年。
《自由血》,金一撰,上海:镜今书局,1904年。
《经元善集》,虞和平编,武汉:华中师范大学出版社,1988年。
《女学集议初编》,经元善辑,1898年。
《长兴学记 桂学答问 万木草堂口说》,康有为作,北京:中华书局,1988年。
《中国现代学术经典·梁启超卷》,夏晓虹编校,石家庄:河北教育出版社,1996年。

《全地五大洲女俗通考》,林乐知著,上海:广学会,1903年。

《黑奴吁天录》,美国斯土活原著,魏易、林纾译,武林魏氏藏板,1901年。

《闽中新乐府》,畏庐子(林纾)撰,福州:魏瀚刻本,1897年。

《(柳亚子文集)磨剑室诗词集》,中国革命博物馆编,上海:上海人民出版社,1985年。

《(柳亚子文集)磨剑室文录》,中国革命博物馆、上海人民出版社编,上海:上海人民出版社,1993年。

《(柳亚子文集)南明史纲·史料》,柳无忌编,上海:上海人民出版社,1994年。

《(柳亚子文集)自传·年谱·日记》,柳无忌、柳无非编,上海:上海人民出版社,1985年。

《中国之女铜像》,南武静观自得斋主人撰,上海:改良小说社,1909年。

《(改良再版)女学唱歌集》,倪寿龄编译,上海:科学书局,1906年。

《白话丛书》第一集,裘廷梁编,1901年。

《秋瑾集》,秋瑾撰,上海:上海古籍出版社,1979年。

《秋瑾女侠遗集》,王灿芝编,上海:中华书局,1929年。

《秋瑾诗文选》,郭延礼选注,北京:人民文学出版社,1982年。

《秋瑾史迹》,中华书局上海编辑所编辑,北京:中华书局,1958年。

《秋瑾史料》,周芾棠、秋仲英、陈德和辑,长沙:湖南人民出版社,1981年。

《秋瑾研究资料》,郭延礼编,济南:山东教育出版社,1987年。

《六月六日与李钟岳》,秋宗章撰,《国闻周报》14卷22期,1937年6月。

《宋恕集》,胡珠生编,北京:中华书局,1993年。

《忘山庐日记》，孙宝瑄撰，上海：上海古籍出版社，1983年。
《退醒庐笔记》，海上漱石生（孙玉声）撰，太原：山西古籍出版社，1996年。
《我佛山人文集》第八卷，吴趼人撰，卢叔度、王维、张纯校点，广州：花城出版社，1989年。
《吴芝瑛传》，惠毓明编，无锡：双飞阁藏板，1936年。
《剪淞留影集》，吴芝瑛等撰，吴芝瑛辑，上海：小万柳堂丛刊本，1918年。
《徐自华诗文集》，郭延礼编，北京：中华书局，1990年。
《郑观应集》上册，夏东元编，上海：上海人民出版社，1982年。
《周作人日记》，郑州：大象出版社，1996年。
《知堂回想录》，周作人著，石家庄：河北教育出版社，2002年。

研究论著

《辛亥革命时期期刊介绍》，丁守和主编，北京：人民出版社，1982—1987年。
《中国报学史》，戈公振著，北京：三联书店，1986年。
《上海的日报》，胡道静著，上海市通志馆，1935年。
《北京妇女报刊考》（1905—1949），姜纬堂、刘宁元主编，北京：光明日报出版社，1990年。
《清末申报四十年史料》，徐载平、徐瑞芳编，北京：新华出版社，1988年。

《秋瑾年谱及传记资料》，陈象恭编，北京：中华书局，1983年。
《蔡元培年谱长编》，高平叔编，北京：人民教育出版社，1996年。

《秋瑾事迹研究》,郭长海、李亚彬著,长春:东北师范大学出版社,1987年。

《柳亚子年谱》,柳无忌编,北京:中国社会科学出版社,1983年。

《近代中国社会文化变迁录》第二卷,闵杰著,杭州:浙江人民出版社,1998年。

《中国近代文学论稿》,时萌著,上海:上海古籍出版社,1986年。

《梁启超·明治日本·西方》,狭间直树编,北京:社会科学文献出版社,2001年。

《晚清社会与文化》,夏晓虹著,武汉:湖北教育出版社,2001年。

《晚清文人妇女观》,夏晓虹著,北京:作家出版社,1995年。

柳和城《屈伯刚三设书肆》,《苏州杂志》2000年第1期。

魏绍昌《秋瑾的艺术形象永垂不朽》,日本《清末小说研究》第6号,1982年12月。

夏晓虹《彭寄云女史小考》,《中国现代文学研究丛刊》2001年第3期。

夏晓虹《秋瑾北京时期思想研究》,《浙江社会科学》2000年第4期。

虚白《曾孟朴先生年谱》,《宇宙风》第3期,1935年11月。

左鹏军《近代传奇杂剧作家作品考辨五题》,《文学遗产》2001年第1期。

后　记

在我已有的写作中，这是一本历时最久的书稿。1994年秋，不好意思拂友人的好意，为一套"女性文化书系"偶然撰写了一本《晚清文人妇女观》，由此闯进一块对我来说相当生疏却令人迷恋的领域。该书于1995年出版后，我也一发不可收地陷入晚清女性研究的阵仗中。

当年受丛书字数以及写作时间、资料积累的限制，许多在《晚清文人妇女观》中初露端倪的想法或简单举示的范例，也从此成为积存胸中、挥之不去的心事，勾起我继续探究的好奇心与历史癖。如果将两书做一对比，读者不难发现，诸如中国女学堂、批茶女士、罗兰夫人、惠兴、胡仿兰等，均是由前书引其端，最终扩展成为此书中的一章。而惠兴之名，前书因所据史料单一，误写作"惠馨"，此次深入考察，得以订正；其殉学的原因也由初始指证的经费艰难，进而发掘出潜藏背后的满汉矛盾，则更属让我意外惊喜的收获。

尝读阎若璩《潜邱札记》，见其因以宋人时论题目答徐乾学"使功不如使过"出处之问，而得一"博"字誉；后十五年、又后五年读书有得，才陆续发现此典的原始所本，从而感叹："甚矣，学问之无穷，而人尤不可以无年也！"（卷二）当时读得惊心动魄，验之当下，信然！

不过，由于今日电脑技术的普遍应用，博闻强记有时仍不及上网检索，于是，在"有年"之后，我们也无妨借助日趋完善的网络资讯，以获取生命的更大值。本书中得益于此的是"以杜成淑拒屈疆函为例"的

《新教育与旧道德》一章。该章单独发表时,关于这一男女青年间的感情纠葛事件对屈疆日后的影响有如下推测:

> 当年神态自若出京的屈疆,却已注定要为其冒失之举付出相当沉重的代价。
>
> 当他从公众视野中消失以后,我们不清楚他的人生之路是如何完成的。不过,有一些迹象表明他此后境遇不佳。屈疆后来改名为"屈燨";在其五十之年填写京师大学堂译学馆同学姓名录时,关于"从前职业"、"现在职业"两栏一律空白;而"文别"一栏,有留学经历者大多注明留英、留法或留日,屈氏在此也交了白卷。连其"现在属所"也报的是"平湖南河头葛宅转",并没有留下可以直接与本人联系的固定住址或服务单位。这些都耐人寻味。推测易名的原因为,"屈疆"已是一个给他带来耻辱和痛苦记忆的名字,其出国留学的志愿很可能破灭,1905 年入读译学馆修习英文、得风气之先的屈氏最终无甚成就,应该都与杜成淑拒其私函、公布天下有关。因此,肯定此事改变了屈氏的人生道路,大约距事实不远。(《晚清女性:新教育与旧道德》,《北京大学学报》2003 年 3 期)

因为当时只见到两种京师大学堂译学馆同学录,在图书馆中查找以"屈疆"或"屈燨"为作者的书籍卡片,也无所获。

虽然自觉已很谨慎,上述推论仍让我放心不下。此次编定书稿时,便发信给与屈疆同乡、现仍居浙江平湖的朋友顾国华先生。顾先生独力编印文史掌故类民间辑刊《文坛杂忆》近二十年,在当地直至京沪文化老人中广结善缘。其先后两次复函及惠赠的相关资料,大致钩沉出屈氏被京师大学堂译学馆革退后的经历,看来并没有我设想的那么悲惨与一蹶不振。无论如何,其晚年被聘为浙江文史馆馆员的资历,即证明了他始终葆有"社会知名人士"的身份。而信中以"屈伯刚"而不是屈彊或屈㸿称呼其人,则令我突然醒悟,此君嗣后是否以字行。

循此线索在新浪网上检索,果然大有斩获。除杨绛先生在《回忆我的父亲》中提到屈伯刚曾任上海圣约翰大学国文教授外,最有资料价值的是柳和城先生发表在《苏州杂志》2000年第1期上的《屈伯刚三设书肆》。至于屈氏在1931年编印的《京师译学馆校友录》中填报通讯处为"平湖南河头葛宅转",依据柳先生《平湖藏书家葛嗣浵》(《书屋》2000年11期)文末补记,其时屈伯刚正为葛家编《传朴堂藏书目》,因而也不存在我所暗示的居无定所问题。查证的结果虽然部分否定了先前的推断,我却为获知真相而格外兴奋。

近代社会文化研究之所以有魅力,在我看来,也因为书里与书外可以沟通。想象纸面上的文献资料抖落历史尘埃,在当代生活中神奇地"复活",研究者得以亲眼目睹与体验晚清文化在现代的延续,该是何等饶有趣味的事情!至于将游览之兴与考据之学合而为一,"假公"以"济私",更属于自以为得计的个人偏好。

还记得去年5月,在细雨蒙蒙中造访杭州惠兴中学的情景。接待我们的钟书记虽不大了解我讲述的惠兴办学的复杂背景,却证实了校址所在的惠兴路,正在晚清的旗城范围内。我从30年代的《惠兴女中》校刊上得知,该校立有一方镌刻着惠兴殉学遗言的石碑。钟书记已不知此碑的下落,但告诉我们,现在的教学楼地基中,倒是埋有一块碑。我希望它有朝一日能重见天日,当然更祈望它就是那块遗言碑,最好还是根据惠兴手迹摹刻上石。时间才过去百年,这位满族女杰总该留一点手泽在人间。

此行最大的收益是,讨要到一本1994年10月编印的《杭州第十一中学建校90周年纪念特刊》,其中的《惠兴女士小记》附有一张惠氏遗照,虽不够清晰,毕竟满足了我知其行事而想见其人的愿望。2000年5

月,恰好在我撰写以"惠兴自杀事件解读"为副题的本书第八章时,该校又由20世纪50年代统一编号的杭州十一中恢复了旧名称。历史虽不一定需要我来揭秘,但应该说,她离我们并不遥远。

关于此书的结构、完成,如果用"无心插柳柳成荫"来形容,似乎显得有点大言欺世。不过,在1995年12月写作《批茶女士与斯托夫人》一文时,我确实不曾想到这会成为本书的开端。所以,趁那年编辑的论文集《诗骚传统与文学改良》(浙江文艺出版社1998年版)尚未付排时,我又匆忙将此文加入。次年撰写《晚清人眼中的秋瑾之死》,情况同样如此,我仍然把它作为独立的论文来构思。这两篇文章,原本都是凑合着会议主旨并结合了个人的研究兴趣而确定题目的。

现在回头想来,构成全书主体的十章,竟无一不与会议相关。我且把它记在下面,以作人生与学术之旅的鸿爪留痕:

第六章初名《批茶女士与斯托夫人——晚清翻译文学误读之一例》,1996年1月于香港中文大学"翻译与创作"中国近代文学国际研讨会上发表;

第十章《纷纭身后事:晚清人眼中的秋瑾之死》,1996年6月于"台湾《中央日报》"主办的"百年来中国文学"学术研讨会上发表;

第一章初名《中西合璧的上海"中国女学堂"》,1998年6月于德国海德堡大学"晚清上海都市文化"国际研讨会上发表;

第八章《从新闻到小说:胡仿兰一案探析》,1998年8月于捷克布拉格大学"中国的现代性:1910年代的文学新景观"国际研讨会上发表;又,2000年7月于韩国女性文学研究会在淑明女子大学主办的"东亚的近代性与新女性文学"学术研讨会上再次发表;

第五章初名《古典新义:晚清人对经典的解说——以班昭与〈女诫〉为中心》,1999年10月于日本大阪"日本中国学会·中国现代文学研究者集会"上发表;

第八章《晚清女学中的满汉矛盾——惠兴自杀事件解读》,2000年7月于日本京都大学"作为文化制度的中国古典"学术研讨会上发表;

第四章《历史记忆的重构——晚清"男降女不降"释义》,2000年8月于北京大学"晚明至晚清:历史传承与文化创新"国际研讨会上发表;

第三章《晚清女报的性别观照——〈女子世界〉研究》,2001年6月于德国马堡大学"赞助新文化:1910年代文学期刊研究"国际讨论会上发表;又,同年11月于北京大学"大众传媒与现代文学"中日研讨会上再次发表;

第二章初名《晚清女性:新教育与旧道德——以屈疆拒杜成淑函为案例》,2002年11月于台湾大学"晚清—四十年代:文化场域与教育视界"学术研讨会上发表。

唯一的例外是初名《罗兰夫人在中国》的第七章,这篇完稿于1998年1月的文章,本是为当年3月出版的《学人》第13辑赶写的,又作为本人并未与会的会议论文,收入由北京大学比较文学研究所孟华教授主编的英文论文集《中日文学中的西方人形象》(*Images of Westerners in Chinese and Japanese Literature*)一书中。同年夏,为纪念北京大学百年校庆,北大中外妇女研究中心也主持召开过一个以女性为话题的国际会议。应主办者的盼咐,我曾将此文留充会议论文,自身则在异域讲学。

尽管这好像只是一本会议论文或准会议论文的结集,但至少从写作胡仿兰案件一文起,我已有意识地将其作为一本完整的著作来经营。而我也正需借助每一次会议必得提交论文的压力,才可以从日常的惰性中挣脱出来,使此书的撰写有尺寸之进。我所选择的个案研究的策略,则让我比较容易在本书的章节设置与各个会议主题之间找到契合点。能够把他人的命题转化成自己的题目,这也是我最感得意处。当然，个案本来可多可少，这又使得此书虽有整体构想，却无法完全封闭起来。好在我的原意只企望"以小见大"。眺望晚清社会风景的窗口既经打开，再多几个，看得细致周全，固然更好；即或只是眼下开凿的十个孔眼，自我感觉风光也已大有可观。

最后，照例应该表达谢意。应该感谢的人很多，我还是把我的感激最先献给上述各次会议的主办人——孔慧怡、王德威、梅新、瓦格纳（Rudolf Wagner）、叶凯蒂、米琳娜（Milena Dolezelova）、李德和、具淑明、松浦恒雄、平田昌司、陈平原、贺麦晓（Michel Hockx）、梅家玲。有一点可以肯定，假如没有他们的邀请，本书不大可能在此时结稿。

我要特别致以谢意的是平原君。不仅因为上述会议中，有一多半他都与我同行，和他一起游览，总让我感觉兴味无穷；更由于他的鼓励，使得本来并不自信和常常怯场的我，居然也能够游走东西，借与会而大开眼界——当然，最重要的是，也因此才有了这样的一本书。

2003 年 7 月 27 日于京北西三旗

新版后记

  时光荏苒,《晚清女性与近代中国》的出版居然已逾十年。趁着库存告罄,北大出版社有意将此书改作精装本,放入"博雅撷英"中再版。身为作者,自然很觉快慰。

  由于个人的研究太过专注,话题总是集中在晚清,可想而知,读者面也相当有限。而在我所有的著作中,比较起来,此书受到的关注已属最多。出版当年,即有《中国图书商报》《新京报》刊出书评,继而,《中国现代文学研究丛刊》《文艺研究》《读书》等重量级的学术刊物亦载有专文评说。除了自己的学生或一些我并不认识的年轻学者,近代史学界中为我看重的同道,也有如闵杰先生这样的方家出手指点,且颇多赞语,这实在让我深感荣幸。最意外的是,过了许久我才知道,香港中文大学历史系的叶汉明教授,2006年曾在台湾最早创办的女性研究专刊《女学学志:妇女与性别研究》第21期上发表过评介文章。叶教授以资深研究者的专业身份,对本书的论点既有犀利的质疑,而其表彰亦令本人既喜且愧:

>   是书在女性文化方面的措意对中国大陆女性史新领域的开拓实有启导作用。……有关研究案例无论从史料的发掘到方法取径都具突破性潜力,相信可对推动中国大陆女性史从妇女运动史到社会史的发展道路再向前进。中国女性文化史的范式如能建立,

是书当为代表作之一。

叶教授同时指认,"以是书作为性别史的范本,亦不为过"(《评介夏晓虹〈晚清女性与近代中国〉》)。并非本人斗胆敢以中国女性文化史、社会史与性别史的典范之作自许,但在上述方向有所推进,确为私心所企望。

此外,非常幸运的是,书中各章既均曾作为会议论文先行发表,因而也拥有了更多机会以译文形式参与国际学界的交流。计数下来,十章中的一半篇幅译成过英、日、韩文,在国外学术刊物或论文集中载录,具体如下:

第五章:New Meaning in a Classic: Differing Interpretations of Ban Zhao and Her *Admonitions for Women*, *Holding Up Half the Sky*(2004);

第六章:Ms Picha and Mrs Stowe, *Translation and Creation*(1998);

第七章:Madame Roland in China: The Reception and Reinterpretation of a Popular Literary Image, *Images of Westerners in Chinese and Japanese Literature*(2000);

第八章:晚清の女性教育における満漢対立——恵興自殺事件を読む,《古典学の現在》Ⅱ(2001);

第九章:新聞記事에서 小説까지: 胡仿蘭事件分析,《여성문학연구》No.4(2000—2012)。

其中我要特别致以谢意的是香港中文大学翻译讲座教授卜立德(David

Edward Pollard）和北京大学英文系教授周小仪，两位先生分别为本书第六、七章原稿的译者，拙文因之大为生色。

而借着此书的改版，本人也将陆续发现的七八处小错讹作了订正。如根据后来看到的资料，担任中国女学堂华医教习及《女学报》主笔的吴蓬仙女史，夫家姓张，故在出席1897年12月6日的中西女士大会人员名单中，应与前面的称谓"张太太"合为一人（原一分为二）；满洲贵族肃亲王善耆的姊妹葆淑舫初为北京淑范女学堂义务教员，后任淑慎女学堂总理，初版本也未将后一所校名改易。而这些错误的发现与更正，还要感谢黄湘金博士与编辑张文礼的细心。

新版变动最多的部分实为"主要参考文献"中对于近代报刊的记录，原先只单纯列出了名目，此次根据编审胡双宝先生的意见，添加了创刊年份，若是报纸，则更具体到月份。这对于读者回到晚清的特定时空或许会有少许帮助。

2014年9月5日于香港中文大学寓所